普通高等学校"十四五"规划新媒体全能专攻复合型人才培养新形态教材

专家委员会

主 任
张骏德　复旦大学新闻学院教授、博士生导师

副主任
刘海贵　复旦大学新闻学院学位委员会主席
　　　　复旦大学新闻学院教授、博士生导师

委 员（排名不分先后）
胡百精　教育部新闻传播学类专业教学指导委员会副主任委员
　　　　中国人民大学新闻学院执行院长，教授、博士生导师
张涛甫　教育部新闻传播学类专业教学指导委员会副主任委员
　　　　复旦大学新闻学院执行院长，教授、博士生导师
王晓红　教育部新闻传播学类专业教学指导委员会秘书长
　　　　中国传媒大学教务处处长，教授、博士生导师
李本乾　教育部新闻传播学类专业教学指导委员会委员
　　　　上海交通大学媒体与传播学院院长，教授、博士生导师
韦　路　教育部新闻传播学类专业教学指导委员会委员
　　　　浙江大学媒体与国际文化学院院长，教授、博士生导师
严三九　教育部新闻传播学类专业教学指导委员会委员
　　　　上海大学新闻传播学院院长，教授、博士生导师

编审委员会

主 任
严三九　教育部新闻传播学类专业教学指导委员会委员
　　　　上海大学新闻传播学院院长，教授、博士生导师

副主任
陈建云　复旦大学新闻学院副院长，教授、博士生导师
韩立新　教育部新闻传播学类专业教学指导委员会委员
　　　　河北大学新闻与传播学院院长，教授、博士生导师
杨海军　上海大学新闻传播学院副院长，教授、博士生导师

委 员（排名不分先后）
姜智彬　上海外国语大学教务处处长，教授、博士生导师
武志勇　华东师范大学传播学院，教授、博士生导师
王冬冬　同济大学艺术与传媒学院副院长，教授、博士生导师
姜　红　安徽大学新闻与传播学院院长，教授、博士生导师
杜友君　上海体育大学新闻与艺术学院院长，教授、博士生导师
郑　欢　上海师范大学人文与传播学院教授、博士生导师
赵为学　上海大学新闻传播学院副院长，副教授

普通高等学校"十四五"规划新媒体全能专攻复合型人才培养新形态教材

主编 严三九　　副主编 赵为学

计算传播

Computational Communication

刘　峰　王　虎 ◇ 编著

华中科技大学出版社

中国·武汉

图书在版编目(CIP)数据

计算传播/刘峰,王虎编著.—武汉:华中科技大学出版社,2022.4
ISBN 978-7-5680-8062-0

Ⅰ.①计… Ⅱ.①刘… ②王… Ⅲ.①数据处理-应用-传播学 Ⅳ.①G206-39

中国版本图书馆 CIP 数据核字(2022)第 041907 号

计算传播

刘 峰 王 虎 编著

Jisuan Chuanbo

策划编辑:周晓方 杨 玲	
责任编辑:林珍珍	
封面设计:原色设计	
责任校对:张汇娟	
责任监印:周治超	
出版发行:华中科技大学出版社(中国·武汉)	电话:(027)81321913
武汉市东湖新技术开发区华工科技园	邮编:430223
录 排:华中科技大学惠友文印中心	
印 刷:武汉开心印刷有限公司	
开 本:787mm×1092mm 1/16	
印 张:15.75 插页:2	
字 数:392 千字	
版 次:2022 年 4 月第 1 版第 1 次印刷	
定 价:49.90 元	

本书若有印装质量问题,请向出版社营销中心调换
全国免费服务热线:400-6679-118 竭诚为您服务
版权所有 侵权必究

总序
Introduction

　　随着信息传播技术的快速发展,智能媒体时代、全媒体时代的到来,媒体融合向纵深推进,中国的新闻传播教育也处在大变革、大发展时期。为了大力普及新传播技术背景下的当代新闻传播学知识,为全国普通高等院校新闻传播学类专业的学生提供符合新传播技术发展要求的最新、实用的教材,华中科技大学出版社和上海大学新闻传播学院等单位共同组织编写了一套智能媒体时代的新闻传播学系列教材。

　　本套教材编撰宗旨:

　　本着与时俱进、不断革新的精神,大力普及新传播技术背景下的当代新闻传播学理论、知识和技能,并为全国普通高等院校的新闻学、传播学、广播电视学、广告学、网络与新媒体等相关专业提供符合智能媒体时代、全媒体时代要求的实用教材。

　　本套教材编撰原则:

　　(1) 与时俱进,不断革新,具有时代特色、中国特色。

　　(2) 深入浅出,删繁就简,基础理论与实务训练并重。

　　(3) 继承学术传统,吸收中国新闻改革 30 多年来的学术成果和典型案例。

　　本套教材编撰特色:

　　(1) 吸收当前新闻传播学的最新研究成果。

　　(2) 以智能媒体、全媒体的新闻传播主要平台为视角。

　　(3) 以实务为基点阐述新闻传播的主要理论。

　　(4) 采用大量案例,聚焦新闻传播学类专业新的知识要点。

　　(5) 注重实际训练,培养学生的基本技能。

本套教材在编撰过程中尽量做到文字通俗易懂但不肤浅，教学案例众多但有特色，紧扣智能媒体、新媒体技术但尊重传统。

本套教材的指导委员会、编审委员会成员来自复旦大学、中国人民大学、中国传媒大学、上海交通大学、浙江大学、华东师范大学、同济大学、安徽大学、上海外国语大学、河北大学、上海师范大学、上海体育大学和上海大学等众多高校的新闻传播学院，因而这套教材是各兄弟院校教师大协作的产物。

参加本套教材编著的老师都长期工作在新闻传播学专业及其相关专业的第一线，多年从事专业课程的教学、科研，具有丰富的教学经验并获得了重大的研究成果。其中，有的是教育部高等学校新闻传播学类专业教学指导委员会委员，有的长期担任中国新闻奖与省部级新闻奖的评委；大多数老师参加过国家级、省部级规划教材的编写；同时他们都参与了大量的新闻工作实践，为本套教材的新颖性和实用价值提供了有力的保证。

本套教材着重强调基本理论知识和案例分析相结合，在内容上既有科学性、系统性，又有很强的可读性、实用性和示范性，同时注重吸收30多年新闻改革的最新成果。每本教材的主编都有多年教学和实践的经验，能够对同类教材及参考书编写的传统结构有所突破，以方便读者更好地掌握课程精髓为目的，以创新为核心，重新构架全书的结构。

在人工智能、大数据、移动互联网、物联网、区块链技术大发展的媒介化社会，新闻传播成为当代社会生活的一个重要方面，媒介素养也成为提高干部素质，乃至提高公民素质的重要方面。本套教材不仅可以作为高等院校本科生、高职高专学生的教材，也可以作为新闻工作者与宣传部门从业人员进修的参考书、广大新闻爱好者的继续教育与自学用书。

我们处在一个革故鼎新、新生事物层出不穷、科技日新月异的信息化时代、数字化时代和智能化时代，客观实践经常跑在思想认识和理论研究的前面。因此，在高校教材建设上，强调面向当代社会实践，面向未来，强调以马克思主义、习近平新时代中国特色社会主义思想等为指导，注重科学性、知识性、前瞻性与实用性，这是我们编写这套教材的共同要求。而其中每一本教材，在框架设计、理论知识阐述、材料运用、行文风格等方面，又各具特色。我们每位执笔人，都把编写教材的过程作为总结经验、研究学问的过程。本套教材也是十多个兄弟院校老师共同的学术成果，必将受到新闻传播学院师生、新闻宣传工作者以及新闻爱好者的欢迎，必将在开展新闻传播教育和指导新闻传播实践中发挥更大的作用与产生更广泛的社会效益。同时，我们也预计到，我们的思考和编写难免有不周之处，敬请读者不吝指正。随着新闻传播学教学、科研、实践的不断发展，这套教材内容肯定要不断充实与更新。我们殷切地期待读者提出批评与建议，使这套教材臻于完善。

张骏德　严三九
2019 年 7 月 26 日

目录 Contents

第一章　计算传播概述 / 1

- 第一节　什么是计算传播学 / 1
- 第二节　计算传播的代表性应用形态 / 4

第二章　计算传播的主要研究问题 / 18

- 第一节　社会计算的应用领域 / 19
- 第二节　传播者研究 / 25
- 第三节　内容研究 / 32
- 第四节　渠道研究 / 41
- 第五节　用户研究 / 45
- 第六节　效果研究 / 52
- 结语 / 59

第三章　计算传播研究步骤 / 60

- 第一节　确定研究问题与思路 / 61
- 第二节　数据获取 / 67
- 第三节　数据处理 / 86
- 第四节　数据可视化 / 91

第四章　计算传播研究方法 / 110

- 第一节　文本挖掘 / 110
- 第二节　情感分析 / 119
- 第三节　A/B测试 / 121
- 第四节　事务日志分析 / 125
- 第五节　社会网络分析 / 128
- 第六节　语义网络分析 / 133

第五章　计算传播研究工具

- / 136　第一节　计算传播研究工具
- / 143　第二节　Python 基础知识
- / 169　第三节　常用 Python 第三方库举要
- / 206　第四节　文件与数据格式化
- / 211　第五节　应用案例分析

第六章　计算传播的伦理阐释

- / 224　第一节　计算传播的伦理关涉
- / 228　第二节　计算传播中的伦理风险
- / 237　第三节　计算传播研究中的伦理风险应对

/ 241　附录

/ 242　后记

第一章 计算传播概述

计算传播研究的热度近年来不断提升,不仅吸引了大量新闻传播学者投入这一领域的学习,而且吸引了计算机、社会学等其他学科的关注,成为一个新兴的、具有鲜明交叉性特征的分支学科,逐步得到广泛认可。初识计算传播,需要理清这一学科的基本概念、内涵、主要范围等。本章便带领同学们认识这些内容。计算传播的研究具有学科交叉的特点,也并非"突然"兴起的研究方向,所以在本章关于计算传播定义的解读中将结合代表性学者的观点,讲述计算传播所经历的多学科交叉与互动的发展过程。此外,本章将结合数据新闻、计算广告、新闻推荐系统等代表性的应用形态,带领同学初识计算传播的形态与特点。

第一节 什么是计算传播学

一、计算传播的定义

计算传播近年来成为传播学研究的一个热门领域。作为一个新的分支学科,计算传播学已经逐步得到广泛的认可。学界研究者对计算传播学有着不同的理解和认知,比如祝建华教授认为计算传播学不是一门新的理论或者学科,而是一种新的研究方法或者研究取向。基于这个理解,计算传播学可以定义为:通过收集和分析网上行为数据(online behavioral data),描述、解释和预测人类传播行为及其背后驱动机制的一系列计算方法(computational methods)。计算传播研究过程中不是通过控制实验法、问卷调查法或内容分析法等传统方法获取数据,而是通过网页数据抓取(web scraping)、大规模在线实验(mass online experiments)、服务器日志数据挖掘(server log analytics)、在线档案数据(online archiving/indexing data)等新方法获取数据;此外,其数据分析方法除了经典的统计分析之外,还包括社会网络分析(social network analysis)、文本挖掘(text mining)、空间分析(spatial analysis)、时间分析(temporal analysis)等。① 祝建华并不主张把"计算传播学"叫作一个学科或一个独立的研究领域,而更倾向将其称为"计算社会科学在新闻传播研究中的应用"②。

王成军等主张使用"计算传播学"的表述,并从理论建构、方法创新等多方面为这一新兴分支学科的发展做努力。王成军基于对计算社会科学发展历程的回顾、对计算传播发展现状及特征的梳理,给出了计算传播学的定义:"计算传播学是计算社会科学的重要分支。它主要关注人类传播行为的可计算性基础,以传播网络分析、传播文本挖掘、数据科学等为主要分析工具,(以非介入的方式)大规模地收集并分析人类传播行为数据,挖掘人类传播行为背后的模式和法则,分析模式背后的生成机制与基本原理,可以被广泛地应用于数据新闻和计算广告等场景。"③张伦在《计算传播学导论》中通过与传统传播学进行对比,将计算传播学理解为一种新的研究范式,并基于对"计算社会科学"研究范式的分析和对国际传播学研究领域的解读,对作为计算社会科学分支之一的计算传播学的定义进行了深入思考。他引用了王成军的定义,并在此基础上提出"新数据""新方法"以及"重要问题"是计算传播学不可或缺的三个重要元素。

随着计算传播学热度的提升,越来越多的学者加入这一领域的研究,并对什么是计算传播学做了新的思考。巢乃鹏在祝建华等人对计算传播的定义的基础上,结合自己的理解进行了一些补充:计算传播学是一种正在兴起的新的研究取向,很多时候被认为是一套新的研究方法/工具(目前不能算是一门新的学科),可以将其大致定义为"通过收集和分析数字化(在线)行为数据,描述、解释和预测人类传播行为及其背后驱动机制的一系列计算方法、工具和思想"。其主要数据来源不再是传统的内容分析、问卷调查和控制实验,而是来自服务器日志数据挖掘、网页数据抓取、在线档案数据、大规模在线实验等,其数据分析方法除了经典的统计分析之外,更主要的是带有显著大数据计算特征的方法,如社会网络分析、文本挖掘、情感分析、时间分析等。④

二、计算传播的发展

计算传播作为一种传播现象,其出现是多种因素共同作用的结果,经历了一个多学科交叉与互动的发展过程。互联网新媒体的发展使人们的各种行为基于数字化媒体展开,各种行为过程以数据的形态沉淀在互联网平台,传播行为开始具备"可计算"的特征,而且数据量级的不断积累为基于"可计算"特征进行研究创造了可能。在此,按照计算社会科学——计算传播学的逻辑,从学科发展与沿革的视角引导学生建立对计算传播的认知。

1. 计算社会科学⑤

大数据时代的到来,既向传统的学科分野及其方法论范式提出了挑战,又为新学科的发展及其方法论突破准备了条件。计算社会科学概括了社会科学在大数据时代所呈现出的新发展、新路径和新范式。计算社会科学以计算为核心,通过将研究对象充分数字化、网络化延伸了人类器官的感知功能,拓宽了思维视野,有利于多学科协同发展和知识创新,已经显

---

① 祝建华,黄煜,张昕之.对谈计算传播学:起源、理论、方法与研究问题[J].传播与社会学刊,2018(44):1-24.
② 祝建华,彭泰权,梁海,等.计算社会科学在新闻传播研究中的应用[J].科研信息化技术与应用,2014(2):3-13.
③ 王成军.计算传播学的起源、概念和应用[J].编辑学刊,2016(3):59-64.
④ 巢乃鹏,黄文森.范式转型与科学意识:计算传播学的新思考[J].新闻与写作,2020(5):13-18.
⑤ 张小劲,孟天广.论计算社会科学的缘起、发展与创新范式[J].理论探索,2017(6):33-38.

现出独特魅力。

2009年,Lazer等人在《科学》杂志上发表了《计算社会科学》,标志着计算社会科学的诞生。计算社会科学是以大数据及其相关技术的应用为背景的。在这里,"大数据"可以从两个层面加以定义。狭义的大数据是指体量异常庞大、结构复杂,以至于传统数据处理方法难以应对的数据集。而广义的大数据则不仅指海量数据,还包括获取、传输、存储、挖掘、分析和应用海量数据的一系列方法、技术和模式,后者通常被称为"大数据分析学"(Big Data Analytics)。

计算社会科学广泛应用于跨学科研究,在计算传播学、计算语言学、计算犯罪学、计量分类学以及计算创新等领域,均有极其重要的研究进展。在人文学科领域,计算史学、计算法学等分支学科在长期的研究积累和现代计算技术的辅助下,也产出了大量令人瞩目的研究成果。2016年,R. Michael Alvarez编著的《计算社会科学:发现与预测》全面回顾和概括了计算社会科学的发展状况,发现计算社会科学拥有丰富的工具箱,并广泛应用于社交媒体、抗争运动、议会表决、新型政党组建、政府治理以及社会营销学等领域。

计算社会科学是一门数据驱动的、以数据密集化为特征的交叉学科,其研究和应用的范围十分广泛。其发展大致受到四种相互区别的议题的共同作用。一是传统议题与新兴议题。计算社会科学一方面着眼于利用新数据、新技术来应对人类世界出现的新问题、新挑战,另一方面致力于以全新方式和全新视角重构和解读社会学研究的经典概念,包括阶层/阶级、社会流动、社会观念等。二是主体性与群体性。计算社会科学的灵活性和适应性有助于研究者从点到面地对人与群体的互动展开研究,既着眼于个人行为属性分析的基础性地位,又强调社会关系、社会网络及群体特征分析的宏观架构。三是外部条件性与内部动力性。计算社会科学一方面强调对社会生活中信息规律和制度演变等外部条件的探讨,如由信息内容分布的解析到话题发现和言论传播,另一方面又关注此类外部条件与人类个体心灵之间相互作用、相互影响的关系。四是独立性与交互性。计算社会科学一方面通过对范式和话语体系的重构来为以往社会学研究中的模糊概念"划界",另一方面强调不同概念及不同概念所代表的社会现实之间的交互性,着重探讨个体的倾向性、可信度和影响力等属性对外界条件的响应模式、传导机理和交互适应性,以及关系网络的演变。

社会科学的发展史已经证明,一门新学科的兴起是多种条件共同作用的结果。具体就计算社会科学而言,其实际就是社会科学知识、现实经济社会发展需要、数据收集及分析技术、网络与计算基础设施、算法模型等方面的发展共同促成的产物。计算社会科学的发展史已经显示,不同要素之间不仅具有外在联系,而且具有内在联系,往往一种要素并不会"等待"其他要素的改变以形成新学科,而是会主动促成其他要素的改变。计算社会科学使用海量数据为基础,服务于日益兴盛的社会经济需求,而与海量数据分析相应的并行计算、多元算法和硬件条件几乎是在很短的时间内完成整合的。近年来,计算社会科学的发展逐步使新学科的形成成为现实,这种学科创新将体现为围绕着数据驱动和算法驱动采取不同融合方式而形成的一系列问题解决、应用导向研究领域。

2. 计算传播

计算传播作为一种现象、计算传播学作为一门分支学科的出现是历史的必然。[①] 互联

---

① 祝建华,黄煜,张昕之.对谈计算传播学:起源、理论、方法与研究问题[J].传播与社会学刊,2018(44):1-24.

网新媒体的发展改变了人们传统的信息使用环境,人们的各种行为开始转到线上,大量数据得以沉淀下来,为相应的传播学研究提供了海量基础数据。面对传播环境的改变,一方面,传统的研究方法难以应对大数据传播的"可计算"要求,另一方面,数据技术的进步为解决上述问题提供了新的路径。传播学研究者开始思考研究思路、研究方法的改变与创新,计算传播作为一种现象、一种研究方法、一个分支学科逐渐发展起来。

在计算传播学作为一门学科得到学术界广泛认可之前,可计算的传播现象、计算传播研究方法早已存在,比如电视媒体的收视行为研究便是典型代表。以电视媒体收视行为研究为代表的传统媒体时代,运用计算方法对传播现象展开的研究可以被视为计算传播学发展的第一个阶段,在这一阶段,计算传播的现象与方法均已存在,但在传播学研究中所占的比重相对较小。随着互联网新媒体的兴起与发展,计算传播学进入第二个阶段,受众的行为数据可以通过各种工具获得,使常规化的计算传播研究成为可能,相关的研究活动与成果也渐渐丰富起来。第三个阶段始于2010年前后,数据科学在传播领域得到进一步应用,更多传播学者开始应用新的计算方法研究传播问题,计算传播学开始形成一定的影响力。

计算传播学发展历程中具有标志性的事件是祝建华、彭泰权、梁海等人于2014年在国际传播学会(International Communication Association,ICA)倡议成立计算方法兴趣小组,祝建华草拟了小组的申请报告,对计算传播学作了定义和说明。计算传播学在国际范围内作为一个分支学科的脉络逐渐清晰,一批学者开始加入这一领域的研究当中。

第二节 计算传播的代表性应用形态

一、数据新闻[①]

数据新闻(data journalism)是在大数据技术背景下兴起的一种新型的新闻生产方式,它是数据统计、分析与新闻报道的结合,其流程为数据的挖掘、分析和可视化呈现,即从数据中寻找故事,用数据处理来讲述故事,用可视化的方式来呈现故事,实现新闻价值。

1. 大数据的兴起与数据新闻的发展

"互联网之父"蒂姆·伯纳思·李说过:"新闻的未来是数据新闻。"数据新闻作为一种新型的新闻生产方式,其发展不是一蹴而就的,这种新的发展形式有一定的历史脉络,不是无本之木、无源之水。纵观数据新闻的发展,其大致经历了精确新闻、计算机辅助报道以及当下以数据挖掘技术和数据可视化技术为支撑的数据新闻等阶段。

(1)精确新闻是数据新闻发展的萌芽形式。

20世纪60年代,美国学者、新闻记者菲利普·迈耶提出了精确新闻(precision journalism)的理念,强调新闻报道中社会调查研究方法、调查数据与结果的科学应用。中国的新闻媒体从二十世纪八九十年代也逐步开始使用精确新闻,精确新闻的使用为新闻学研

---

① 陈积银,宋春妮.数据新闻发展现状宏观扫描[J].青年记者,2018(28):9-11.

究注入了新的活力,新闻学开始引入定量研究。但是,由于精确新闻报道受到问卷调查、民意监测以及数据获取的限制,并没有得到广泛的推广。

(2) 计算机辅助报道推动数据新闻的发展。

随着互联网的普及和计算机技术的发展,21世纪初期,国内计算机辅助报道(computer-assisted reporting)、数据库新闻(database journalism)的实践逐渐增多。作为从精确新闻到数据新闻的过渡,计算机辅助报道更偏向于作为一种辅助工具,数据多为新闻报道内容的辅助说明。从国外来看,英国的《卫报》最为典型,2009年3月《卫报》创立了数据博客,成为数据新闻发展的里程碑。在此影响下,国内的四大网站纷纷跟进,新浪推出"数字之道"、网易推出"数独"、腾讯推出"新闻百科"、新浪推出"图解天下"。在计算机辅助报道的推动下,数据新闻的发展迎来了新的突破。

(3) 大数据技术和可视化技术掀起数据新闻发展热潮。

大数据技术以及可视化技术的发展,尤其是2013年《纽约时报》制作的"雪崩"题材数据新闻报道获奖,引发全球传媒界对数据新闻这一新型报道形态的关注,大数据与可视化技术的发展成熟促使数据新闻本土化实践热潮到来。2013年10月,财新传媒率先成立财新数据可视化实验室,推出数据新闻专栏"数字说",其发表的《青岛中石化管道爆炸事故》报道获得亚洲出版业协会(SOPA)2014年度卓越新闻奖,《周永康的人与财》获得国际新闻设计协会(SND)多媒体设计奖特稿优秀奖。大数据分析处理技术和可视化的呈现形式推动了数据新闻本土化热潮的来临。

总之,数据新闻不是单纯从精确新闻、计算机辅助报道直线脉络发展而来,而是多种因素综合作用,在多种报道的观念和形式上不断积累、构造而成。它在内容上延续了传统数据新闻的"数据基因",在工具上延续了计算机辅助报道的"计算机基因",在理念上延续了精确报道的"精确基因",是在多种基因融合的基础上产生的。

2. 数据新闻的特点

当下数据新闻的选题范围越来越广,技术支撑越来越多,软件服务越来越智能化,学科知识越来越交叉,交互性越来越强,表现形式越来越多样化,传播平台越来越重视移动端的呈现,用户或者受众的口味越来越挑剔,传播的范围越来越广。在此基础上,数据新闻呈现出以下特点。

(1) 以数据为基础,智能化生产信息,丰富报道内容。

数据新闻以大数据和特殊的数据挖掘软件为基础,把人力从大量的数据挖掘和采集中解放出来。大数据技术的使用促使新闻工作者在发现选题、判断舆论趋势以及发现用户感兴趣的内容方面,往往比有经验的编辑更为精准,大大丰富了新闻报道的内容。

(2) 新闻呈现可视化,创新报道形式。

数据新闻通常运用可视化技术,以信息图表的形式进行表达。信息图表通过图表、图解、地图、动画视频等可视化手段表达信息。这种可视化的效果不仅满足了"读图时代"受众的信息需求,而且通过多样化的表达创新了报道形式,与传统媒体相比取得了更好的传播效果。以2018年获得全球数据新闻奖年度可视化奖的英国路透社作品《生活在难民营》为例,该作品着重体现了图表可视化在新闻中的作用,通过卫星图像和数据记录了最大的露营群库图巴郎的快速扩张和基础设施的匮乏。这个报道通过数据驱动的图形、照片以及视频把整个故事整合起来,将井水和厕所以彩色圆点表示,展示出这二者之间距离过近。该报道一经发布,就在社交媒体上引起了广泛的关注,从而获得了危机援助机构和人道主义组织的关注。这种可视化技术,改变了以往单一的报道形式,提升了社会关注度,从而促进了问题解决,更好地发挥了新闻媒体的社会作用。

(3) 拓宽社会热点的时空维度,加强对社会舆论的引导。

数据新闻因数据的客观性、信息传达的迅速性和报道角度的独特性,加之可视化的呈现形式,能够较好地传递数据新闻的内容,被认为是追踪社会热点、引导社会舆论的重要形式之一。数据新闻以可视化的形式和真实、客观的数据为基础,能够拓宽社会热点关注面,尤其在与社会发展息息相关的社会、经济、政治等领域,通过交互的表现形式和移动端传播平台的推广,能够以独特的视角阐述国家相关政策和经济运行,从而满足不同层次受众的需求,加强对社会舆论的引导,营造风清气正的良好环境。

3. 数据新闻的未来可能性①

(1) 数据边界不断扩张。

随着实践的深入,数据新闻可资利用的"生产原材料"不断丰富,颜色、图像、声音、文本等都被用来生产数据新闻,数据的边界持续扩张。颜色和形状是最直观的视觉认知对象,数据新闻也开始尝试将其编码为结构化数据进行分析,并将主要发现可视化呈现。财新传媒数据可视化实验室于2017年世界无烟日发布作品《非平装烟盒》,报道抓取了11670个烟盒的图片,并提取图片上的主要颜色,用聚类算法将颜色按地区堆叠成色彩条,随后人工分析了烟盒上的视觉标识。报道发现相较于美国烟盒上简单的几何图形,中国烟盒"钟爱阁亭台、名山大川、珍禽异兽"。这个选题的灵感来源于一篇报道中提到"中国是世界上烟盒最漂亮的国家之一"。从色彩堆叠条上可以明显感知,相较于其他国家和地区,我国的烟盒颜色较为鲜艳亮丽,数据可视化直观地向读者诠释了"漂亮"的含义,吸引公众对烟盒"平装就绪"这一倡导的关注。

除了颜色,数据新闻也在尝试将听觉符号——声音纳入数据的范畴。《华尔街日报》曾撰文解密百老汇音乐剧《汉密尔顿》的流行密码。这部音乐剧讲述美国开国元勋之一汉密尔顿的人生,以嘻哈曲风为主,穿插了爵士、节奏蓝调等。该剧创下了百老汇音乐剧的诸多纪录,它为何如此受欢迎?《华尔街日报》的程序员创造性地开发了一套算法,程序员将音乐剧中的每个单词切分为音节,并按照发音的力度和相似度分组,以寻找这部剧的韵律模式。在可视化呈现中,每一个菱形块代表一个音节,相同的颜色表示相近的韵脚,菱形块位置的高低代表音调,音乐剧台词、音调、韵脚可同步播放。读者可以一边听音乐剧,一边感受台词的韵律模式。显而易见,这是一部极有规律的音乐作品,相近的韵脚具有相似的音调。作品发布后,不仅得到数据新闻界的关注与肯定,获得了由全球编辑网络评选的2017年"年度数据可视化奖",而且程序员为分析音乐剧而开发的音节分析工具被应用于文学课堂,教师们可借助它向学生展示诗歌的韵律构成。一款新闻生产工具意外走红,成为教学工具。

运用模拟数据也是数据新闻的新鲜尝试之一。模拟数据不再是真实收集的数据,而是参照现实情况设定参数和建立运算模型,再交由计算机生成的模拟结果。《纽约时报》在《优步如何利用心理学招数诱使司机工作》(*How Uber Uses Psychological Tricks to Push Its Drivers' Buttons*)报道中即采用了模拟数据。这篇报道主要讲述优步公司如何利用大数据

---

① 徐笛,欧杨洲.数据新闻的未来可能性[J].青年记者,2018(28):18-19.

和心理学技巧诱使司机超时工作,其主旨是揭露零工经济对劳工的剥削。优步公司聘请了大数据和心理学专家设计了一整套运营策略,基于对这些策略的掌握,《纽约时报》设计了模拟场景,通过类似超级玛丽一般的游戏界面,请读者体验不同策略下,司机与优步公司之间的利益博弈。在第一种场景中,读者可以选择让司机赚得 100 美元再收车或只在高峰时段出车。结果显示,赚得 100 美元再收车的选择中司机的总收入增加了,但时薪只有高峰时段出车的一半左右。但对优步公司来说,前者明显比后者好,因为乘客等候时间较少。在第二种场景中,读者可以选择"司机数量多,没有高峰加价"和"司机数量少,高峰加价"两种情况。第一种情况下,乘客体验更好,但司机空驶时间增加,时薪严重降低,而优步为了留住乘客和获取利润,会使用一些激励手段,诱使司机上路。这则报道使用模拟数据贴合游戏场景,却揭露了现实世界中的真实情况,展现了数据新闻的更多面向和潜能。

2014 年,哥伦比亚大学新闻学院 Tow 数据新闻中心发布题为《数据驱动新闻的艺术与科学》的报告,报告将数据新闻定义为"在数字中挖掘故事,并利用数字来讲故事的新闻报道"。而现今"数据"已不仅仅指涉数字,数据新闻实践早已突破"数据=数字"的藩篱,其内涵不断丰富。数据内涵的扩充不仅造就了更为丰富的新闻生产原材料,更为新闻生产提供了"挣脱易碎品属性"的可能性。现代新闻在知识形态上与线性时间赛跑的特性有可能在未来形成结构性改变。声音、颜色以及模拟数据等新形态的数据,比采访等口头叙述具有更长的"保质期",对时效性的要求更为宽松,我们也可乐观期待未来数据新闻探索"保质期"更为长久的数据类型。

(2) 生产主体日益多元。

由于数据新闻需要较多的人力、时间和财力投入,以《卫报》为代表的媒体尝试了跨媒体合作、与相关企业合作和众包新闻等生产形式,以缩短生产周期、降低生产成本和难度。在媒体之外,商业公司等机构也凭借自己的比较优势参与其中。如自媒体"城市数据团"原本是一个依托高校背景、为政府决策提供服务的团队,它发现自身的研究成果虽然得到了评审专家的肯定,但未能传达给政策决策者和公众,于是创建自媒体账号,将城市人口规模、产业布局和交通规划等已完成的课题研究成果改编为数据新闻,并在团队成员擅长的城市规划领域继续原创,目前已收获 20 万订阅读者。

在日益多元化的媒介环境中,越来越多媒体之外的行动主体加入数据新闻的生产,虽然它们与媒体在数据新闻场域内有竞争,但其拥有的经济资本和符号资本,提升了数据新闻作为子场域在新闻业大场域中的地位,有利于所有数据新闻的生产主体。澎湃新闻在 2018 年 8 月上线的湃客频道下设了"有数"栏目,专门发布由公众生产的数据新闻。该栏目邀请了媒体、数据公司、一些知名高校和部分个人创作者入驻,目前入驻团队有数十个。这些创作者在栏目上线首月发布了 500 多篇原创内容,收获了超过 1.3 亿的阅读量。数据新闻的发布汇流到开放平台,未来数据新闻生产者数量将进一步增加,不同创作者之间的交流与合作也将更加频繁而多样。

(3) 机构数据愈加开放。

随着信息化水平的提升,公共机构在履行职责过程中生成、采集和保存了海量数据,是社会重要的数据保有者。我国政府顺应数据开放的潮流,将政府门户网站和数据服务网站作为信息公开及数据开放平台,但仍存在一些问题,如开放数据数量少、价值低、可机读比例低,静态数据多,缺乏便捷的数据获取渠道,缺乏高质量的数据应用,缺乏便捷、有效、公开的互动交流等。政府部门也正在逐步探索数据开放的新形式。以上海为例，2015年第一届上海开放数据创新应用大赛（SODA）面向公众提供了出租车、公共汽车等城市交通原始数据，这是全国范围内第一次公开类似交通数据，随后两年又逐步开放了食品安全、社会治安、环境治理、生产安全等多个方面的政府数据。这些数据大多以Excel表格形式公开，属于可机读、结构化的数据，并且相较于政府公开的行政情况数据，这些数据与公众日常生活息息相关，更易为公众使用，产生经济和社会价值。政府管理的公共服务机构也开始向公众开放数据资源。如上海图书馆通过开放数据大赛，向公众共享馆藏的24万余种手稿及档案的元数据，鼓励公众利用这些历史文化数据资源打造应用产品或服务。

政府数据愈加开放的环境有利于数据新闻生产者从中发现具有公共价值的选题，促进公众讨论；而开放数据大赛等活动的举办也能吸引大量参与者，有利于公众数据素养的提升，增加公众对数据新闻的需求和关注。毋庸置疑的是，未来我们将拥抱更为开放的数据环境，可资利用的数据资源也将不断增长，数据新闻的生产原材料将日益丰富。

数据新闻效应

二、计算广告[①]

经济是技术的表达，广告产业在某种程度上也是其赖以生存的关键技术的表达。信息传播技术以及与广告相关的各种技术的持续变动，使得广告产业自身也不断演进。当前的技术革命推动下的媒介融合，使得传统媒体的广告经营需要转型，新兴的数字媒体也需要重新建构对广告的认知。在这种情况下，计算广告概念的出现，提出了广告要实现语境、用户和广告三者精准匹配这一核心问题，使得越来越多的从业者更加关注广告的根本目的，而逐渐搁置了新旧媒体广告的形式之争。从根本上讲，在广告传播的信息操控功能方面，媒体不是割裂的，没有新旧之分，都只是为达到特定目标所选择的手段和工具罢了。计算广告作为全新的广告业态，在实现广告的特定目标层面上，无疑向前迈了关键性的一步，同时也对广告的业务流程进行了全新的改造。

1. 品牌广告、效果广告与计算广告

品牌广告（brand advertising）与效果广告（performance-based advertising）是两个相互对应的概念。二者并不是相互替代，反而是相互补充与相互促进的关系，它们各有侧重地在AIDA（attention—interest—desire—action）消费决策流程的不同阶段对消费者产生不同的影响。品牌广告侧重于引起消费者的注意和兴趣，往往被人称为"注意力经济"；它主要通过大量资金投入打造高质量、引起受众注意并形成记忆的形象广告，而达到树立企业或产品品牌形象的目的。这种广告类型是非数字化媒体时代的重要广告形式，它与消费者产生实际购买行为存在较大的距离，广告所产生

---

① 刘庆振.计算广告："互联网＋"时代的广告业务流程重构[J].中国广告，2017(6)：125-129.

的实际销售效果无法精确衡量。因此,广告主更希望借助大众传播媒体的影响力和覆盖面实现广泛、快速触达大量受众,扩大品牌知名度和影响力,进而提升中长期的销售额的目的。顾名思义,与品牌广告不同的是,效果广告主要引起消费者的购买欲望并促使这种欲望转化成购买行为,通常被称为"欲望经济";其侧重点在于借助广告迅速产生实际销售额和利润增长的效果,或者引发消费者的其他实际行为。由于这种对短期效果的追求,效果广告希望能够以最低的成本和最精准的方式触达目标消费者,这就要求广告主或传播媒介能够精准地找到目标消费者。

在非数字化媒体环境下,精准传播的需求很难实现;但是随着数字化、"互联网+"和媒介融合对传统媒体的改造,广告主和媒介通过全新的大数据技术和受众定向技术,已经向着对精准目标消费者进行个性化广告传播这一理想状态一步一步靠近了。个性化的精准传播需要对每个细分群体甚至个体进行全面立体的数据分析,广告公司传统的依靠人工服务的模式不但成本高昂,而且效率低下,这就产生了对低成本、高效率的数据分析和机器算法的巨大需求,计算广告系统需要在 100 毫秒甚至更短的时间内,通过计算找出展示在合适广告位的合适广告,这一工作通过人工几乎无法实现,只能通过计算机完成。

事实上,广告主通常会在营销组合与广告传播过程中综合运用品牌广告与效果广告,从而实现利润最大化的根本目的。也就是说,尽管在过去,品牌广告和效果广告被分别对待,各自独立;但是,当前的"互联网+"正在打通品牌广告与效果广告之间的界限,从多个层面、为同一个广告主同时提供基于品牌和效果的双重服务,促进品牌与效果的融合。网络技术和电子商务的快速发展极大地缩短了从注意、兴趣到欲望、行动的时间和空间距离,从而也将品牌广告与效果广告之间的距离进一步压缩,甚至很多时候同一则广告既可以实现品牌广告的功能,又能够具备引发实际消费行为的效果。消费者无论是点击品牌广告还是点击效果广告,都可以直接跳转到某一产品的销售页面。因为在媒介融合的数字化环境中,无论是传统媒体还是新媒体,都是数字化的媒体;无论品牌广告还是效果广告,都是数字化的广告。数字化的广告都具备点击、跳转、着陆、转化的功能,这也就意味着,无论品牌广告还是效果广告,都可以通过数据分析、机器算法、人群选择和参数设定,触达更理想的目标群体或用户。

这样一来,"互联网+"浪潮使得技术和数据成为广告产业的关键要素,无论品牌广告还是效果广告,在全新的媒介环境下,都离不开技术和数据的支持,也都对计算有着强烈的需求。因此,计算广告既不是单纯的效果广告,也不是单纯的品牌广告,它是在全新的数字化、"互联网+"和媒介融合环境下的一切以数据和技术为主要驱动的广告形式的统称。与其说计算广告是一种类别,毋宁说它是一种理念,借以区别于传统的以创意和资源为主要驱动的广告理念。在当前,它的典型表现是程序化广告,与程序化广告相对应的则是合约广告。

2. 程序化广告是计算广告的典型表现

广告市场的程序化交易,又叫程序化购买(programmatic buying)或程序化广告,这个概念是从证券交易市场演化而来的,证券市场的程序化交易是指通过既定程序或特定软件自动生成或执行交易指令的交易。既然所有通过计算机软件程序进行自动下单的交易,都可以称为程序化交易,那么延伸到广告市场中那些依靠计算机程序而非人工操作而完成的广告资源的交易,也可以称为程序化交易。目前,在广告领域中,虽然程序化购买的概念界定尚未统一,但综合各种版本的定义来看,程序化购买主要是指通过广告技术平台自动地执行广告资源购买的流程，程序化购买的实现通常依赖于需求方平台和广告交易平台，并通过实时竞价模式和非实时竞价模式两种交易方式完成购买。简而言之，程序化广告就是通过按照系统程序设定的参数自动完成投放的数字广告，它把从广告主到广告公司再到媒体平台的广告投放过程进行了程序化的改造，实现了整个数字广告产业链的自动化。

在程序化交易产生之前，几乎所有互联网广告的交易方式都是承袭传统媒体广告的合约交易方式，公司可以自主决定为展示广告购买多少展示次数，然后按照每千次展示次数付费，并投入大量的营销广告费用与广告媒体签订初始合同。这种合约广告通过投放前签署合约的形式确定了广告位置或广告时段在特定时空内为特定广告主所独占的事实，并根据广告主需求和媒体特性确定广告创意形式和广告投放策略，但是它无法预知这些广告可能带来的注意力、购买力、消费者或流量。事实上，由于合约广告本身相对大规模和高投入的特征，这种广告的广告主多是资金实力雄厚的大中型企业。与此同时，在这种依靠人工操作的合约广告模式中，广告主需要预先制订半年到一年的预算框架，其后需要进行媒体排期。一旦广告投放策略以合约的方式确定甚至固定下来，广告主就很难根据实时的市场变化情况进行广告投放策略的修改，这也使得这种合约广告更适合那种中长期的品牌广告。而程序化交易使得广告投放模式更加灵活自主，广告主无须签订合同或者发送其他传真指令，甚至连电话也不用打，就可以在网上投放广告。这么简单的方法，允许任何人、任何小企业或者世界500强公司迅速适应互联网广告的投放。这也就意味着，广告主可以根据企业营销推广和广告传播的具体需求随时进行广告资源的购买，购买之后可以立即进行投放，投放形式、投放时间、预算分配均更加灵活，从而降低了广告投放成本、提升了广告投放效率。

显而易见，这种重构是从广告的交易环节开始的。数字化广告不同于传统媒体非数字化广告的关键差异点就在于它可以进行精准的受众定向或精细的流量拆分。事实上，受众定向这一思想在线下广告中也曾经被尝试过，不过由于非数字化的媒体这么做成本太高，因此无法规模化。在数字媒体上进行受众定向，其成本可以控制得非常低，这也直接催生了在线广告的计算革命。程序化交易在本质上就是运用最新的信息计算技术和大数据处理技术低成本、高效率地实现这种受众定向或流量拆分，从而完成广告主从购买粗放的广告资源向购买精细的广告受众转变。因此，在当前广告产业的转型时期，程序化交易虽然不是计算广告的全部内容，但我们既可以说它是计算广告产业链的核心环节，也可以说它是计算广告新业态的典型表现。因为传统广告的交易模式根本不需要任何强大的计算技术支撑和大规模的数据处理能力，而技术和数据驱动恰恰成为程序化交易最引人注目的特征。

通过技术和数据进行受众定向并优化购买和投放方式，的确是程序化的基本价值体现。但是，程序化对广告产业的影响或重构绝不仅仅止于交易环节，随着程序化的深入发展，它的价值正在向广告产业的各个环节和各个角落延展。广告产业的改变不仅仅体现在广告资源或者广告产品的交易模式上，整个产业实际上会随着程序化交易这一个环节的变化而逐渐完成产业链或者业务流程的重构和进化。也就是说，这种改变会随时随地在广告产业的每一个环节、每一个角落、每一个层次上发生。以谷歌为例，它的程序化布局涉及从受众洞察到创意表达，再到广告执行、跨屏投放，再到广告效果监测与优化的所有环节。如果我们把广告产业看成由许多环节或模块构成的链条或者系统，我们就会意识到，其中的一个环节或模块进行创新或发生变化时，其他环节或模块会自动进行平衡或者相应地进行调整。经过一段或短或长时期的调整，广告产业的思维、方法、过程和组织的形式就会截然不同于曾经的模式。正如智能手机虽然仍被归为手机的类别,但已经在本质上不同于曾经的非智能手机,广告产业虽然仍被称为广告产业,但是已经完成了新陈代谢甚至基因重组。

3. 程序化广告对广告业务流程的重构

程序化交易模式替代了传统广告业务流程中的合约交易模式之后,会召唤交易环节前后的其他环节建构新的技术和新的操作模式,从而引发其他环节的适应性调整。其他环节的变化进一步引发更多环节和更多细节的技术变化和方式改造,同时使得媒介组织和广告公司、广告主都迅速地重构自身以适应这种新的操作模式和技术安排。就这样,大数据时代的特征、"互联网+"时代的特征、全新的科技革命时代的特征,在广告产业中以一套与此相匹配的业务流程和广告业态的形式明显地体现出来了。程序化交易模式需要不同于以往的广告创意方式、效果评估方式、消费引导方式等,而是一个环节关联着另一个环节,一套安排引发了另一套安排,广告产业的业务流程就这样绵延不断地完成了它破旧立新、重构产业链的过程。

(1) 对广告创意环节的重塑。

程序化解决了精准化投放与传播的问题,使得广告主能够向理想的用户展示广告,从而节约了广告主的资金投入;随之而来的更为理想的状况是,广告主可以针对高度细分的精准用户展示最恰当的广告,生产高度个性化的创意内容。毕竟,让广告呈现在用户面前不是广告主的最终目的,广告主在根本上希望的是那些愿意了解、购买自身产品或服务的精准用户或潜在用户,点击进入自己的网站并产生购买行为。这就要求在业务流程前端的广告创意也相应做出调整,不能再继续生产面向不确定性的大众化广告内容,而是要生产与精准用户需求高度相关的个性化广告内容。当广告主能够真正把个性化的创意与程序化的购买结合在一起的时候,它就能在用户最可能产生购买行为的时刻向精准的理想用户展示高度个性化、高度相关性的广告,从而增加广告主的总体收益。也就是说,程序化的流量或用户购买客观上要求广告的创意环节进行改进,使得创意能够洞悉具体用户的特定意图并据此创作出相应的广告。事实上,程序化广告对创意表达的支持恰恰体现了艺术与技术结合的理想状态,一方面它可以带来更多、更互动的数字化广告创意形式,另一方面它也支持即时调整的动态创意呈现,从而向不同情境下的不同用户表达不同的创意诉求。针对海量不同用户的个性化广告创意很难单纯依靠人工完成,而更多的创意优化工作需要用程序化自动进行,从而使得广告创意环节分化出了程序化创意的方向。

(2) 对消费者洞察环节的强化。

广告创意环节向着个性化、相关性方向的调整,也必然意味着消费者洞察环节的变化。传统的消费者洞察强调对消费者生活中每一个细节的观察和记录,通过对特定抽样对象或典型个案的洞察,由少数推及整体。而数字化环境下用户在网络中的每一个动作都反映了他们的想法和期望,这些动作被互联网记录下来汇聚成大数据,并通过优秀算法和概率分析形成对用户的洞察,从整体预测少数甚至个体的消费心理及购物行为。计算广告时代的一大特色就是数据的公开化,广告主可以低成本、高效率地获得关于海量用户的个性数据指标并快速完成数据处理,从而掌握少数用户甚至单个用户的媒介接触行为和网络购物行为。例如,通过大数据洞察,广告主可以知道某个精准用户每天是如何使用搜索引擎的,他通常在电子商务网站上购买什么类型的产品,他是不是价格敏感型的消费者等。借此,广告主可以明确用户当前的具体需求甚至能够预测他的潜在需求,从而指导接下来的广告创意和广

（3）对广告业务流程的延展。

程序化不仅要求广告业务流程的前端洞察和创意环节做出适应性调整，它也对广告投放后的用户着陆环节提出了更多的要求。大部分非数字化的广告流程在投放动作完成后就宣告结束了，它并不支持即时的消费转化，消费者在电视、报纸、杂志上看到广告之后形成了对产品或企业的了解、认知、记忆、兴趣或购买欲望，但是这种购买欲望必须经过相对较长一段时间或距离之后才能被满足。数字化环境下的广告则支持用户通过即时点击直接进入广告主的着陆页面，电子商务和在线支付将购买欲望向消费行动的转化过程进行了大幅度的时空压缩，用户可以进行随时随地随心的消费。这就意味着广告业务流程延伸到了用户点击进入的着陆页面。用户因为一则广告进入广告主的网站，着陆页面必须能够继续满足用户预期，否则他们会迅速返回，而此时广告主已经支付了点击费用，产生了营销费用。因此，广告公司或广告主自身需要根据对用户的洞察、个性化广告创意的内容，来实现着陆页面与用户预期的匹配，让用户能够直接点击进入符合其需求的最佳着陆页面，从浏览者转化成消费者。此外，也正因为这种点击、着陆、浏览和交易行为的可跟踪性，广告效果的衡量与监测环节也得到了极大的优化，广告效果的真实数据又反过来进一步优化了广告业务的其他环节。

（4）对数字化广告标准的统一。

随着传统媒体的数字化转型以及"互联网＋"背景下媒介融合的快速发展，新兴媒体与传统媒体在技术层面已经没有本质差异，如今几乎所有类型的媒体都已经是数字化媒体，呈现在这些媒体上的广告绝大部分也都是数字化的广告，可以实现对用户数据的实时监测和分析，从而具备了接入程序化的可能性。只要是数字化的媒体和广告，都可以完成程序化改造。然而，想要实现所有媒体和终端、线上和线下的程序化打通，并进一步实现内容与广告的多屏传播、跨屏传播，就必须建立统一的广告标准。既然营销者关心的是人群而非广告位，创意尺寸的统一化与一些关键接口的标准化就非常关键。这就要求原来针对不同媒体进行的广告设计和广告制作在技术层面确立一个统一的标准，例如，电视屏幕、户外屏幕、手机屏幕和电脑屏幕的视频广告在画面比例、质量、格式等各个方面之间是否能够实现标准化或者快捷转化，直接影响到广告主能否通过一个系统完成多个屏幕的程序化购买。目前，广泛应用和普遍接受的比较典型的接口标准有视频广告的 VAST 标准和实时竞价的 OpenRTB 标准等。随着程序化市场和计算广告标准体系的进一步深化发展，越来越多的广告主、广告公司以及广告媒体愿意接受这些行业标准，从而使得计算广告的市场规模不断扩大。

传统广告业务流程一般遵循"市场调查—消费者分析—媒介计划—广告创意—广告投放"的线性流程，但随着数据和技术作为关键要素渗透到广告业务的各个环节和细节，传统的业务流程发生了巨大的变化。尤其在"互联网＋"时代的数字化媒介环境下，相关关系背后的数学计算是直接而有活力的，复杂的非线性关系取代了简单的线性关系，从而重构了广告产业的业务流程，而这种重构首先是从广告的交易环节开始的。程序化购买引发了广告业务流程中其他环节的相应变化，其他环节的变化又进一步强化了程序化购买的功能和能力范围，并使得程序化购买从互联网广告向移动广告、电视广告、户外广告等更广泛的领域渗透和扩展，更多领域的程序化进程产生了对行业标准的强烈需求。这是正向反馈的飞轮效应，它的初始启动是通过程序化交易缓慢进行的,初始启动并不快速,甚至有些艰难,但是随着持续不断的推动,当前程序化交易在互联网广告领域已经具备了一定的影响力并成为快速发展的一股重要力量。此时,以数据和技术为核心驱动的程序化交易乃至整个计算广告业态已经初具雏形,并开始越来越快地旋转起来,使得广告业务流程的转变不断提速,并且进一步将更多线上线下的品牌广告和效果广告裹挟进计算广告的旋转飞轮中,产生了巨大的影响力。

4. 思考:定量是对定性的补充而非替代

从大数据、计算广告等概念诞生之日起,很多业者或者学者都在尝试将更有效、更精准的量化手段引入广告产业的分析和决策过程中。而由于大数据、云计算以及与之相关的技术突飞猛进,很多人就会担心广告产业将有可能面临一个极端糟糕的未来:程序化、人工智能、机器运算等正在部分取代甚至会全部取代人的劳动而形成一个全自动化、全程序化的业务操作流程。但是,事实上这种观点不仅太过偏颇,而且很幼稚,广告业务中的定性研究不但不会为定量分析的手段所取代,反而还会成为定量研究所必须依赖的价值判断手段和方向指引工具。计算广告的形态并不意味着它只包含技术和数据的量化因素,而不包含价值和思想的质化内容,它只是重点强调了量化的功能。因此,可以说计算广告的概念不是要引导我们用量化去替代质化,而是引导我们用全新的量化手段去替换甚至颠覆传统的量化手段,用数字化、"互联网+"、媒介融合时代的大数据量化手段去代替传统大众传播时代的小数据量化手段,它所带来的是广告产业演进过程中的量化革命,以及由这场量化革命所引发的广告产业的思维调整和整体变迁。

对于计算机器或者人工智能而言,处理和分析那些结构化甚至非结构化的海量数据是简单而不会出错的事情,但是对于人类而言,这类工作却是要消耗大量的精力而且极度容易出错的事情。因此,在当前数据爆炸式增长的"互联网+"时代,计算广告需要让机器代替人工去处理其所擅长的复杂运算和自动化程序,然后将处理结果交给人类,由人类来处理其所擅长的涉及心理分析、行为分析、价值判断、情境研究、创意策划、舆情引导等方面的创造性问题和定性问题。它将更个性化、精准化、动态化的定量分析应用到广告产业几乎所有定性分析的环节中,人类的大脑和计算机设备将会紧密地融合到一起,这种伙伴关系会以人脑前所未有的形式进行思考,用一种我们现在尚未得知的信息处理机器来处理数据。这种人类天赋、定性研究与机器计算、定量研究的有机结合,在以往的缺乏大数据资源和海量信息处理技术的广告业务过程中几乎不可能实现,但是在将二者完美结合的计算广告时代,它将比仅仅强调计算驱动或者仅仅强调创意驱动更具有伟大的创造性。

三、新闻推荐系统[①]

个性化新闻推荐系统目前在今日头条、一点资讯等新闻阅读产品中发

选举"大数据"预测

---

① 匡文波,陈小龙.论新闻个性化推荐系统[J].新闻论坛,2018(2):27-30.

挥着重要作用,它是一个极为复杂的系统,需要自然语言处理、特征工程、机器学习、大数据计算等多个领域的知识。

个性化新闻推荐系统在实际的应用中褒贬不一。比如,有人认为个性化推荐算法为用户推送大量低质内容,导致过度娱乐化的新闻泛滥。这些刺激感官的内容吸引人们点击,造成了点击量上的"虚假繁荣",看似点击量高,用户喜爱,广告效果好,其实却是在大量推送垃圾信息,造成用户的"信息成瘾"。对于这些存在的问题,除了技术上继续加强改进外,企业应当改变唯点击量至上的惯例,注意履行社会责任。政府应当加强引导和监管,对有问题的企业和平台予以惩戒。而用户个人也应当注意个性化推荐的双刃剑作用,使自己不沉溺于其中。

2006年,Facebook最早在其网页端推出了Newsfeed页面,让用户能够在个人主页上以信息流的形式看到朋友们的更新。这个功能最开始并不是很受用户喜欢,但是随后Facebook对其不断进行更新,最终使其成为社交类App的主流信息展现方式。在移动互联网浪潮来袭之下,Facebook手机App,以及大量其他类别的App,特别是新闻信息类App,也纷纷采用这一技术。

1. 一般热门推荐算法

热门(hot)推荐算法在互联网早期就发展起来了,在新闻网站如雅虎,常常可以看到类似"Trending"的栏目,这些栏目所用的推荐算法就被称为热门推荐算法。热门推荐算法是一类算法,其本身原理比较简单,也没有运用机器学习和人工智能技术,主要还是针对当前新闻浏览情况,对全体用户做无差别的推荐。

(1) 聚合计算。

热门推荐算法是基于聚合计算的算法,这种算法使用发表时间、点击量、点赞量、点踩量、独立访客数等指标,综合给出一个新闻推荐的排序列表。其中,所谓的聚合计算,指的就是数据的加总,包括求和、求平均值、求最大最小值等方式,如此处理完之后,再把结果排序并展示到页面上。

(2) 时间因素。

新闻信息很关键的一个因素就是信息本身的时效性,其位列新闻价值五大要素之首。因此根据业务场景去合理考虑时间因素的作用是一个成功的热门推荐算法的必要条件。

(3) 案例。

①Hacker News新闻排序算法。

Hacker News(https://news.ycombinator.com/)是一个很有特色的国外技术创投信息网站。在Hacker News看来,时间因子对信息的作用是先使其价值快速下降,之后下降的速度会越来越慢。此外,Hacker News关心用户对新闻主动做出评价的点赞数目,而不关心点击数本身。这样的设计会使"标题党""灌水"类新闻因为没人点赞快速沉下去,而真正被用户好评的新闻会出现在排名比较靠前的位置,这体现了该网站所有者对优质内容的重视。

②Reddit信息排序算法。

Reddit(https://www.reddit.com)是一个国外知名的社交新闻站点。该网站的新闻条目已超过3000万条,页面浏览量达到370亿次,独立访客超过4000万人。Reddit充分考虑了用户评分绝对值、是否正面,以及发布时间。

第一,时间因素。从时间角度看,Hacker News的算法使得一个帖子的得分随着时间流逝而下降。而 Reddit 则选择用帖子的发表时间来计算得分,因此一个帖子发表之后得分不会随着时间流逝而下降。但是新发表的帖子由于其时间赋值较大,会有更高的得分。因此,Reddit 算法事实上实现了让一个帖子的相对排名随着时间下降的效果。

第二,用户评分的平滑处理。用户评分绝对值使用了对数函数来做平滑处理,以适应 Reddit 这种高浏览量网站。由于对数函数的特性,最开始的 10 票,和接下去的 100 票,以及接下去的 1000 票对得分的提升作用是相等的。对数函数的平滑作用,使得某些获得超高用户评分绝对值的帖子不至于常年霸榜,使得新的帖子有机会"打败"它们。

第三,争议性大的帖子容易得到低分。在 Reddit 的算法中,如果赞踩数目相当的话,容易导致帖子的得分较低。其他条件一致的话,100 赞的帖子与 1000 赞 900 踩的帖子实际上会得到一样的得分。这个特点可能会导致那些评价比较一边倒的帖子被顶在页面上方,而争议性大的帖子容易沉下去。

2. 个性化推荐系统的相关概念及变量

热门推荐:聚合计算出实时的热门新闻推荐给用户。这样的新闻有很大可能会引起用户关注。

相关推荐:与用户当前正在阅读文章的主题相关的推荐。

用户的短期兴趣:指用户最近的行为特征,比如用户刚刚阅读了和"朝鲜"相关的新闻,之后在 App 中搜索了"冬奥会"关键词,则识别出用户短期的兴趣是"冬奥会"和"朝鲜"。短期兴趣和相关推荐技术上可能是一样的。

用户的长期兴趣:也叫用户画像,是用户的长期口味,技术上的本质是一组用户 ID 所对应的一组 Keyword,比如某个用户常年阅读军事相关的新闻,就会形成一组相应的 Keyword。长期兴趣还会考虑用户的地理位置、年龄、性别、毕业院校等多个人口统计学因素。依据长期兴趣的推荐可能不仅使用用户自身的用户画像,还会寻找与用户的画像相似的其他用户,并找出其他用户看过而这个用户没看过的新闻进行推荐,这就构成了协同过滤。

融合:把以上所述的推荐结果都打乱了放在一起展示给用户。例如,李老师是一个家住在北京海淀区的军事迷,他的用户 ID 为 10123,他的用户画像可能是这样的:profiles[10123]={"战斗机""航母""导弹""和平""海淀区""北京"}(假设系统数据库只保存 6 个 tag)。我们可以假设这么一个场景,李老师刚刚打开某某头条 App,点击了两则题为"中国航母发展'048'工程""海上弯弓:舰载机的腾飞之路"。算法在给李老师做推荐时,会获取到三类新闻:第一类是当前实时的热门新闻,第二类是根据李老师长期兴趣所推荐的一些军事、国际及北京海淀区的新闻,第三类则是航母、舰载机等相关的新闻。最终,在 App 用户界面上,这三类界面可能是交错展示的,也就是按一定的比例进行了融合。

3. 新闻文本的特征提取

对一篇新闻文本,我们需要对其进行特征提取,这样才能进行相似度计算。所谓特征,就是事物的一组表征值。比如对一部电影来说,可能有男主演、女主演、导演、国家、语言等这些特征。但是对于新闻文本来说,却没有这么简单。提取新闻文本的特征需要使用 TF-IDF(term frequency-inverse document frequency)算法。

TF-IDF 算法,计算的是一个关键词的权重(weight)。TF-IDF 权重经常在信息检索和文本挖掘领域被应用。在提供了一个语料库的前提下,该方法通过统计手段,得出某文本中的某一个词语的重要性/独特性。TF-IDF 方法中,一个词语在给定文本中的出现频次越高,且在语料库中包含该词语的文档数目越低,则该词语的权重(也可以说是得分)越高。TF-IDF 算法及其衍生变种算法,常常被搜索引擎用来给网页打分和排序。例如,一个文本中总共有 100 个词语,其中 cat 这个词出现了 3 次,那么 cat 的 TF 就是 3/100＝0.03;而假设我们语料库中 1000 万个文本,其中 cat 这个词出现在 1000 个文本当中,那么 cat 的 IDF 就是 $\log_{10}(10\,000\,000/1\,000)=4$;因此,cat 单词的 TF-IDF 得分就是 0.03 * 4＝0.12。

4. 基于内容的推荐(CB)

两种截然不同的技术在新闻推荐系统中十分常用:基于内容的推荐和基于协同过滤的推荐。

基于内容的推荐根据用户画像进行信息的推荐,这些用户画像是通过分析用户已经阅读、收藏或者点赞过的信息来进行构建的。协同过滤算法则是不仅仅考虑信息内容本身,而更主要靠相似用户的意见来生成推荐。

两种推荐方法被广泛运用在内容行业中,包括在线新闻聚合网页、移动端新闻 App、门户网站、问答网站等。这些系统有的让用户在第一次进入页面时选择自己关注的领域来构建用户画像的标签,有的则是通过分析用户点击记录来确定这些标签,然后后台会根据用户画像和文章之间的相似性来选择个性化推荐内容。

基于内容的推荐,本质上是在用户画像与文章特征之间进行相似度计算。用户画像与文章特征形式上是完全一致的,都是一组获得较高 TF-IDF 权重的关键词的集合。例如,profiles[10123]＝{"战斗机""航母""导弹""和平""海淀区""北京"}。只要在用户画像和文章特征之间计算相似度,然后在所有计算了相似度的文章中,选取相似度最高的 K 篇文章作为推荐文章发给用户即可。

5. 基于协同过滤的推荐(CF)

协同过滤算法,也叫作社会过滤方法,是一种通过他人推荐来过滤信息的有效办法。我们生活中,都喜欢向自己身边的朋友推荐一些电影、书籍和音乐,协同过滤就是这种朴素生活思想在算法上的体现。协同过滤首先为人们找到口味相似的人群,然后把这个人群的选择推荐给人们。

以电影打分为例:用户 X 对电影 I 的打分,将由 n 个与其相似用户的打分进行加权平均得到,每个用户的权重取决于其与用户 X 的相似度。可以借鉴基于内容推荐的方法,把用户与用户之间的相似度计算转化为用户画像与用户画像之间的相似度计算,在找到 n 个与用户 X 较为相似的用户画像之后,将这 n 个用户的用户画像中 X 所没有的关键词与用户 X 的用户画像进行合并,构成一个群体画像。然后,再把这个群体画像看作一个用户,在其与各个新闻文本特征之间计算相似度,并进行推荐。

6. 矩阵分解方法(MD)

矩阵分解方法(matrix decomposition),也叫隐含因子模型(latent factor model),最早出现在电影评价和商品评价问题上,是一种通过把用户对商品的评价矩阵分解为用户对隐含因子的偏好矩阵和商品中包含隐含因子的情况矩阵这两个矩阵来实现有效推荐的模型。我们可以将其形象地理解为用户对导演、电影类型、电影主演等多个隐含因子的偏好集合,那么包含用户偏好更多的一部电影,就会更受用户喜欢。不过隐含因子模型的神奇之处在于,这些隐含因子都是通过矩阵分解方法得到的,并不是我们从电影中提炼出来的一系列特征。

因此,有时候这些隐含因子并不能够用容易理解的因果关系来解释。

在新闻推荐问题中,隐含因子模型的应用难度比较大,这主要是由于新闻推荐问题中我们往往只有用户是否阅读新闻的数据,而没有打分的数据,因此无法进行有效的矩阵分解。另外,矩阵分解的计算量巨大,这也影响了其在新闻推荐问题中的应用。

7. 推荐系统的融合

在实际应用中,单一使用某种推荐算法往往不会有个性化推荐的效果,因此,最好是将热门推荐、基于内容的推荐、基于协同过滤方法的推荐,以及其他推荐方法得到的结果,进行某种形式的融合,得到一个带有各种算法推荐出来的新闻的集合,再展示给用户。一般的融合算法可以是简单的线性融合,也就是每个算法的结果被赋予一个固定的权重,然后简单地加在一起。

8. 结论与展望

个性化推荐算法的出现,是大数据和人工智能技术发展的必然结果。个性化推荐算法成功地开辟了除搜索引擎之外又一条满足用户个性化信息获取的道路,大大提升了网络上浩如烟海的信息被利用的效率,因此从技术上来看这是一个值得肯定的进步。

但是,个性化推荐算法依然存在一些问题。有时候用户过去所点击的文章,并不是其真正想看的,用户很可能是被标题吸引而点进去。由于被用户的点击所指引,算法可能进一步推荐与被点击过的话题相关的文章,从而导致低俗新闻泛滥和信息茧房的问题。

同时,我们也应该看到,由于目前自然语言处理的局限,我们对文章内容含义无法做到深入理解,只能从其特有高频关键词层面进行标签层面的相似度匹配,这样产生的肤浅层面的话题、标签推荐内容与用户气质、性格、生活方式不相匹配,不全是用户需要的推荐。计算机只能帮助我们快速完成简单重复工作,很难更深层次地满足新闻阅读中的心理需求。这是未来个性化推荐系统需要依靠人工智能技术解决的问题。

第二章
计算传播的主要研究问题

从 Lazer 等人 2009 年在《科学》杂志上发表《计算社会科学》算起,在短短 10 年的时间里,计算社会科学及其各领域的分支就迅速发展起来,呈现燎原之势。它的兴起有以下两方面原因。一是人类进入移动化、数字化、网络化社会,成为数据的生产者和贡献者,大量的、精确可计算的数据资源成为分析人类需求、研究社会关系和行为的资本;二是传统的新闻传播学等社会科学研究领域,在面对新的网络社会形态时,原有的学科理论、研究方法难以解释新的社会现象,需要在学科、范式等方面得到突破和创新。祝建华等人认为,计算不仅为社会科学的发展提供了新的想象空间和研究机遇,计算思维和算法素养也将成为现代公民应当具有的素养。①

在新闻传播学研究领域,随着新媒体技术的飞速发展,新闻的生产、传播和消费的数据化、网络化特征将不断加强,采用计算社会科学的视角分析新闻学的研究议题将会日益重要。Shah 等人曾提出目前社交数据多为传播文本数据,与图形数据和视频数据相比,传播文本数据相对容易分析,因而计算社会科学将传播文本数据作为关注焦点之一,并认为这意味着计算传播学(Computational Communication Science)的兴起。② Cohen 等人 2011 年就提出采用计算机科学技术发展新闻学的主张。③ 事实上,发展计算新闻传播学研究已经成为计算社会科学在新闻传播领域的主要工作。2014 年,祝建华等人回顾和讨论了计算社会科学在新闻传播领域的应用,按照经典的 5W 模型,系统介绍了计算社会科学在传播者、渠道、受众、内容、效果五个领域的主要应用案例④;同年,计算传播学作为一个正式的研究领域被提出;2015 年,第一本计算传播

---

① 祝建华,彭泰权,梁海,等.计算社会科学在新闻传播研究中的应用[J].科研信息化技术与应用,2014(2):3-13.

② Shah D V,Cappella J N,Neuman W R. Big Data,Digital Media,and Computational Social Science:Possibilities and Perils[J]. Annals of the American Academy of Political and Social Science,2015,659(1):6-13.

③ Cohen S,Hamilton J T,Turner F. Computational Journalism[J]. Communications of the ACM,2011,54(10):66-71.

④ 祝建华,彭泰权,梁海,等.计算社会科学在新闻传播研究中的应用[J].科研信息化技术与应用,2014(2):3-13.

学相关的图书《社交网络上的计算传播学》出版;同年,南京大学成立了计算传播学实验中心;2016年,南京大学与百度联合举办的第一届计算传播学论坛召开。计算传播学研究社群的涌现及其建制化发展有助于建立身份认同、促进科研合作、增强学科间对话、运用群体智慧解决现实和理论问题。①

本章将以祝建华等人对计算社会科学在新闻传播研究中的应用阐释为基础,结合部分研究成果案例,重点介绍计算传播学的研究领域和最新研究进展。首先介绍社会计算的主要应用领域,从面向社会科学和面向技术应用两个维度,梳理社会计算的基本理论框架和研究视角;然后从计算传播的视角讨论新闻传播学的研究现状,通过对一些典型研究案例的分析,梳理新闻传播学研究中的计算逻辑,以此探讨计算传播的理论框架对于新闻传播学研究的意义。可以说,计算传播研究方法令新闻传播研究的知识图谱更加丰富多元,当前的研究热点集中在生产者与传播者研究、内容挖掘、传播渠道研究、受众研究和传播效果分析等方面,计算机文本分析、社会网络分析、多主体仿真模拟等是几种最为常用的计算社会科学研究方法,被不同程度地应用于新闻传播学研究中。②

第一节 社会计算的应用领域

在信息社会到来之前,社会科学和自然科学泾渭分明,很少产生交叉。进入21世纪,互联网和大数据时代到来,人与自然的关系、人与人的关系有了可以被精准量化的可能性。但是现实世界是一个变量多元、动态变化的复杂巨系统,难以用理工学科数学公式的方法精确描述。在这种背景下,自然科学与社会科学交叉融合的需求就非常显著,诸如社会网络分析、社会模拟、动力系统理论等新的研究方法开始出现,逐渐在经济学、社会学等学科领域形成一套较为完整的定量分析社会经济问题的方法,如图2-1所示。

早在1978年,社会学家Hiltz等人就出版了《网络国家:人类通过计算机交流》,这是最早描写网络社区社会学的著作。1994年,Schuler首次提出了社会计算的概念:社会计算可以是任何一种类型的计算应用,以软件作为媒介进行社交关系的应用。近年来,哲学界产生了计算主义思潮:人所处的整个世界是由算法控制,并且按算法确定的程序进行演化,宇宙是一部巨型计算装置,任何自然事件都是在自然规律作用下的计算过程,事物的多样性是因为算法的复杂度不同而产生的不同外部表现。由此,我们可以对计算社会科学做出如下说明:计算社会科学强调采用计算方法研究社会科学,在利用人类社会不断增强的数据收集和

---

① 王成军.计算社会科学视野下的新闻学研究:挑战与机遇[J].新闻大学,2017(4):26-32.
② 钟智锦.计算传播视野下的网络舆论研究[J].新闻与写作,2020(5):26-32.

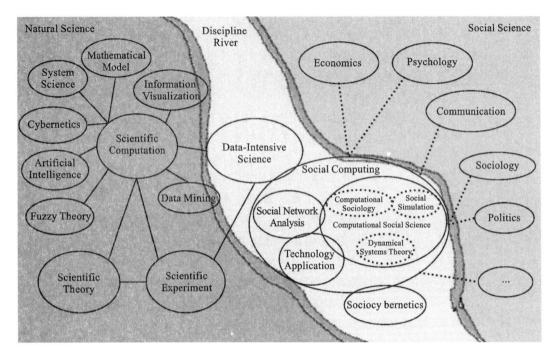

图 2-1 学科分类

分析能力方面,具备前所未有的广度、深度和规模,为研究者提供了一个理解复杂社会系统的崭新机会。[①]

我们已经进入计算社会科学的时代,研究人类社会动态和模拟社会问题面临前所未有的机遇。美国圣塔菲研究所(Santa Fe Institute)、谷歌研究院(Google Research)、惠普社会计算实验室(HP Social Computing Lab)等跨学科研究机构,以及哈佛大学、斯坦福大学、康奈尔大学等院校,都开始用复杂性科学来描述社会系统中的复杂现象。

驱动计算社会科学发展的一个主要动力来自互联网上的人类传播行为[②],尤其是以网络科学为代表的研究方法。网络科学将各种物理、生物和社会现象表达为网络,将分析对象或行动者看成"节点",把对象或行动者之间的联系当作"连边",采用数学中图论、统计物理方法和计算机算法等对网络的结构和动力学特征进行分析。[③] 以互联网为代表的信息传播技术一方面重构了新闻产业,诞生了以新媒体为媒介的新型新闻生产和传播方式(如数据新闻、机器人写稿、新闻推荐系统);另一方面为新闻传播学研究提供了新的数据、理论视角和研究方法;同时,新的媒介文本也构成了新闻史的书写材料。互联网技术驱动的新闻产业变革对新闻学研究提出了新的课题和挑战。以网络科学为代表的计算社会科学的理论框架可以为新闻传播研究提供新的洞见。作为一种新的研究范式[④],计算社会科学研究在新闻传

---

① Lazer D, Pentland A, Adamic L, et al. Life in the Network: The Coming Age of Computational Social Science[J]. Science, 2009, 323(5915): 721-723.
② Watts D J. A Twenty-First Century Science[J]. Nature, 2007, 445(7127): 489.
③ 王成军. 计算传播学: 作为计算社会科学的传播学[J]. 中国网络传播研究, 2014(1): 193-206.
④ Fu J S. Leveraging Social Network Analysis for Research on Journalism in the Information Age[J]. Journal of Communication, 2016, 66(2): 299-313.

播学中已经萌芽,并涌现出一系列研究成果。①

作为社会科学理论与计算理论结合的产物,社会计算的主要应用领域有两个:一是社会学科,二是技术应用。它可以帮助我们解决政治、经济、文化等领域复杂性社会问题,从而形成一种新的理论范式和方法论体系。

一、社会计算的主要应用领域之一:社会科学

(一) 社会网络分析

社会网络分析法是一种社会学研究方法,社会学理论认为社会不是由个人而是由网络构成的,网络中包含节点及节点之间的关系。社会网络分析法通过对网络中关系的分析探讨网络的结构及属性特征,包括网络中的个体属性及网络整体属性。网络个体属性分析包括点度中心度、接近中心度等;网络的整体属性分析包括小世界效应、小团体研究、凝聚子群等。该方法通常被用于研究大型动态复杂网络,特别是人类社会系统的结构和交互模式等,尝试研究这些网络"表面存在差异,结构是否相似"这一问题。②

社会网络分析是社会科学领域的叫法,它的研究思路和分析方法主要基于物理和计算机领域的复杂网络、数学领域的图论等。因此,它并不是一门特定的学科,通常作为一种研究方法和研究视角。当然,在这一领域也产生了一些经典的中层理论成果,例如Granovetter 的强弱联系理论(strong and weak ties),Burt 的结构洞理论(structural holes),Watts 的小世界模型(small worlds),Barabasi 的幂律分布(power-law distribution)等。在Watts 等人开创的小世界现象研究基础上,Barabasi 等人基于无标度网络(scale-free networks)特性,发现复杂网络中的连接符合幂律分布,即有些节点连接稠密,而大多数节点连接很稀疏。这也说明复杂多变的网络现象背后,存在一定的结构规律。

(二) 计算社会科学

计算社会科学指的是将计算的和算法的工具应用于关于人类行为的大规模数据。大数据时代,越来越多的人类活动在各种数据库中留下痕迹,产生了关于人类行为的大规模数据。这些数据为社会研究提供了新的可能,通过对这些数据的分析,可以获得人类行为和社会过程的模式。③ 作为社会科学中采用计算机运算方法的学术分支,计算社会科学通常使用运算和建立模型的方式模拟、分析复杂的社会现象。它的次分支包括计算经济学、计算社会学、自动媒体分析等,内容则专注于透过模拟、建模、网络分析、媒体分析等观察社会与行为关系及互动,在分析社会网络、社会地理系统、社群媒体、传统媒体内容等方面具有极高的应用价值。

计算经济学是一个介于情报科学、经济学与管理学间的研究主题,它以经济系统的计算建模为主要研究方法求经济问题的解析解与统计解,应用领域广阔,包括代理人模型、一般均衡模型、总体模型、理性预期模型、计算计量与统计模型、计算金融模型、网络市场的设计演算工具等。代理人计算经济学(ACE)专门研究将整体经济过程视为代理人间互动的动态系统,是复杂适应系统的经济适应方式。在这里,"代理人"被视为根据规则互动的演算个体,

---

① 祝建华,彭泰权,梁海,等.计算社会科学在新闻传播研究中的应用[J].科研信息化技术与应用,2014(2):3-13.
② 祝建华,彭泰权,梁海,等.计算社会科学在新闻传播研究中的应用[J].科研信息化技术与应用,2014(2):3-13.
③ 孟小峰,李勇,祝建华.社会计算:大数据时代的机遇与挑战[J].计算机研究与发展,2013,50(12):2483-2491.

而不是真的人群。代理人包括社会个体、生物个体和实质个体。最佳化理论假设个体是有限理性的,被一些市场力量限制,如赛局理论。

计算社会学是社会学的一门分支,使用密集演算的方法来分析与模拟社会现象。计算社会学使用计算机模拟、人工智能、复杂统计方法,以及社会性网络分析等新的途径,由下而上地塑造社会互动的模型,来发展与测试复杂社会过程的理论。它包含对于社会行为者的理解,这些行为者之间的互动,以及这些互动对于社会整体的影响。在相关研究中,计算社会学经常与社会复杂度的研究相关,如复杂系统、钜观过程与微观过程之间非线性的互联。一个典型案例是以"虚拟社会(artificial society)"的形式建造一个演算模型,研究者可以借此分析一个社会体系的结构。

近十年来,计算社会科学的核心技术是数据挖掘,使用统计学、机器学习、模式识别、数学模型等方法,进行探索式的知识发现和数据管理,数据源包括数据库、Web以及动态地流入系统的数据。祝建华认为,数据挖掘对于社会学家分析复杂社会系统产生的大量数据有很多好处,可以聚焦社会过程和关系,可以处理非线性、有噪声、概念模糊的数据等。① 如今,计算社会科学研究成果的影响力巨大,一个例证就是 *Science*、*Natrue*、*Proceedings of the National Academy of Sciences* 等世界顶级期刊经常刊登计算社会科学的最新研究成果。

二、社会计算的主要研究领域之二:技术应用

面向技术应用的社会计算将社会科学中的一些概念或理论融入技术应用,例如社区、社会网络、社会心理学等。

(一)社交应用

社会计算主要使用社会网络分析的方法分析社会网络的影响力,发现参与的机会,共享用户对特定的话题、品牌、产品的看法。

社会计算还可用于社交媒体挖掘和社区发现,即探测网络环境中的社区结构,发现内聚的子群,这对于定量分析社会群体演化、预测用户行为有重要意义。

社会计算对于社会媒体对个人或企业的声誉、信任等方面的管理也有重大意义。

《纸牌屋》与数据驱动

(二)娱乐应用

社会计算的娱乐应用技术主要有协同标记、协同过滤、情感计算、环境感知计算等,主要用于共享媒体、社会新闻、社会书签、维基百科、在线游戏等平台,方便人们共享知识、享受便利。

协同标记(collaborative tagging):互联网上社会书签的应用日渐流行,由此诞生了协同标记。它提供了一种便捷有效的组织管理海量信息的方式,为了充分发挥其潜能,需要提取出协同标记中的深层关系。娱乐应用可

---

① 祝建华,彭泰权,梁海,等.计算社会科学在新闻传播研究中的应用[J].科研信息化技术与应用,2014(2):3-13.

以发掘这些关系进而构造用户个人元数据,并据此进行个性化推荐,满足用户长、短期的多种兴趣需求。

协同过滤(collaborative filtering):利用兴趣相投、拥有共同经验的群体的喜好来推荐用户感兴趣的信息,个人通过合作的机制给予信息相当程度的回应(如评分)并记录下来以达到过滤信息的目的,进而帮助别人筛选信息。协同过滤又可分为评比(rating)或者群体过滤(social filtering)。协同过滤以其出色的速度和稳定性,在互联网娱乐应用中发挥举足轻重的作用。

情感计算(affective computing):通过计算科学与心理科学、认知科学的结合,研究人与人交互、人与计算机交互过程中的情感特点,设计具有情感反馈的人与计算机的交互环境,力图实现人与计算机的情感交互。在人和计算机的交互过程中,计算机需要捕捉关键信息,识别使用者的情感状态,觉察人的情感变化,利用有效的线索选择合适的使用者模型(依据使用者的操作方式、表情特点、态度喜好、认知风格、知识背景等构建的模型),并对使用者情感变化背后的意图形成预期,进而激活相应的数据库,及时主动地提供使用者需要的新信息。

(三)生产应用

生产应用主要指创建和共享协作内容,为生产生活提供便利,例如计算机支持的协同工作、智能交通、危机应急响应、商业应用、健康管理等。

众包(crowd source)原指一个公司或机构把过去由员工执行的工作任务,以自由自愿的形式外包给非特定的大众志愿者的做法。在网络社会,众包可以通过网络做产品的开发需求调研,以用户的真实使用感受为出发点。众包的任务通常需要多人协作完成,也有可能以依靠开源的个体生产的形式出现。简单地说,众包就是社会生产。众包的出现始于开源软件,Linux操作系统的开发证明,一群志趣相投的人能够创造出比微软公司等商业巨头所能够生产的更好的产品。

智能交通(intelligent traffic system)指从用户的智能手机等不同的传感设备上收集路面、收费站、交叉路口、桥梁等基于位置的数据,判断道路运行模式,基于这些数据分析为用户提供交通信息,预警拥堵状况,提升通行效率,避免交通事故。

社会惰化(social loafing)是指许多人在一起工作会降低个人活动积极性的现象。使用社会计算思想,可以将社会心理学中的社会惰化理论应用到计算机支持的协同工作的设计之中,利用行为理论解释人们在网络环境中为什么做事不按经验性规则或程式化模式,并预测不同设计方案的结果。

环境感知计算(context aware computing)也被称为智能感知,指将物理世界的信号通过摄像头、麦克风或者其他传感器的硬件设备,借助语音识别、图像识别等前沿技术,映射到数字世界,再将这些数字信息进一步提升至可认知的层次,比如记忆、理解、规划、决策等。通过装配有GPS和传感器的智能设备,有效及时地分享环境感知的信息,为人类社会发展提供决策支持。例如,国庆长假期间,共享单车企业通过大数据平台,以城市的骑行数据作为参考,分析人们在长假期间的出行热度、游玩方式及热门目的地。在物联网开放平台和环境感知计算的支撑下,这些数据可以在人流预判、交通规划、城市发展等方面发挥重要作用。

三、计算传播的主要研究内容

作为计算社会科学的分支,计算传播主要关注人类传播行为可计算的基础问题,以传播网络分析、传播文本挖掘、数据科学等作为主要的分析工具,大规模地收集并分析人类传播行为背后的模式或法则,并分析模式背后的生成机制以及基本原理,可以被广泛地应用到新闻学研究、数据新闻和计算广告等场景。①

计算传播学的研究对象应当定位为人类的传播行为,因而它是新闻传播学研究中的一种研究取向,与经典的新闻学研究之间存在互相促进的关系。香港城市大学祝建华教授较早研究计算社会科学在新闻传播研究中的应用,他按照 Lasswell(1948)提出的 5W 即"who,says what,to whom,through what channel,with what effects"②,把计算传播研究分为传播者(communicator)、内容(content)、渠道(channel)、受众(audience)、效果(effects)五个分支领域,阐释了其主要应用情况和代表性研究案例。计算传播在这五个分支中的发展并不平衡,在本章后续内容中,我们将根据各分支采用计算社会科学的程度进行详略不同的论述。

就研究方法而言,除了使用新闻传播学已有的工具和方法,计算传播更侧重于引入更多跨学科的方法,尤其是网络科学、多主体建模、文本挖掘、机器学习,侧重于对互联网大数据的收集和分析,倾向于采用大规模的互联网实验验证和发展理论。因为驱动计算传播学发展的主要力量来源于人类传播行为当中的重大问题,发展计算传播研究有助于解决新闻产业变革过程中发现的理论问题和实际困惑。值得注意的是,2017 年 Watts 再次发表多篇反思计算社会科学的文章,提倡计算社会科学应该更加强调以寻找解决方案为导向,因为社会科学存在太多的相互之间不一致的理论,而这些理论往往不能很容易地验证。③ 以寻找解决方案为导向对于新闻产业非常有价值,以新闻推荐系统为例,如何实现更为精准的新闻推荐亟须寻找更加有价值的视角、方法和理论,可以预见经过新闻产业检验的新闻学理论也将具有更强的解释力和预测力。

计算传播是一种数据密集型科学研究范式(data-intensive science),在大数据条件下,传统的传播研究理念和方法要转变为以数据为中心,形成数据思维,主要依赖以下三点转变:一是传播研究在大数据时代可以分析更多的数据,甚至是与之相关的所有数据,而不再依赖于采样;二是不再追求精确度,让社会科学在宏观层面拥有更好的洞察力;三是不再热衷于寻找事物间的因果关系,而应该寻找相互之间的相关关系。社会科学中的因果关系是概率性的,只能研究原因的结果(effects of causes),而不是结果的原因(causes of effects),而相关关系会揭示其发展过程。从关系的视角考察传播结构与传播网络,可为传播学研究提供一种新的思路。本文从结构视角把网络科学研究方法引入传播学研究,用结构思想和社会网络分析的数学与计算模型来考察传播网络,用复杂网络的研究方法来思考传播规律。如果我们能够利用社会计算的方法,深入分析每一个个体的关系和连接,我们就可以预知社会发展的趋势。④

---

① 王成军. 计算传播学的起源、概念和应用[J]. 编辑学刊,2016(3):59-64.
② Lasswell H D. The Structure and Function of Communication in Society[M]//Bryson L. The Communication of Ideas. Urbana:University of Illinois Press,1948.
③ Watts D J. Should Social Science Be More Solution-Oriented? [J]. Nature Human Behaviour,2017(1):1-5.
④ 沈浩,杨璇,杨一冰. 传播学研究新思路:复杂网络与社会计算[J]. 科研信息化技术与应用,2014,5(2):27-33.

第二节 传播者研究

探索海量网络传播者的特征,是当前计算传播研究的一个热点领域。传播者研究原先专指针对消息来源和媒体专业人士的研究,如记者、编辑、意见领袖或者新闻发言人等。然而,在网络传播时代,社会化媒体由广大用户自创内容。可见,传播者与受众之间的界限已经日益模糊,但这并不意味着二者身份和结构功能界限的消弭。事实上,不是每一个用户都是传播者,互联网用户在信息传播的频率、效力和参与度上依然存在明显的差别,社交网络时代的传播者研究具有重要价值。

一、传播者的类型划分

为了便于展开分析,祝建华教授将每个社会的成员按其参与社会化媒体的程度分为五类:意见领袖;活跃用户;被动跟随者;纯粹旁观者;非用户。其中前两类(意见领袖和活跃用户)应该划入传播者之列,而后三类属于受众(见第五节)。

用计算社会科学方法研究社会化媒体的传播者有两个技术难点:如何发现传播者以及如何描述传播者。机器学习中的两类基本方法——无监督机器学习和有监督机器学习,在理论上均适用于研究社会化媒体的传播者,但绝大多数现有研究更青睐有监督的方法。

Wu 等人[1]对 Twitter 的研究最有代表性,如表 2-1 至 2-3 和图 2-2 所示。他们使用了"滚雪球"和"活跃发帖人"两种非随机的抽样方法,并预先设定了四组关键词——"明星""媒体""机构"和"专业博客",找到了 54 万合格用户,并将每组关注度或发帖量最高的 5000 人定义为"精英用户"(elite users),即传播学中常用的意见领袖。[2] 而其余的用户被定义为"普通用户"(ordinary users),即前文所说的活跃用户。

这些方法显然具有相当程度的主观和人为成分,但好处是容易操作,其结果也容易解读。例如,他们研究发现,以人均发帖量计,媒体最活跃,其发帖量分别为专业博客的近 4 倍、机构的 10 倍、明星的近 40 倍,但普通用户收到的帖子中只有 15% 直接来自媒体,46% 由媒体经过其他普通用户朋友的转发而来,而 35% 来自博客、机构和明星等其他精英用户。再结合其他发现,作者认为 Twitter 上的新闻传播过程基本上还是经典的"媒体—意见领袖—普通受众"的"二级传播"模式。[3] 当然,这一结论尚有待于后人用无监督机器学习的数据加以验证。

---

[1] Wu S M, Hofman J M, Mason W A, et al. Who Says What to Whom on Twitter[C]//Proceedings of the 20th International Conference on World Wide Web(WWW). NY:Association for Computing Machinery,2011:705-714.

[2] Wu 等人将"意见领袖"宽泛地定义为任何转发过媒体消息,而又被第三者转发过的"中介用户"(intermediaries)。据此定义,99%的意见领袖是普通用户而不是精英用户。

[3] Lazarsfeld P F, Berelson B, Gaudet H. The People's Choice:How the Voter Makes up His Mind in a Presidential Campaign[M]. 3rd ed. New York:Columbia University Press,1968.

表 2-1　Wu 等人(2011)对 Twitter 的研究(a)

Category	Distribution of users over categories			
	Snowball Sample		Activity Sample	
	# of users	% of users	# of users	% of users
Celebrity	82,770	15.8%	14,778	13.0%
Media	216,010	41.2%	40,186	35.3%
Org	97,853	18.7%	14,891	13.1%
Blog	127,483	24.3%	43,830	38.6%
Total	524,116	100%	113,685	100%

表 2-2　Wu 等人(2011)对 Twitter 的研究(b)

Category	# of URLs initiated by category	
	# of URLs	# of URLs per-capita
Celebrity	139,058	27.81
Media	5,119,739	1023.94
Org	523,698	104.74
Blog	1,360,131	272.03
Ordinary	244,228,364	6.10

表 2-3　Wu 等人(2011)对 Twitter 的研究(c)

Top 5 users in each category			
Celebrity	Media	Org	Blog
aplusk	cnnbrk	google	mashable
ladygaga	nytimes	Starbucks	problogger
The Ellen Show	asahi	twitter	kibeloco
taylorswift13	Breaking News	joinred	naosalvo
Oprah	TIME	ollehkt	dooce

香港城市大学媒体与传播系互联网挖掘实验室近年来也在研究 Twitter 上的传播者。他们将以前研究传统媒体时提出的"议程设置零和游戏"理论(zero-sum theory of agenda-setting)[1]扩展到社会化媒体环境中。议程设置指媒体通过新闻报道塑造或强化公众对某些社会问题的关注。祝建华(1992)在该理论中指出,公众议题的有限承载能力决定议程设置是一个零和游戏。由于受众的媒介接触时间、媒介接近能力、信息的心理容纳能力等方面是有限的,议题增加意味着议题之间在有限的空间相互竞争;多种议题的影响力就会减弱,其结果是受众接受的议题总量并不增加,而每一种议题的影响力却相应减弱。因此他们在研究传统媒体的议程设置时,将所有媒体的报道视为同一议程,而着重分析各议题之间的竞争关系。

---

[1] Zhu J H.. Issue Competition and Attention Distraction: A Zero-Sum Theory of Agenda-Setting[J]. The Journalism Quarterly,1992,69(4):825-836.

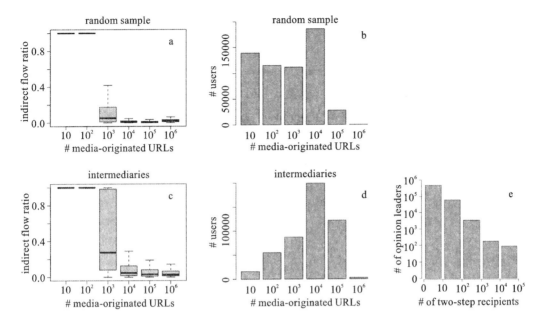

图 2-2　Wu 等人(2011)对 Twitter 的研究①

到了社会化媒体时代,传播者的议程已不再同质化,而需要区别对待。该实验室在研究 2012 年美国大选期间的 Twitter 内容时,参照 Wu 等人的方法,将 Twitter 上的传播者分为"媒体""政党""专业博客"(其中包括明星作者)三类,分别计算各自对普通用户在"选举""经济""国际"等六大类议题上的影响力,并采取"川流式"(river theme)可视化系统来展示三类传播者在不同议题和不同时间上的竞争关系。②

二、传播者研究的主要方法

当前,关于网络传播者的研究常见的方法是社会网络分析方法,这种方法旨在揭示网络中成员之间的相互关系和网络的结构特征,强调从关系或者结构的角度研究对象的特质③,以社会关系和社会结构作为统计分析的单位④。社会网络分析既可以探索人与人之间的关系,又可以探索人与物、物与物、人与组织、组织与组织之间的关系。在网络舆论研究中,最常见的是研究人与人之间的关系和网络结构,在此基础上探寻人群特征与舆论特征之间的关系。⑤

韩运荣和漆雪抓取了 Twitter 上与"中美贸易战"话题相关的数据,选取了推文影响力较大的 70 多个账号,并对这些账号之间的关系进行了整体网络分析、核心-边缘结构分析、

---

① Wu S M, Hofman J M, Mason W A, et al. Who Says What to Whom on Twitter[C]//Proceedings of the 20th International Conference on World Wide Web(WWW). NY:Association for Computing Machinery,2011:705-714.
② Xu P P,Wu Y C,Wei E X,et al. Visual Analysis of Topic Competition on Social Media[J]. IEEE Transactions on Visualization and Computer Graphics,2013,19(12):2012-2021.
③ 苏玲,娄策群. 我国情报学和传播学领域大数据研究探析[J]. 情报科学,2019,37(5):31-37.
④ 沈浩,杨璇,杨一冰:传播学研究新思路:复杂网络与社会计算[J]. 科研信息化技术与应用,2014,5(2):27-33.
⑤ 钟智锦. 计算传播视野下的网络舆论研究[J]. 新闻与写作,2020(5):26-32.

个体网络分析和子群网络分析。① 研究发现,位于核心区域的节点包括美联社、《纽约时报》、《华盛顿邮报》、BBC等西方主流媒体,以及《环球时报》《人民日报》等我国官方媒体。中立者和反对者群体密度更大,内部联系比较紧密;支持者群体密度较小,内部成员之间的交流较少;支持者与反对者的互斥现象严重,而反对者相对开放,与中立者联系较为紧密。

在今天的计算传播研究领域,有大量分析网络舆论中的团体群组、意见领袖和水军等传播者的研究,研究内容大多集中在对算法的更新迭代上。

三、研究应用之一:网络虚假信息的传播者

虚假信息的传播在政治、经济等多个领域影响着社会正常运作,深入理解虚假信息的传播机制并遏制虚假信息传播是传播学、政治学、计算机科学等多个学科领域的共同研究目标。基于社会化媒体对于虚假信息内容及传播踪迹的记录,以及计算传播算法的广泛运用,传播学在当前阶段得以对虚假信息传播进行经验性的深入探讨。吴晔等学者尝试从虚假信息传播者特征角度,探讨计算传播方法对于虚假信息传播研究的可行性。②

社交媒体平台的开放性为研究用户属性和行为特征提供了重要数据。③ 当前对于传播者特征进行研究的计算方法,主要集中于"用户画像"研究,即用户发布、评论或转发虚假信息等行为和用户个人的特征紧密相关,可以根据用户的人口统计学信息、历史行为信息、社会关系信息等直接和间接数据,对用户特征进行量化和归纳。具体而言,用户画像可以从属性特征和行为特征对虚假信息传播者进行特征建构。

(1)从属性特征角度来看,用户画像可以量化传播真、假信息用户的属性差异。一方面可以研究用户社交网络结构特征(如关注数、粉丝数)对虚假信息传播的影响,比如Zubiaga等人研究发现,具有高关注率(关注率=关注数/粉丝数)的用户倾向于对流言表达肯定态度,而且倾向于引用外部证据来支持自己的观点。④ Vosoughi等人通过对传播真、假信息的用户进行比对发现传播虚假信息的账号,在关注数和粉丝数等指标上,都高于传播真实消息的人。⑤ Jang等人研究发现,大多数虚假信息都是由普通用户而不是记者、政客等特别身份的人发布的。⑥ 另一方面,社交机器人(social bots)已被广泛用于渗透政治话语、操纵股市、窃取个人信息、传播错误信息。⑦ Twitter公布其平台上有9%到15%的活跃账号是社交机器人,Facebook推算其平台上有近6000万的社交机器人⑧,利用属性特征对机器人账号进

---

① 韩运荣,漆雪. Twitter涉华舆情极化现象研究——以中美贸易争端为例[J].现代传播,2019(3):144-150.
② 吴晔,李永宁,张伦.计算视角下的虚假信息传播:内容、主体与模式[J].河南师范大学学报(自然科学版),2019(2):29-35.
③ Zubiaga A,Aker A,Bontcheva K,et al. Detection and Resolution of Rumours in Social Media:A Survey[J]. ACM Computing Surveys,2018,51(2):1-36.
④ Zubiaga A,Liakata M,Procter R,et al. Analysing How People Orient to and Spread Rumours in Social Media by Looking at Conversational Threads[J]. PLoS ONE,2016,11(3):e0150989.
⑤ Vosoughi S,Roy D,Aral S. The Spread of True and False News Online[J]. Science,2018,359(6380):1146-1151.
⑥ Jang S M,Geng T,Li J Y Q,et al. A Computational Approach for Examining the Roots and Spreading Patterns of Fake News:Evolution Tree Analysis[J]. Computers in Human Behavior,2018,84:103-113.
⑦ Ferrara E,Varol O,Davis C,et al. The Rise of Social Bots[J]. Communications Of The ACM,2016,59(7):96-104.
⑧ Lazer D M J,Baum M A,Benkler Y,et al. The Science of Fake News[J]. Science,2018,359(6380):1094-1096.

行用户画像可以用于对社交机器人的检测。比如建立在机器学习算法之上的BotOrNot系统[1],就是利用了账号包括多种属性特征(如用户元数据、好友统计、词性和情绪分析等)在内的超过1000个特性,评估Twitter账户与社交机器人的已知特性之间的相似性,为Twitter账号计算"机器人分数"。Shao等人利用这一系统发现,在该研究的样本中只有8%的账号被判定为社交机器人,但是这8%的账号传播的未被证明真假的信息数量占到总体的36%。[2]

(2)从行为特征角度来看,用户画像方法旨在发现某类特定行为对于虚假信息传播者的指征意义,例如转发行为、点赞行为、提及行为、内容重复发布行为等。从转发、点赞等行为特征入手,能够发现虚假信息传播者在群集维度上的特点。例如,Bessi等人研究发现,关注"阴谋论"类型信息的极化用户(即对某类信息点赞数量占到总点赞量的95%的用户)更倾向于评论"阴谋论"类型的帖子[3],如图2-3所示,"科学类"信息(scientific news)极化用户的评论行为中,9.71%是评论给"阴谋论"信息(alternative news),而"阴谋论"信息极化用户的所有评论行为中,只有0.92%是评论给"科学类"信息。根据社会判断理论,当信息与个人的立场较为接近的时候,它就会被吸收;如果信息与个人的立场大相径庭,反而会加强个人原有的立场,这就是所谓的"回力飞镖效应"。[4] 围绕信息类型的不同,可以将用户划分成不同的社团群体,甚至是划分出极化群体。这一类研究从量化的角度对经典理论进行了新的解读和验证,从提及行为、内容重复发布行为等特征入手,可以确立检测社交机器人的指标。

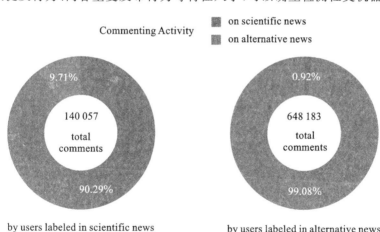

图2-3 极化用户的评论行为

综上,计算传播时代的用户画像,能够描述出虚假信息传播者的账号属性和行为特点,归纳虚假信息传播者和易感人群的群体特征。这种非介入性(unobtrusive)方法适合对"少

---

[1] Davis C A, Varol O, Ferrara E, et al. BotOrNot: A System to Evaluate Social Bots[C]//Proceedings of the 25th International Conference Companion on World Wide Web. Geneva: International World Wide Web Conferences Steering Committee, 2016:273-274.

[2] Shao C C, Ciampaglia G L, Varol O, et al. The Spread of Low-Credibility Content by Social Bots[J]. Nature Communication, 2018, 9(1):4787.

[3] Bessi A, Coletto M, Davidescu G A, et al. Science vs Conspiracy: Collective Narratives in the Age of Misinformation[J]. PLoS ONE, 2015, 10(2):e0118093.

[4] 斯蒂芬·李特约翰. 人类传播理论[M]. 史安斌, 译. 北京:清华大学出版社, 2004.

数"和"敏感"人群进行区分和鉴别,这是传统的基于调查法进行的用户特征研究所无法实现的研究目的。更重要的是,计算传播方法在研究信息传授者特征时可以超出传统的人口统计学特征范围,加入社交属性、用户历史记录等,更准确地实现对用户行为数据和社交关系的画像。此外,对于广泛存在的社交机器人,只有通过算法才能进行有效鉴别,算法可以评估社交机器人对信息传播的效果,并实现对社交机器人的及时管控。

四、研究应用之二:传播者在线舆论表达

近年来,以社会化媒体为平台的公共舆论研究发现,社会化媒体具有庞大的用户群体,但用户对于在线舆论表达的参与程度并不平等。① 以往的研究发现,虽然互联网存在接入成本低等特点,但就一个社会整体而言,不同种族、性别和年龄的群体之间互联网的采纳率和采纳效能存在很大差别,因此构成了不同社会群体在互联网使用方面的数字鸿沟。②

Himelboim 对 6 年中 35 个在线新闻组的 20 万用户进行研究发现,用户的在线参与以及其他用户对话题的注意力服从幂律分布,且这种幂律分布的系数随着网络人数的增加而增大。③这说明,用户的在线参与程度非常不平等,且在线社区的规模越大,这种不平等越显著。与此类似,Wang 等人的研究抓取了 Twitter 中以"占领华尔街"为主题的帖子,分析了该主题的内容特点历时性变化。④ 该研究发现,用户对"占领华尔街"相关的内容贡献极不平均,其发帖量也呈幂律分布:很小一部分用户贡献了绝大部分内容,而大部分用户只贡献了少部分内容。该发现与社会化媒体之前的在线舆论研究发现类似。⑤ 从这个意义上说,在线公共舆论参与与传统的线下舆论参与并无区别:一小部分人向大部分被动的受众传播观点。

这种不平等或许与用户使用的媒介技术等因素有关。例如,Shen 等人分析了中国网民的互联网使用与在线表达之间的关系,研究发现,社会化媒体的使用频率促进了用户的在线表达。⑥

公众不仅在个体层面上表现出公共舆论参与程度的不平等,而且在地区水平上的信息贡献程度也不均衡。Conover 等人进行的一项关于社交网络的地理空间特征研究发现,社会运动在很大程度上依靠社交网络来组织和传播相关信息。⑦ 他们研究了 2011 年 7 月至 2012 年 3 月期间从 Twitter"Gardenhose"流媒体 API 收集的 60 多万条数据,涵盖美国反资本主义运动"占领华尔街"过程,试图去了解社会运动传播网络的地理空间维度与这些运动

---

① 张伦. 受众、内容与效果:社会化媒体公共舆论传播的国际研究[J]. 新闻记者,2014(6):32-37.
② DiMaggio P, Hargittai E. From the 'Digital Divide' to 'Digital Inequality':Studying Internet Use as Penetration Increases. Princeton University Center for Arts and Cultural Policy Studies, Working Paper Series number 15,2001.
③ Himelboim I. Civil Society and Online Political Discourse:The Network Structure of Unrestricted Discussions[J]. Communication Research,2011,38(5):634-659.
④ Wang C, Wang P P, Zhu J J H. Discussing Occupying Wall Street on Twitter:Longitudinal Network Analysis of Equality, Emotion, and Stability of Public Discussion[J]. Cyberpsychology, Behavior, and Social Networking,2013,16(9):679-685.
⑤ Albrecht S. Whose Voice Is Heard in Online Deliberation?:A Study of Participation and Representation in Political Debates on the Internet[J]. Information, Community and Society,2006,9(1):62-82.
⑥ Shen F, Wang N, Guo Z, et al. Online Network Size, Efficacy, and Opinion Expression:Assessing the Impacts of Internet Use in China[J]. International Journal of Public Opinion Research,2009,21(4):451-476.
⑦ Conover M D, Davis C, Ferrara E, et al. The Geospatial Characteristics of a Social Movement Communication Network[J]. PLoS ONE,2013,8(3):e55957.

所面临的组织压力之间的关系。Gardenthose Tweets 包含有用的元数据,其中包括唯一的 tweet 标识符、tweet 的内容(包括 hashtags 和超链接)、时间戳、生成 tweet 的账户的用户名、与原始用户的配置文件相关联的自由文本"Location"字符串,以及用于转发的内容,与 tweet 关联的其他用户的账户名。来自支持地理定位的移动设备的 tweet 还会报告纬度/经度坐标。

该研究分析了 Twitter 不同州的用户之间转发"占领华尔街"事件相关帖子的情况。研究发现,"占领华尔街"事件的网络流量关系图呈现出非常高的中心度,网络流量中的内容在地理上集中于少数几个关键州。如图 2-4 所示,加利福尼亚、纽约和华盛顿特区的"占领华尔街"事件转发量占总转发量的 53.8%,而非中心地区之间彼此的连接度不高。该图还表明,该事件的州流量排序情况与国内政治传播的流量基线存在较大差异。

研究表明,"占领华尔街"网络具有高度地域化的地理空间结构,同一州的用户产生和消费的流量过大。Michael 等认为这一现象可能与资源调动问题有关,任何社会运动都必须调动资金、基础设施和人力资本等资源,以促进该运动目标的实现。在"占领华尔街"事件中,这类资源往往相当有形,不仅包括帐篷和食物,而且包括为推动大规模抗议行动和在全国各城市扩大营地所需的参与者。这一研究结果与已有的社会运动理论相吻合。

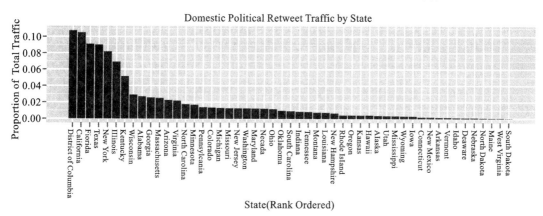

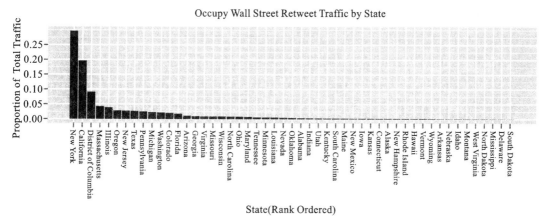

图 2-4 对每个内容流,与每个状态相关联的转发流量的比例①

---

① 图表横轴根据与每个州相关的流量大小排序。很明显,一些知名度较高的地点是占领运动信息流中的主要内容来源。这种集中与国内政治传播流中更为异质的活动模式形成了鲜明对比。

第三节 内容研究

"内容为王"一直是中国媒体发展的关键词,也是新闻传播研究领域的高频研究对象。新媒体的普及应用带来媒体生产流程、盈利模式、管理方式的变革,随着这些变化,媒体生产内容的重要性似乎有所下降,不少媒体也按照转型的需要,转向"渠道为王""产品为王""技术为王"。于是近年来,新闻传播学界或业界都存在争论——是否仍然要奉"内容为王"为圭臬?① 实际上,由于传媒产品的特殊性,以优质的内容吸引用户读者是包括新媒体在内所有媒体最重要的生存之道。说到底,传媒行业是信息服务行业,内容既是其安身立命之本,也是其核心竞争力。构成传媒品牌的要素很多,如采编、广告、发行、产品延伸等,但无论怎样,内容都是媒体品牌的核心竞争力,生产优质内容是媒体的基本生存法则。

然而,社会化媒体的新闻内容生产确实与传统媒体时代有所不同。前者的生产主力不再是记者、编辑等专业人士,而是普通用户。诸如微博、微信、知乎等平台的用户生产内容,内容海量,形态多元,极大地改变了传媒生态,传统的基于人工编码的内容分析方法难以处理海量的内容文本,计算机文本分析是近年来应用于网络内容研究的重要手段。相比传统的内容分析方法,计算传播中的文本挖掘方法在网络媒体内容研究中的优势明显。第一,可以对海量的文本内容进行处理,相对于内容分析中常见的对文本内容进行"构造周抽样"的思路,文本挖掘可以实现对全样本的分析,减少抽样误差,尤其对于跨越时间序列的文本,具有强大的分析能力;第二,不同于内容分析事先制订"编码框"的"自上而下"的研究路径,文本挖掘是一种"自下而上"的分析手段,旨在从数据中找寻规律,发现海量数据中隐藏的主题;第三,文本挖掘技术能够实现对语言的精细分析,比如探索语义之间的关系、概念之间的关系、文本的相似,使得关于内容的分析具有语言学的色彩,正因为如此,文本挖掘技术在语言学和计算机科学等领域也被广泛应用;第四,以人工阅读和编码为基础的内容分析,最需要避免和克服的,是不同的人对同一文本的不同理解,即分析的主观性,基于自然语言处理的文本挖掘技术则可以做到不受主观意志干扰,由计算人与人之间的分析信度,走向计算机器与人之间的分析信度。②

值得注意的是,现在的计算传播研究突破了早期研究对媒介内容的单纯描述,试图结合经典的传播学理论,从各个角度解释媒介内容的特点和影响舆论的因素。如党明辉结合框架理论、"沉默的螺旋"理论,探究新闻叙述中的感知框架、认知框架、正负面情感框架如何影响受众对新闻的负面情绪化评判,作者发现,在这一研究情境下,框架效应理论和"沉默的螺旋"理论依然适用。③ 金苗等人的研究,以框架理论、镜像理论为理论出发点,对主题模型分析的结果进行意义解读,从而将理论探索和数据挖掘有机结合,试图整合主题模型"计算范

---

① 祝建华,彭泰权,梁海,等.计算社会科学在新闻传播研究中的应用[J].科研信息化技术与应用,2014(2):3-13.
② 钟智锦.计算传播视野下的网络舆论研究[J].新闻与写作,2020(5):26-32.
③ 党明辉.公共舆论中负面情绪化表达的框架效应——基于在线新闻跟帖评论的计算机辅助内容分析[J].新闻与传播研究,2017,24(4):41-63.

式"与国际传播"理论范式"。①

一、内容研究的主要方法

主题分析、情感分析和语义分析是用计算传播方法研究网络媒介内容的常见工具。② 主题分析是通过对词语、句子和主题之间的关系进行建模分析,对大量文本进行主题归类,从而让人们从海量的、复杂的、无序的网络文本内容中迅速厘清头绪,找到不同的文本都在讨论什么,即舆论在"说什么"。③ 如,张伦等人以新浪微博和天涯论坛作为数据收集平台,试图分析网络舆论场中,不同类别的公共事件的话语框架,采用了主题建模和人工内容分析相结合的手法,发现自然灾害、事故灾难、社会安全事件以及制度危机与社会公平议题这四类公共事件在话语框架中的共性和差异。④ 金苗等人对2013—2018年间,美、英、澳、俄、日、法、德等国主流媒体中有关"一带一路"的1410篇报道进行LDA主题建模,勾勒出西方主流媒体关于"一带一路"倡议的六个主题框架——国际秩序、基建战略、意识形态、市场经贸、地缘联盟、本土利益,并计算了这六个主题的权重。⑤

情感分析的主要目的是识别网络舆论场中用户对事物或者人物的态度。目前国内的情感分析,相当一部分是以基础情绪中的"正面"(积极)情绪、"负面"(消极)情绪识别为主。近年来,也有一部分研究对情绪中的细分面向进行分析。如周莉等挑选了2013—2016年具有较大影响力的32个反腐案件的10万条微博评论,通过有监督的机器学习,分析了微博评论中出现的愤怒、厌恶、恐惧、高兴、喜好、悲伤、惊讶等情绪,发现网民对反腐议题的评论以负面情绪为主,其中厌恶情绪最为突出,作者对不同的情绪进行了归因分析。⑥ 钟智锦等以新浪微博中的舆论为对象,分析了内地网民对香港澳门回归的"情绪记忆",关注了荣耀感、焦虑等多种情绪。⑦ 情感分析目前被广泛地应用到传播学的各个细分领域,比如在政治传播中,通过情感分析判断网民的政治倾向;在公共传播研究中,判断网民对某些公共事件或社会重大议题的情感倾向;在品牌传播研究中,通过对用户评论的分析,判断其对产品和服务的评价。⑧

语义分析法常常探究词句间的数量关系,如语义网络分析是用词句作为网络中的节点,统计不同词句在整体网中所处的地位,分析词句之间的语义关系,适合分析文本的修辞特点。⑨ 李彪以2015—2018年44个引发"次生舆情"的政府"情况通报"文本作为研究对象,试

---

① 金苗,自国天然,纪娇娇.意义探索与意图查核——"一带一路"倡议五年来西方主流媒体报道LDA主题模型分析[J].新闻大学,2019(5):13-29,116-117.
② 曾凡斌.大数据应用于舆论研究的现状与反思[J].现代传播,2017(2):132-138.
③ 钟智锦,王童辰.大数据文本挖掘技术在新闻传播学科的应用[J].当代传播,2018(5):14-20.
④ 张伦,钟智锦,毛湛文.基于文本挖掘的公共事件分析(2012—2014)——类别、涉事者、地理分布及演化[J].国际新闻界,2014,36(11):34-50.
⑤ 金苗,自国天然,纪娇娇.意义探索与意图查核——"一带一路"倡议五年来西方主流媒体报道LDA主题模型分析[J].新闻大学,2019(5):13-29,116-117.
⑥ 周莉,王子宇,胡珀.反腐议题中的网络情绪归因及其影响因素——基于32个案例微博评论的细粒度情感分析[J].新闻与传播研究,2018,25(12):42-56.
⑦ 钟智锦,林淑金,温仪,等.内地网民情绪记忆中的香港澳门回归[J].新闻与传播研究,2017,24(1):27-46.
⑧ Go A,Bhayani R,Huang L. Twitter Sentiment Classification Using Distant Supervision. Cs224n Project Report,2009.
⑨ 钟智锦.计算传播视野下的网络舆论研究[J].新闻与写作,2020(5):26-32.

图从危机修辞视角出发,研究这些通报文本的修辞共性、意义生产特点和核心结构要件。[①] 该研究采用了共词分析法,统计一组词在一篇文本中出现的次数,在此基础上进行聚类分析,抽取这些词所表达的主题,并在此基础上总结出七种话语生产模式。结合定性比较分析,该研究发现这类通报文本具有话语霸权倾向和危机传播仪式化的特点。韩纲等人抓取了 Twitter 上 113 万条与癌症相关的推文,通过语义分析,发现了癌症相关信息中最主要的关键词以及与美国三种最常见的癌症(乳腺癌、肺癌和前列腺癌)相关的关键词,揭示了推特文本中的情感词及它们的网络特征,并发现了癌症相关推文的周期性规律。[②]

二、研究应用之一:媒介内容

计算传播从媒介内容分析层面丰富了新闻传播研究。首先是我们有了海量的数据,以互联网为代表的数字化媒体传播了海量的新闻信息,这些新闻信息构成了一个关于全世界人物和事件的新闻数据库。毫无疑问,这些新闻数据以更加翔实的形式记录了人类社会的变化过程,因而分析和挖掘这些宝贵的新闻数据一直都是新闻学研究的重要议题,而计算传播使得这一过程飞速发展,计算方法和工具为我们快速分析这些海量数据提供了可能。以往的研究表明通过分析图书或者新闻文本的时间序列数据,可以追踪文化变迁的宏观模式。Dzogang 等人使用美国和英国 1836—1922 年的新闻数据分析了人类行为的周期性变化,通过分析 3 万多天里的 5 万条数据的时间序列,发现 2% 的词具有较强的周期性。其中,季节对于人类活动具有重要影响,尤其是狩猎活动和农业收获活动,但是这种季节的影响被现代社会的生活方式削弱了。[③] Lansdall-Welfare 等人对 150 年里英国的新闻数据进行了内容分析,通过对比英国的报纸数据和谷歌图书数据,研究者发现与图书相比,新闻对于文化变革非常敏感。

在这两项研究中[④⑤],研究者首先将纸质文本进行数字化处理,转为图片,进而通过文字识别(OCR)软件提取图片中的文字,然后运用自动化内容分析技术进行分析,主要包括提取文字中的 n 元组(n-gram),借助 Yago 和 DBpedia 等开源数据库对新闻中的命名实体(人、地点、组织)进行识别,最后构造时间序列进行分析。虽然已经有很多新闻数据库,但大多数停留在保存新闻数据的层面,对于这些新闻内容的提取和处理非常少见。

社会化媒介上发布的信息和传统媒体(比如报纸、广播或电视)上发布的信息之间的异同,是内容研究的又一重要问题。Zhao 等人[⑥]运用主题建模的方法,对 2009 年 11 月至 2010

---

① 李彪.霸权与调适:危机语境下政府通报文本的传播修辞与话语生产——基于 44 个引发次生舆情的"情况通报"的多元分析[J].新闻与传播研究,2019,26(4):25-44.

② 韩纲,朱丹,蔡承睿,等.社交媒体健康信息的语义分析:以推特上癌症相关推文为例[J].国际新闻界,2017,39(4):44-62.

③ Dzogang F, Lansdall-Welfre T, FindMyPast Newspaper Team, et al. Discovering Periodic Patterns in Historical News[J]. PLoS ONE, 2016,11(11):e0165736.

④ Lansdall-Welfare T, Sudhahar S, Thompson J, et al. Content Analysis of 150 Years of British Periodicals[J]. Proceedings of the National Academy of Sciences, 2017,114(4):E457-E465.

⑤ Lansdall-Welfare T, Sudhahar S, Thompson J, et al. Content Analysis of 150 Years of British Periodicals[J]. Proceedings of the National Academy of Sciences, 2017,114(4):E457-E465.

⑥ Zhao W X, Jiang J, Weng J S, et al. Comparing Twitter and Traditional Media Using Topic Models[C]//European Conference on Information Retrieval. Berlin:Springer, 2011:338-349.

年 1 月间 Twitter 上的内容和同时期美国《纽约时报》的报道内容进行比较[①]，如图 2-5 所示。

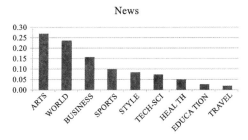

(a) Distribution of categories in NYT

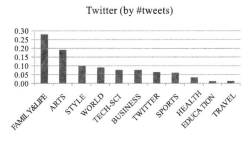

(b) Distribution of categories (by #tweets) in Twitter

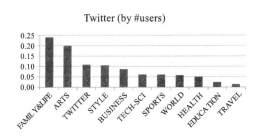

(c) Distribution of categories (by #users) in Twitter

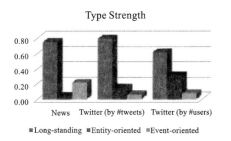

(d) Distributions of topic types in the two data sets

图 2-5　Zhao 等对 Twitter 上的内容和《纽约时报》的报道内容进行的比较研究

他们分别按照两种分类法对 Twitter 和《纽约时报》所涉及的话题进行了分类。按照话题的主题，Twitter 和《纽约时报》的内容被划分为 10 个类别。首先，他们发现 Twitter 和《纽约时报》的报道重心有所不同。Twitter 上，家庭与生活、艺术以及时尚是发布最多的信息类别，而在《纽约时报》中，艺术、国际新闻、商业新闻则位居前三。

此外，他们还发现 Twitter 和《纽约时报》上同一类报道的覆盖面有差别，如表 2-4 所示。比如在《纽约时报》，艺术类新闻会涉及书籍、小说、博物馆、历史等，覆盖面较广；而在 Twitter 上，艺术类别的信息则集中在流行音乐和明星（如 Lady Gaga）上，覆盖面较窄。他们又按照话题的本质将 Twitter 和《纽约时报》的内容划归为 3 个类别：事件主导的话题（event-oriented topics）、人物或组织主导的话题（entity-oriented topics），以及持续性话题（long-standing topics）。他们发现，在 Twitter 上，人物或组织主导的话题要远远多于《纽约时报》，这些话题主要是关于明星或大公司的。而在《纽约时报》上，事件主导的话题要远远多于 Twitter。同时，Twitter 和《纽约时报》在报道事件主导的话题上有较高的重合度，而在人物或组织主导的话题上重合度较低。Kwak 等人曾基于 Twitter 用户很少"互粉"的事实而认为 Twitter 是新闻媒体，不是社交媒体。[②] 但 Zhao 等人的研究则发现 Twitter 和传统的新闻媒体之间在内容和话题上还是存在一定的差异。

[①] 他们的数据中总共包括了 4916 位 Twitter 用户发布的 122 万条信息以及《纽约时报》的 11924 篇新闻报道。

[②] Kwak H, Lee C, Park H, et al. What is Twitter, a Social Network or a News Media? [C]//Proceedings of the 19th International Conference on World Wide Web. NY: Association for Computing Machinery, 2010: 591-600.

表 2-4　Zhao 等人对 Twitter 和《纽约时报》在同一类报道的覆盖面的比较研究

Topics specific to NYT		Topics specific to Twitter	
Category	Topics	Category	Topics
Arts	book, novel, story, life, writes world, century, history, culture, art, museum, exhibition war, history, world, civil, time	Arts	rob, moon, love, twilight gaga, lady # nowplaying adam, lambert, fans, kris chirs, brown, song, beyonce download, live, mixtape, music
Business	cars, car, ford, toyota, vehicles, media, news, magazine, ads	Business	# ebay, auction, closing # jobs, job, # ukjobs
Edu.	project, money, group, center percent, study, report, rate	Family & Life	dog, room, house, cat, door good, night, hope, tonight life, # quote, success, change god, love, lord, heart, jesus smiles, laughs, hugs, kisses
Style	french, paris, luxury, swiss, watch		
Tech—Sci	space, moon, station, spirit, earth		
World	case, charges, prison, trial, court officials, announced, news, week, department, agency, federal, law, south, north, korea, korean, power	Twitter	tweet, follow, account lmaoo, smh, jus, aint, lmaooo

主题模型
计算传播

香港城市大学媒体与传播系互联网挖掘实验室的研究则进一步分析了 Twitter 和传统新闻媒体对同一事件的不同呈现框架。Qin[①] 借鉴了 Hemphill 等人[②] 用机器学习识别话题的方法,并结合已有的语义挖掘工具(如 Hashtagify 和 Sensebot),绘制出"棱镜门"事件在 Twitter 和传统媒体报道中的语义网络(semantic network)。Qin 发现 Twitter 用户会将"棱镜门"主角斯诺登(Edward Snowden)与之前的泄密者、个人隐私、反税运动联系起来,将斯诺登塑造为一个英雄;而传统媒体则套用国土安全及反恐框架,将斯诺登塑造为一个叛徒。这一发现在某种程度上也呼应了 Zhao 等人[③] 的结论,即 Twitter 和大众媒体的话题不一定重合,其呈现方式及舆论后果甚至可能南辕北辙。究其原因,Qin 提出了社会化媒介内容生产方式与传统媒体的三点不同,即话题范围(scope)、人为操纵(manipulation)、语义组合(association)。

---

① Qin J. Snowden Wins on Twitter but Fails in News: The Mismatch between Social Media Frame and Mass Media Frame[C]. In The 2013 Asian Symposium of Doctoral Students in Communication, Hong Kong, 2013.

② Hemphill L, Culotta A, Heston M. Framing in Social Media: How the US Congress Uses Twitter Hashtags to Frame Political Issues[A]. Available at SSRN 2317335, 2013.

③ Zhao W X, Jiang J, Weng J S, et al. Comparing Twitter and Traditional Media Using Topic Models[A].// European Conference on Information Retrieval. Berlin: Springer, 2011: 338-349. http://ink.library.smu.edu.sg/sis_research/1375.

近年发展起来两个比较流行的新闻数据库,它们使用自动化算法提取新闻文本中的人物和事件,并提供全球的实时事件数据:一是国际危机早期预警系统数据(ICEWS),二是全球事件语言声音数据(GDELT)。GDELT (http://gdeltproject.org)是由谷歌资助的一个新闻数据项目,它监测全球100多种语言的广播新闻、报纸新闻和网络新闻,从中提取地点、组织、人物、时间,并将所有这些数据开放。目前开放的数据主要分为事件数据库和全球知识图谱数据库两类,使得新闻变成研究各种人类社会的重要资源。GDELT 数据库使用戈德斯坦评分(Goldstein Scale)来表示新闻事件的影响力(从 −10 到 +10)。王成军使用 GDELT 数据分析了中国各省份的新闻事件影响力(1979—2015 年),发现在这 36 年里,各省新闻数量、戈德斯坦评分、被引用次数不断增加,两两之间具有幂律关系,而新闻数量与新闻被引用的次数之间具有超线性的幂律关系,表明新闻引用可以有效地放大中国各省份的新闻影响力。但是,目前新闻事件的数据库依然存在问题。①Wang 等人分析了主要监测全球新闻事件的数据库中的公民抗议事件,结果发现 GDELT 和 ICEWS 之间仅仅具有弱相关关系,被 GDELT 划分为公民抗议的信息仅有 21% 是真正的抗议事件,而 ICEWS 划分的近 80% 的抗议事件信息是有效的。基于以上发现,研究者对于机器自动划分的事件数据的信度和效度提出质疑,并建议开放事件数据供不同学科的人以不同的研究方法进行检验。②

社交机器人
操纵案例

三、研究应用之二:搜索引擎

驱动计算传播的数据主要来自人类使用数字媒体时记录下来的数字痕迹(digital traces)③,即"公众注意力",是一个重要的社会化媒体内容。"公众注意力"指公众对于某些社会议题进行思考的过程中所投入的时间和认知资源④,是公众对外界信息的选择性关注,在一定程度上体现了公众的意愿和诉求。

过去传播学者主要是依靠民意调查的结果来测量公众注意力,并跟踪其变化,如美国盖洛普公司 Most Important Problems 调查系列。近年来,研究者开始利用网民在搜索引擎提交的搜索词来测量公众注意力。搜索引擎可以说是最传统的社会化媒介之一,因为用户可以通过在搜索引擎自我设定并提交关键词来获取他们感兴趣的信息。用户自我提交的搜索词,可以归属于传播研究的不同领域。搜索词可以代表用户的使用行为,也可以反映用户使用行为的效果。但是在更多的时候,搜索词被看作用户贡献的

---

① 王成军.计算传播学的起源、概念和应用[J].编辑学刊,2016(3):59-64.
② Wang W, Kennedy R, Lazer D, et al. Growing Pains for Global Monitoring of Societal Events[J]. Science, 2016, 353(6307):1502-1503.
③ 王成军.计算传播学的起源、概念和应用[J].编辑学刊,2016(3):59-64.
④ Newig J. Public Attention, Political Action: The Example of Environmental Regulation[J]. Rationality and Society, 2004,16(2):149-190.

内容。搜索引擎使用可计算的方法使得沉睡的数据宝藏开始觉醒。随着计算技术的发展，人类计算能力不断提高，可以分析和挖掘的数据规模不断扩大，统计、机器学习、自然语言处理等数据挖掘技术被更广泛地应用到计算传播的过程中。

从更广义的视角来看，搜索引擎的基本社会功能就是计算传播。例如，谷歌的最根本的技术在于其 Pagerank 算法，而这个算法的基本优化目标在于评估每一个网页内容的传播价值，而完成这一目标的根本方法就在于计算。反过来，经过计算所得到的搜索结果质量更高，传播效果更好。

这方面最具影响力的研究当属 Ginsberg 等人发表在 *Nature* 上的论文《利用搜索引擎查询数据检测流感流行》[①]。他们利用 45 个与流感有关的关键词，来测量公众对流感的关注程度。基于这些关键词搜索趋势的变化，他们准确地预测了美国流感的暴发，如图 2-6 所示。自此之后，搜索词被广泛运用于测量现实世界中公众对疾病、商业产品以及社会议题的注意力，比如登革热[②]、股票[③]、就业[④]等。

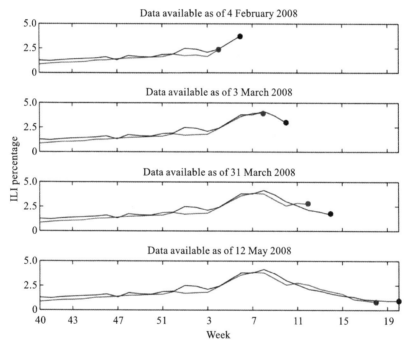

图 2-6　Ginsberg 等利用关键词测量公众对流感的关注程度并预测美国流感的暴发

---

① Ginsberg J, Mohebbi M H, Patel R S, et al. Detecting Influenza Epidemics Using Search Engine Query Data[J]. Nature, 2009, 457(7232):1012-1014.

② Althouse B M, Ng Y Y, Cummings D A T. Prediction of Dengue Incidence Using Search Query Surveillance[J]. PLoS Neglected Tropical Diseases, 2011, 5(8):e1258.

③ Preis T, Moat H S, Stanley H E. Quantifying Trading Behavior in Financial Markets Using Google Trends[J]. Scientific Reports, 2013, 3(1684):1-6.

④ Fondeur Y, Karamé F. Can Google Data Help Predict French Youth Unemployment? [J]. Economic Modelling, 2013(30):117-125.

虽然越来越多的实证研究开始应用搜索词来测量公众注意力,但是有一个重要的问题还没有得到系统的回答:作为公众注意力的测量工具,搜索词是否具有测量效度?对此,香港城市大学互联网挖掘实验室展开了系列研究工作。[1] Zhu等人[2]通过比较住房、交通、治安等话题在搜索引擎与深圳幸福指数调查中的走势,发现搜索词这种新的工具具有一定效度,但是还有诸多因素会影响搜索词作为公众注意力的测量工具的效度,比如搜索词的选择、议题本身的特点,以及互联网的扩散程度等。[3] 该实验的另一项研究则比较了环保及能源议题在谷歌趋势搜索(Google Trends)与盖洛普民意调查中的走势,也得出了与Zhu等人(2012)一致的结论。[4]

四、研究应用之三：新闻地图

新闻地图是一个以可视化的方式反映新闻在时间与空间分布的差异性的网络应用。王成军[5]利用GDELT已有历史数据作为数据源,通过多样化的统计图表对中国新闻进行展示。

新闻的生产具有很强的空间异质性。有些地方虽然空间面积很小,但是新闻有很多,例如国家的首都;有些地方虽然面积很大,但是新闻却相对较少。采用可视化的方式展现这种差异性可以给人们带来更多启发。

除了采用空间的描述之外,还可以从时间的角度看世界对于中国的新闻报道。图2-7展示了关于中国内地和香港的新闻报道数量随时间变化的情况。世界对中国内地的新闻报道数量在1979年中美建交时最高,之后逐渐下降并保持了相对的平稳,其间在1997年之后略有增加。与之相比,关于香港的新闻报道数量则呈现首先逐渐增加,到1997年香港回归时迅速增加达到顶峰,之后又逐渐下降的过程,其间2013年和2014年因为"占中"事件而出现了两次"爆发"增长。

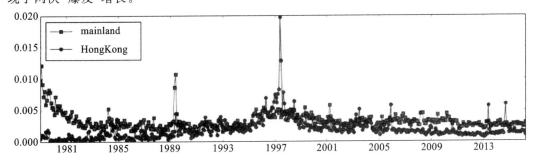

图2-7　关于中国内地和香港的新闻报道数量随时间变化(每月)的情况

---

[1] 祝建华,彭泰权,梁海,等.计算社会科学在新闻传播研究中的应用[J].科研信息化技术与应用,2014(2):3-13.
[2] Zhu J, Wang X, Qin J, et al. Assessing Public Opinion Trends Based on User Search Queries: Validity, Reliability, and Practicality[C]//Annual Conference of the World Association for Public Opinion Research, Hong Kong, 2012(6):14-16.
[3] Mellon J. Search Indices and Issue Salience: The Properties of Google Trends as a Measure of Issue Salience[C]//Sociology Working Papers, 2011:1.
[4] Qin J, Peng T Q. Measuring Public Attention on Environment and Energy Issues with Google Trends: A Validity Assessment[C]//Annual Conference of the International Communication Association(ICA), Seattle, 2014(5):22-26.
[5] 王成军.计算传播学的起源、概念和应用[J].编辑学刊,2016(3):59-64.

GDELT全球知识图谱数据是基于对新闻内容的挖掘提供的关系数据,它可以深入地关注新闻事件的详细信息,包括每篇报道的来源、报道中的人物或组织信息、地理信息和情感态度等。该数据库可以用于研究全球新闻流动模式,筛选一定时间内政治经济类"硬新闻"报道数量,以及每篇报道中的报道方、被报道方等相关数据,建立相关国家间新闻流动的网络模型。

如图2-8所示,莫小梅等研究了2019年4月8日至12日权重排名前20的新闻流动关系[①],其中连边的粗细与权重成正比,连边旁用数字标出实际的权重值。可以看出,乌克兰和俄罗斯的相互新闻流动量是最大的,而中国和俄罗斯出现的次数最多。这些边权分布的特点也为我们在评估国家间新闻流动网络中的重要节点提供了一定的启示。

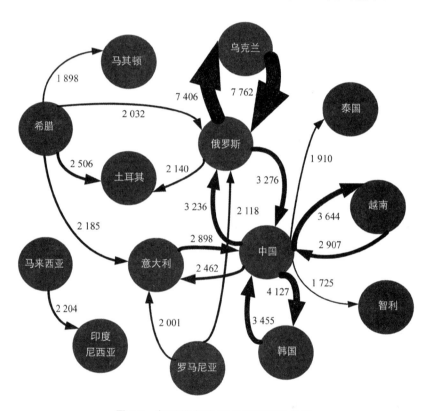

图2-8 权重排名前20的新闻流动关系

研究者分析了中国各省份从1979年到2015年的新闻影响力,具体包括各个省份的新闻数量、新闻被引用数量以及新闻时间的戈德斯坦得分,分析结果如图2-9所示,无论是新闻数量还是戈德斯坦得分,与新闻被引用次数之间都存在超线性的幂律关系,幂指数是1.11,这表明了新闻影响力具有一个放大的机制,这种机制是通过新闻引用来实现的。

---

① 莫小梅,沈浩,俞定国.基于复杂网络的全球新闻流动模式分析[J].西南大学学报(自然科学版),2020,42(12):15-24.

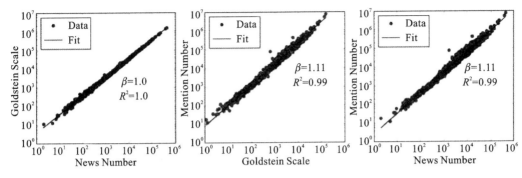

图 2-9 三种新闻影响力之间的关系(双对数坐标系)

第四节 渠道研究

在新闻传播的研究和实践中,常见的渠道包括媒介系统(如电视、广播、报纸)、社会网络(如社区、参考群体)、组织(如政府、公司)等。渠道研究系统地连接了传播者、传播内容、传播效果等新闻传播学研究的各分支,并衍生出新闻扩散、传播网络分析等众多研究传统和研究视角。[①] 本节主要介绍新闻扩散的相关研究。

渠道研究的一个核心问题是各种传播渠道的比较。传统的新闻扩散研究主要比较媒体和人际网络这两种传播渠道对于信息扩散的影响。[②] 早期研究发现,对于一些重大和琐碎的新闻,人际传播渠道是主要消息来源,如肯尼迪遇刺之后,超过50%的人是从人际网络中获悉该新闻;而对于一些中等程度的新闻事件而言,媒体则成了主要传播渠道[③][④]。但是,传统的新闻扩散研究的研究方法和理论框架往往具有以下缺陷[⑤]:首先,重大新闻事件的突发性迫使研究者必须匆忙地开展调查,往往忽略了研究设计;其次,采用调查和访问等方法收集的被访者自我报告的数据(aelf-report data)会因为事件发生时间和访问时间之间的间隔而产生遗忘问题;第三,大多数新闻扩散研究是个案分析,并且个案数量和抽样规模都很有限。[⑥] 正是由于这些限制,人际传播和新闻媒体对于新闻扩散哪个更重要的问题并没有得到很好的解答。社交媒体时代丰富易得的数字化痕迹则极大地便利了渠道研究。目前的研

---

① 祝建华,彭泰权,梁海,等.计算社会科学在新闻传播研究中的应用[J].科研信息化技术与应用,2014(2):3-13.
② Larsen O N, Hill R J. Mass Media and Interpersonal Communication in the Diffusion of a New Sevent[J]. American Sociological Review,1954,19(4):426-433.
③ Miller D C. A Research Note on Mass Communication: How Our Community Heard about the Death of President Roosevelt[J]. American Sociological Review,1945,10(5):691-694.
④ Greenberg B S. Person-to-Person Communication in the Diffusion of a News Event[J]. Journalism Quarterly,1964,41(3):489-494.
⑤ De Fleur M L. The Growth and Decline of Research on the Diffusion of the News,1945—1985[J]. Communication Research,1987,14(1):109-130.
⑥ Funkhouser G R, McCombs M E. The Rise and Fall of News Diffusion[J]. Public Opinion Quarterly,1971,35(1):107-113.

究成果主要集中于两个领域:一个是在社交媒体中的信息扩散模式(diffusion pattern),另一个是新兴渠道与传统渠道的比较。

一、研究应用之一:社交媒体中的信息扩散模式

Fu 等人重视网络分析对于新闻扩散和组织传播的重要性[1],提出传播网络中的关系可以分为四种基本类型:亲密关系、流动关系、代表关系、语义关系。其中,亲密关系描述了两个主体之间的社会关系,如朋友关系或同盟关系;流动关系描述了数据、资源和信息的传递或交换关系,如媒体间的新闻转载关系;代表关系是指两个实体之间的符号性隶属关系,例如网络新闻页面的超链接,它是一种象征性的链接而不是真实的信息流动;语义关系即词语之间的关联,例如某一主题的所有新闻文章中的词语共现网络,可以在同一个句子里出现的关键词之间建立一条链接。

Shumate 等人[2]认为,在 Web2.0 时代,Digg、Reddit 等社交新闻网站为人们提供了阅读新闻的崭新模式。在这些网站上每个人都可以对所阅读的新闻进行群体把关,这主要通过投票的方式进行,而网站对新闻按得票数和新颖性进行排序。在这种公民新闻的实践中,用户的注意力将如何流动成了一个重要的研究问题。Wang 等人[3]提出建立注意力流动网络来捕捉人们在阅读 Digg 网站新闻时的注意力如何扩散。在这个注意力流动网络当中,节点是某一个新闻,链接则表达了用户的注意力流动。采用注意力流动网络的好处是可以确保在单个节点上流入的注意力和流出的注意力是守恒的,如果不守恒,则通过引入一个源节点(source)和一个汇节点(sink)的方式将其配平。采用这种链接有权重、节点流量守恒的注意力网络,通过计算用户从源节点出发、随机游走到达某一个节点的平均步数,可以定义新闻的流距离概念,可以更好地衡量新闻对注意力资源的吸引力。

Fu 等人[4]建议未来的研究应将网络科学理论与新闻学理论相结合,更多地分析新闻中的亲密关系和代表关系,侧重于分析多维度的媒体网络。使用网络科学的理论对于解释和预测新闻学研究中的研究问题具有重要的意义。首先,因为人类社会的传播环境已经网络化,每个人都生活在网络之中,因而网络的结构和动力学过程对于每个人的信息传播过程都具有深刻的影响。很多研究者分析了网络化的媒介背景下的传统新闻学理论,例如 Guo[5]和 Hong[6]等人主要侧重于发展网络议程设置理论。其次,使用网络科学理论有助于发展已有的经典理论。例如 Himelboim 等人关于国际新闻的研究建立在世界系统理论与优先链接模型的基础之上。最后,新闻学研究者目前对于同质化理论、资源依赖理论、社会影响理论

---

[1] Fu J S. Leveraging Social Network Analysis for Research on Journalism in the Information Age[J]. Journal of Communication,2016,66(2):299-313.

[2] Shumate M,Contractor N. The Emergence of Multidimensional Networks[M]//Putnam L L,Mumby D K. The SAGE Handbook of Organizational Communication. Thousand Oaks:Sage,2013.

[3] Wang C J,Wu L,Zhang J,et al. The Collective Direction of Attention Diffusion[J]. Scientific Reports,2016(6):34-59.

[4] Fu J S. Leveraging Social Network Analysis for Research on Journalism in the Information Age[J]. Journal of Communication,2016,66(2):299-313.

[5] Guo L. The Application of Social Network Analysis in Agenda Setting Research:A Methodological Exploration[J]. Journal of Broadcasting & Electronic Media,2012,56(4):616-631.

[6] Vu H T,Guo L,McCombs M E. Exploring\"the World Outside and the Pictures in Our Heads\":A Network Agenda-Setting Study[J]. Journalism & Mass Communication Quarterly,2014,91(4):669-686.

等网络科学的理论的使用依然有限,而这些理论为分析新闻的生产、传播和消费现象提供了非常有益的视角。例如,同质化理论认为朋友的朋友之间更容易成为朋友,而资源依赖理论指出组织可以通过管理它与其他组织之间的关系来应对不确定的环境。在新闻的语境下,后者意味着一个媒介组织如果具有较多的关系资源,它就会吸引更多的关系,同时可以帮助解释新闻网站之间的信息流动。[1]

以新闻扩散研究为例来具体说明计算传播对新闻学研究的拓展。1945年,Miller在《美国社会学评论》发表题为《一个大众传播研究笔记:我们的社区怎样知道罗斯福总统的死讯》[2]一文,由此开启了新闻扩散研究。这一研究传统由盛到衰[3],直到社交媒体发展起来又重新复兴。新闻扩散研究主要关注人们通过何种渠道获知新闻,尤其是社交媒体和大众媒体在其中所扮演的角色。其中,Greenberg的研究[4]发现社交作用与新闻扩散规模之间存在"J"形曲线关系,即对于一些小的新闻事件,社交作用与扩散规模呈反比,这可能是因为其主要依靠媒体传播;而对于重大新闻,社交作用则可以促进新闻扩散。

之前受传统研究方式的限制,研究者只能采用调查问卷的方式请受访者回忆并填写相应情况,所研究的议题也往往是总统遇刺等突发新闻事件,需要被动地组织研究,因此无论是所选取的新闻事件的数量还是受访者的数量均有限,这在很大程度上限制了研究。而计算传播的方法和工具则可以帮助新闻扩散研究突破选题和样本的限制。王成军利用新浪微博上的大规模信息扩散数据,采用网络门槛来度量社交影响。[5] 网络门槛起源于格兰诺维特所提出的门槛理论[6],该理论假设个体是否参加某种行为主要取决于他或她的朋友参与的比例。该研究验证了"J"形曲线理论,并且发现信息扩散的深度可以调节社交作用的影响,那些扩散深度低的信息往往是局部社区的信息,无法穿透社区的束缚,社交作用(以网络门槛度量)将限制它的扩散。[7] 例如,传播一个普通人生日信息的人往往是他或她最亲密的朋友,社交作用很强,但扩散规模很小。[8]

在扩散模式方面,Kwak等人[9]和Wang等人[10]通过对"法国航空公司航班推文转发数"

---

[1] Fu J S. Leveraging Social Network Analysis for Research on Journalism in the Information Age[J]. Journal of Commumication,2016,66(2):299-313.

[2] Miller D C. A Research Note on Mass Communication:How Our Community Heard about the Death of President Roosevelt[J]. American Sociological Review,1945,10(5):691-694.

[3] De Fleur M L. The Growth and Decline of Research on the Diffusion of the News,1945-1985[J]. Communication Research,1987,14(1):109-130.

[4] Greenberg B S. Person-to-Person Communication in the Diffusion of News Events[J]. Journalism Quarterly,1964,41(4):489-494.

[5] Wang C J. Information Diffusion on Microblogs:Testing the Threshold Hypothesis of Interpersonal Effects[C]//Conference on Complex System,Tempe,2015.

[6] Granovetter M. Threshold Models of Collective Behavior[J]. American Journal of Sociology,1978,83(6):1420-1443.

[7] Wang C J. Information Diffusion on Microblogs:Testing the Threshold Hypothesis of Interpersonal Effects[C]//Conference on Complex System,Tempe,2015.

[8] Singh P,Screenivasan S,Szymanski B K,et al. Threshold-Limited Spreading in Social Networks with Multiple Initiators[J]. Scientific Reports,2013,3(7).

[9] Kwak H,Lee C,Park H,et al. What Is Twitter,a Social Network or a News Media?[C]//Proceedings of the 19th International Conference on World Wide Web. NY:Association for Computing Machinery,2010:591-600.

[10] Wang D,Wen Z,Tong H,et al. Information Spreading in Context[C]//Proceedings of the 20th International Conference on World Wide Web. DBLP,2011.

网络虚假信息扩散研究

的研究发现,新闻或信息在社交媒体的扩散是广度优先而非深度优先,换句话说,依赖单一信息源无法有效地在社交媒体上传播新闻信息,如图 2-10 所示。

二、研究应用之二:跨媒介比较

在跨渠道比较领域,Petrovic 等人[①]比较了 Twitter 以及美联社、路透社等传统通讯社 70 多天中对各种新闻事件的帖子和报道,如图 2-11 所示。他们采用了人工阅读和机器学习两种方法,从这些文章中寻找新闻事件。结果发现:平均而言,Twitter 与传统通讯社在对同一批重大事件的报道时效性上,并没有明显区别;相反,Twitter 的优势在于报道了一大批被传统媒体忽略了的"微事件"。这一研究有助于澄清对 Twitter 等社交媒体的过高期望,如图 2-11 所示。

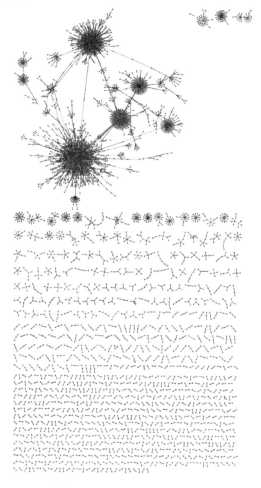

图 2-10 Kwak 等人的研究发现信息在社交媒体的扩散是广度优先

---

① Petrovic S, Osborne M, McCreadie R, et al. Can Twitter Replace Newswire for Breaking News? [C]// Proceedings of the 7th International AAAI Conference on Weblogs and Social Media(ICWSM2013), Boston, 2013.

Kim 等人[①]研究了 284 条新闻在整个互联网的扩散,结果表明新闻扩散渠道与新闻信息类型也有关系。例如,新闻网站可以有效传播艺术和经济新闻,社交媒体和博客可以有效扩散政治和文化新闻。另外,争议性新闻可以跨越多个渠道传播,而娱乐型新闻则主要集中于一个传播渠道。

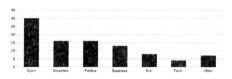

图 2-11 Petrovic 等对 Twitter、美联社、路透社的比较研究[②]

在众多社交媒体中,Digg、Reddit 等社会新闻网站(social news website)是很好的研究对象,因为用户可以自由地向网站提交新闻信息,并对提交的信息的重要性投票。如果一条新闻可以在一段时间内获得较高的票数,就会被社会新闻网站推荐为流行新闻,这一点跟微博相似。此外,用户可以彼此添加好友。因此,用户在社会新闻网站可以从至少三个渠道阅读新闻:最新新闻页面、朋友页面、流行新闻页面等。香港城市大学互联网数据挖掘实验室对 Digg 的研究发现,协同过滤的方式产生了"集体把关"(collective gatekeeping)的现象。[③] 在新闻扩散过程中,集体把关主导了超过 59% 的信息渠道,人际网络渠道占 23%,而最新新闻页面渠道占 18%。他们的发现拓展了新闻传播研究中的"把关人"理论在公民新闻(civic journalism)研究中的应用。

网络信息渠道异质性

第五节 用户研究

社会信息的生产和传播具有社会性,是依托于不同类型群体的人际关

---

① Kim M, Newth D, Christen P. Modeling Dynamics of Diffusion across Heterogeneous Social Networks: News Diffusion in Social Media[J]. Entropy, 2013, 15(10): 4215-4242.

② Petrovic S, Osborne M, McCreadie R, et al. Can Twitter Replace Newswire for Breaking News? [C]// Proceedings of the 7th International AAAI Conference on Weblogs and Social Media(ICWSM2013), Boston, 2013.

③ Wang C J. Jumping over the Network Threshold: How Widespread Could News Diffuse on News Sharing Websites? [A]. In the 62nd Annual Conference of International Communication Association, Phonix, Arizona, 2012, May 24-28.

系和社会网络而进行的。[1] 然而,从关于群体讨论的经验观察来看,观点意见在群体中的生产和传播又具有明显的分化特征,不同群体的讨论所持续的稳定状态和影响力差异很大。[2] 鉴于此,本节将计算传播学的用户研究对象分为两类:一是意见领袖,即社交网络中的活跃发言者(或称为网络议程设置中的关键影响者);二是受众,即非活跃发言者,是指多数情况下只接受信息而不贡献内容的传统意义的受众,祝建华等人[3]研究发现,这类群体在社交网络中依然处于绝大多数。以上研究对象的划分旨在阐释不同群体的特征及其网络结构位置对网络议程的形成过程与结果所产生的差异化影响。

一、研究应用之一:意见领袖(关键影响者)研究

社交媒体提供了一类新的媒介平台,使公众、意见领袖、媒体、机构等能够跨越物理空间与社会身份的界限,就相关议题进行广泛而及时的沟通。当公众为社交媒体的"去中心化"(decentralized)而欢欣鼓舞时,我们还需思考,如何让置身于信息海洋的公众听到应该听到的声音,传播学领域对"意见领袖"(opinion leader)或"关键影响者"(key influencer)的研究是否能够为回答这一问题提供一些思路。

一些传播学者开始用计算传播的思路和方法解答上述问题。实际上,社会关系网络、社交媒体领域的研究者更习惯用"关键影响者"以强调在信息或影响的传播中那些居间者的位置和角色。[4] 比如在一些关于推特的研究中,"关键影响者"被界定为"拥有大量的追随者"[5]。而"创新扩散"理论体系中涉及的"早期接受者"的概念尽管与"关键影响者"较为接近,但前者更强调某种新观念或新产品的传播[6],早期研究更侧重高科技产品的创新扩散[7]。"关键影响者"这一概念之所以受到社交媒体研究者的青睐,在于其对群体、交往和关系等概念的融合,强调从整体的关系网络出发考察影响者的结构位置及影响力的来源。"人们很难影响到那些对自己擅长领域不感兴趣的人群",赋予某些人以影响力的不仅仅是这些人在人口统计学方面的指标,还有这些人在群体结构中所处的位置。[8]

宫贺[9]采用社会网络分析方法对以埃博拉病毒为主题的公共健康话语网络进行了研究,尝试从关系结构角度确立"关键影响者"的结构、身份特征,及其在双向对话中的作用(如表2-5所示)。他将"关键影响者"界定为在信息传播的人际关系网络中,那些同时具有较高

---

[1] 潘耀辉,颜志军,刘文洋. 基于群体特征的复杂网络信息传播建模[J]. 北京理工大学学报,2015,35(8):872-875+880.

[2] 巴志超,李纲,王晓,等. 微信群内部的会话网络结构及关键节点测度研究[J]. 图书情报工作,2017,61(20):111-119.

[3] 祝建华,彭泰权,梁海,等. 计算社会科学在新闻传播研究中的应用[J]. 科研信息化技术与应用,2014(2):3-13.

[4] Gillin P,Fellow S. New Media,New Influencers and Implications for the Public Relations Profession[J]. Journal of New Communications Research,2008,2(2):1-10.

[5] Bakshy E,Hofman J,Mason W,et al. Everyone's an Influencer:Quantifying Influence on Twitter[C]// Proceedings of the 4th ACM International Conference on Web Search and Data Mining,HongKong,2011.

[6] Hill S,Provost F,Volinsky C. Network-Based Marketing:Identifying Likely Adopters via Consumer Networks [J]. Statistical Science,2006,21(2):256-276.

[7] Rogers E M. Diffusion of Innovations[M]. New York:The Free Press,Simon and Schuster,2010.

[8] Lazarsfeld P,Berelson B,Gaudet H. The People's Choice[M]. 2nd Ed. New York:Columbia University Press,1948.

[9] 宫贺. 公共健康话语网络的两种形态与关键影响者的角色:社会网络分析的路径[J]. 国际新闻界,2016,38(12):110-133.

的威望和较高居间影响力的人。即在"内向中心度"和"居间中心度"两个参数上得分均较高的用户。在测量上,这两个指标具有不同的优势和相对不足之处。"内向中心度"的算法基于对所有节点所拥有的向内指向关系的数量,追随者或"粉丝"数量越多,"内向中心度"得分越高;"居间中心度"的算法基于测量节点落在其他成对节点之间最短路径上的程度,节点越是处于其他所有节点的中心位置,该节点获得的"居间中心度"得分越高。因此,这两个指标互为补充地建构了一个相对完整的测量体系。

表2-5 两大网络的"关键影响者"

#EBOLA 关系网络				#CDCCHAT 关系网络			
User ID 用户名	In-degree 内向中心度	Betweenness z-score 居间中心度	Profile 简介	User ID 用户名	In-degree 内向中心度	Betweenness z-score 居间中心度	Profile 简介
Who	101	32.5	世界卫生组织	cdcgov	431	22.6	CDC
Cnnee	62	10.5	CNN 西班牙语新闻	drfriedencdc	241	15.5	汤姆·弗里登博士 CDC 主任
eu_echo	22	9.4	欧盟人道主义救援和民事保护部门	ebolawatchusa	118	3.9	Ebola 动态全球实时检测更新
bbcbreaking	44	5.9	梅尔文·巴克曼 CNN money 记者	hicprevention	86	1.6	盖瑞·伊文思 AHC 媒体撰稿人
Cnnmoney	43	4.9	CNN 财经新闻	cdc_ncezid	57	1.0	CDC 紧急动物传染病国家中心
glopez_gv	29	4.8	加布里·洛佩兹委内瑞拉记者	sermo	32	0.9	专门为医生提供案例讨论、研究和实践的社交网络
Cdcgov	35	3.4	CDC	darlingplum	39	0.8	@darlingplum 个人用户
letstalkebola	22	2.3	专门针对 Ebola 的讨论和信息传播	cdcemergency	27	0.6	CDC 应对公共卫生紧急事务
				casillic	53	0.6	@casillic 个人用户

作者研究发现,尽管在网络的总体结构上,两个网络呈现了一定的差异,但在节点的分布上(无论按照内向中心度还是居间中心度来分布)均呈现了相似的形态——具有较高内向中心度和居间中心度的节点是少数。这意味着享有威望的、在用户之间充当信息中介者角色的用户是少数,而绝大多数用户的影响力都较低。在该研究中,两个网络中所有参与话题讨论的用户数分别是 2145 和 786 个,而经过内向中心度和居间中心度的计算和排序后,能够在两个数值上均达到影响力指标的分别是 9 个和 10 个,分别占到 0.4% 和 1%)。这一发现与其他关于网络的研究中发现的结论一致,也有学者将其用马太效应(Matthew effect)或者长尾现象(long tail)来概括[1],比如网络中某些节点(这些节点可能比较早地进入这一网络)总能吸引更多的关系,而当他们吸引的关系数量较多时,他们将会不断地、更多地累积关系[2],最终形成了所谓"富者越富,穷者越穷"的现象。

王晗啸等[3]通过分析"红黄蓝事件"揭示知乎意见领袖与公众议程网络的相似度,发现意见领袖对公众议程的影响程度最大,其议程主要是对事件背后因果关系的梳理以及对策建议的提供。作者认为,郭蕾和麦库姆斯于 2011 年提出了议程设置的第三个层次——网络议程设置(network agenda setting)模型,以此作为对议程设置理论质疑的回应。[4] 相较于之前的两个层次,网络议程设置在研究方法上有较大创新,该方法是对内容分析、共现分析以及社会网络分析的综合运用。但这种基于共现分析的研究方法,只考虑了词与词之间显性的、直接的关系,却未能表征它们之间隐性的、间接的语义强度。

对此,王晗啸等引入词向量模型 word2vec,提出了一种测度网络议程设置中隐性关系的方法,来揭示意见领袖与公众议程网络二者间的相似程度。该研究对百度新闻和知乎平台上的语料进行语义建模,分析流程如图 2-12 所示。对不同主体抽取等量的关键词,根据模型训练所得的词向量,构建关键词语义矩阵,再进一步分析比较不同主体的议程网络及其相似程度。

该研究选取的新闻事件是发生于 2017 年 11 月的"红黄蓝幼儿园虐童案"。考虑到公众对媒体信息的接收、加工及反应需要一个过程,因而语料搜集时段设定为 2017 年 11 月 23 日至 2018 年 1 月 30 日,共采集到来自 16230 名用户的 22413 条回答(知乎)。在对意见领袖的选取上,从"粉丝数""点赞数""感谢数""收藏数"这四个维度综合考量,将该话题下这四个维度排名均为前 1% 的用户视为意见领袖,包括青年作家朱炫、暴走漫画创始人王尼玛在内总计 108 人,并将其余用户均归为普通公众。

图 2-13 为意见领袖在知乎上的评论的议程网络。意见领袖的议程网络相比媒体报道,关键词相对分散,切入点各有不同,观点更加多元化。居于网络中心位置的有"受害者""伤害"等明显具有感情色彩的词汇,表达了意见领袖对这一事件的基本立场。

表 2-6 为意见领袖对该事件评论的聚类分析及议程概括,与媒体议程以新闻事实为主

---

[1] Enders A, Hungenberg H, Denker H P, et al. The Long Tail of Social Networking[J]. European Management Journal, 2008, 26(3):199-211.

[2] Barabási A L, Albert R. Emergence of Scaling in Random Networks[J]. Science, 1999, 286(5439):509-512.

[3] 王晗啸,李成名,于德山,等. 基于上下文语义的网络议程设置研究——以红黄蓝事件为例[J]. 国际新闻界, 2020, 42(4):77-97.

[4] Guo L, McCombs M. Toward the Third Level of Agenda Setting Theory: A Network Agenda Setting Model[C]// Annual Convention of the Association for Education in Journalism & Mass Communication. St. Louis, 2011.

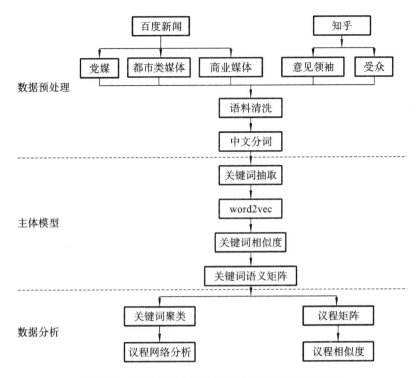

图 2-12 基于上下文语义的网络议程设置研究流程

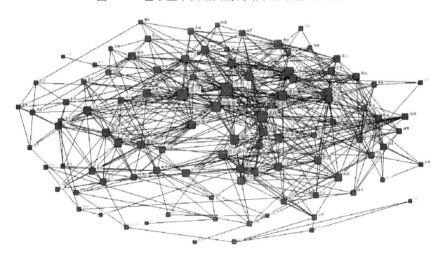

图 2-13 意见领袖对"红黄蓝事件"评论的议程网络

不同,意见领袖更加关注事件背后因果关系的梳理以及相关对策建议的提供。

表 2-6 意见领袖对"红黄蓝事件"的评论的聚类分析

社团	关键词(部分)	议程概括
1	儿童、教师、性侵犯、家长、监控、发现	监控可以发现老师是否性侵儿童
2	中产阶级、劳动者、陷阱、表面、国家	中产阶级陷阱引发社会焦虑
3	幼教、行业、评审、社会福利、开支、制度	幼师待遇不高导致行业准入门槛低
4	媒体、新闻、发声、改变、舆论、正义	呼吁媒体发声,加强舆论监督,维护社会正义

该研究采用JS距离计算不同主体议程矩阵的相似性,得到表2-7,表中的值越小,表示主体间的相似程度越高。从表中可以看出,在对公众的议程设置上,意见领袖议程与公众议程最为相似,可见相比于媒体,意见领袖对公众的影响更大。意见领袖所聚焦的视频监控问题以及建议借由此事件加强幼儿园监管,均与公众观点一致。并且,相较于公众,意见领袖更加注重分析事件发生的原因,并谈及中产阶级焦虑问题与幼师行业待遇水平问题,这些议程都是该事件背后所折射出的社会深层次问题。该研究是对现有网络议程设置研究的补充,对议程设置的本土化研究有一定的启示。

表 2-7 不同主体议程的相似度矩阵

	党媒	都市类媒体	商业媒体	意见领袖	公众
党媒	1				
都市类媒体	0.58	1			
商业媒体	0.80	0.63	1		
意见领袖	0.50	0.42	0.47	1	
公众	0.41	0.38	0.46	0.37	1

二、研究应用之二:受众(非活跃发言者)研究

在一些人看来,社交媒体时代,只接受信息而不贡献内容的传统受众似乎已经不存在了。祝建华教授[①]认为,这是当前的研究方法造成的错觉,因为这些方法从社会化媒体的帖子中寻找用户,其结果当然是大多或者全部用户都是传播者,如发表原始帖的意见领袖或转发别人帖子的活跃分子,而忽略了相当数量的从不发帖或转发的"围观者"。其实,社会化媒体上的"围观者"并不是一种新现象,例如在线论坛上的"潜水员"已经存在二十多年了。现在的问题是如何找到这些"围观者",并定量计算其规模和特征。进一步说,用户的参与行为是动态的,曾经活跃的用户也许中断退出,与此同时新人又不断加入,从而形成了社会化媒体上"你方唱罢我登场""铁打的营盘,流水的兵"的复杂局面,更增加了准确统计传播者和受众规模及特征的难度。表2-8显示了有关问题的复杂性。

表 2-8 社会化媒体中传播者与受众的区别

参与时长	创造内容	消费内容
持续不断	活跃传播者	活跃受众
中断放弃	不活跃传播者	不活跃受众

香港城市大学互联网挖掘实验室对此在多种社会化媒体平台上做了研究,其结果相当一致:社会化媒体的多数用户还是"受众"。为了准确估算"受众"在社会化媒体用户中的比例,需要以"用户"(而不是"帖子")为统计单位,否则会夸大活跃用户的比例。为此,祝建华教授团队参照社会调查中随机抽取电话号码(Random Digit Dialing,RDD)的方法,设计了一套"随机数码搜索"(Random Digit Search,RDS)方法[②],从新浪博客、新浪微博、Wikipedia、

---

① 祝建华,彭泰权,梁海,等.计算社会科学在新闻传播研究中的应用[J].科研信息化技术与应用,2014(2):3-13.
② Zhu J J H,Mo Q,Wang F,et al. A Random Digit Search(RDS) Method for Sampling of Blogs and Other Web Content[J]. Social Science Computer Review,2011,29(3):327-339.

YouTube、Flickr、Maze(P2P 平台)等社会化媒体的用户总体中抽取随机样本(即 uniform sample 或等概率样本),并分别统计其不活跃用户和潜水用户的比例及其他特征(见表 2-9)。

表 2-9 不同研究方法的比较①

	Nonprobability Sampling		Probability Sampling	
	Snowballing	Random Walks	Random Digit Dialing(RDD)	Random Digit Search(RDS)
Sampling units	Individuals	Webpages	Individuals	Webpages
Sampling frame	Not required and not used	Not required and used	Required and constructed	Required and constructed
Identification of sampling units	Referrals from contacted respondents	Hyperlinks from known Webpages	Randomly generated from sampling frame	Randomly generated from sampling frame
Dependence among sampling units	Nonindependent	Nonindependent	Independent	Independent
Probability of being samples	Unknown	Unknown	Known	Known
Posterior weighting	Impossible	Impossible	Possible	Possible
Projection to population	Invalid	Invalid	Valid	Valid

该团队研究发现,在各种社会化媒体平台上的用户账号中,一半以上是"单篇作者",即只发过一次帖的用户,其中发布的帖子往往是启动时系统自动发布的"欢迎光临我的页面",另有三到四成的用户从发帖或转帖活跃用户逐渐转型为"潜水员"和"围观者",剩下的一两成用户才是真正长期坚持参与自创内容的传播者。②

其他学者例如 Fu 和 Chau③也用类似的随机抽样方法,抽取了 3 万新浪微博用户,发现其中近六成(57%)用户的发帖时间线(timeline)是空的,也就是从未发过帖;其余四成(43%)用户为传播者,但其中的大多数(87%的传播者)在最近七天内没有发过任何原创帖。

Benevenuto 等人④用第一手数据直接比较用户在社会化媒体上创造与消费信息的行为(见图 2-14 和表 2-10)。他们从一个以拉美地区用户为主的社会化媒体整合网站获得数据。

---

① Zhu J J H,Mo Q,Wang F,et al. A Random Digit Search(RDS) Method for Sampling of Blogs and Other Web Content[J]. Social Science Computer Review,2011,29(3):327-339.

② 这种现象也广泛发生在其他社会化媒体的使用上。如在美国著名 MOOC 平台 Coursera 上注册的学生中,只有 10%是完成所有作业、取得证书的;中国国家精品课程的常用者(平均每周使用一次以上)只占学生的 16%,教师的 8%。

③ Fu K W,Chau M. Reality Check for the Chinese Microblog Space: A Random Sampling Approach[J]. PLoS ONE,2013,8(3):e58356.

④ Benevenutoy F,Rodrigues T,Cha M,et al. Characterizing User Behavior in Online Social Networks[C]//2009 Internet Measurement Conference(IMC'09),Chicago,2009.

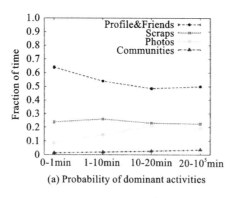 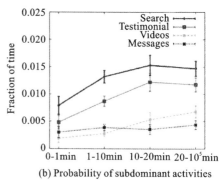

图 2-14　Benevenuto 等比较用户在社交网站上创造与消费信息行为的研究

该整合网站与四个社交网站（包括 Orkut、MySpace、LinkedIn 和 Hi5）有合作关系，用户登录该网站后，就同时接通了上述四个社交网站的账号。他们得到的数据中，包含了 37000 多个账号（其中 98% 来自 Orkut）在 12 天内的所有 460 多万条行为记录，因此可以具体解析出每个用户在这些社交网上所留下的每一步踪迹，即何时访问了哪些网页，并停留了多少时间。他们将所有被访问的网页，按其内容分成 41 小类，分别从属于搜索、留言、私信、浏览朋友网页、观看朋友的照片或视频、社区活动等 9 大类。研究发现，如果按用户人数或访问次数来统计，消费信息的行为占 92%，而创造信息的行为仅占不到 10%。虽然这项研究涉及的是社交网（而不是新闻网）的使用行为，但我们可以就此估计新闻传播内容的创造与消费之间的比例大概也是在 1∶9 到 2∶8 之间。这需要采用类似 Benevenuto 等人的方法，通过对 Twitter、微博等网站的第一手访问日志数据进行验证分析。

表 2-10　Benevenuto 等人对四个社交网站用户使用行为的部分对比分析

Rank	Orkut		MySpace		LinkedIn		Hi5	
	Category	Share	Category	Share	Category	Share	Category	Share
1	Profile & Friends	41%	Profile & Friends	88%	Profile & Friends	51%	Profile & Friends	67%
2	Photos	31%	Messages	5%	Other(login)	42%	Photos	18%
3	Scrapbook	20%	Photos	3%	Messages	4%	Comments	6%
4	Communities	4%	Other(login)	3%	Search	2%	Other(login)	4%
5	Search	2%	Communities	1%	Communities	<1%	Messages	3%

沉默的螺旋

第六节　效果研究

传播效果研究是传播学基础、核心的研究领域，其主要研究对象是新闻传播对受众认知、态度、行为方面的影响,"力图将这些影响追溯到大众媒介的某个方面,并采取实证科学的方法和语言,以检验理论假设"①。从研究视野来说,传播效果研究考察媒介对用户微观层面的心理或行为层面的影响,同时探究媒介对更高层次的社会单位、社会关系或社会结构的影响。传播效果研究经过了魔弹论、有限效果论(例如霍夫兰的说服研究)、适度效果论(例如议程设置理论、使用与满足理论以及创新扩散理论)和强大效果论(例如第三人效果理论、知识沟理论、培养理论和框架理论)②③④⑤等阶段。

张伦在《计算传播学范式对传播效果研究的机遇与挑战》一文中指出,在计算社会科学研究范式下,计算传播学致力于寻找关于传播效果可计算化的基因,以传播网络分析、传播文本挖掘、数据科学等为主要分析工具,大规模地收集并分析人们的认知、态度、行为数据,分析传播背后的效果影响机制。近几年,国内外一些研究试图从理论贡献、数据收集以及数据分析方法层面探究计算传播学研究范式为传播效果研究带来的机遇,并从测量效度、样本的代表性层面探究计算传播学研究范式为传播效果研究带来的挑战。⑥ 香港城市大学有一项研究通过比较网络论坛参与者语义网络的相似性来测量参与者之间达成共识的程度⑦(见图2-15)。用户在论坛中的回帖包含了大量的文本数据,研究者可以从每个用户的文本中提取出一个语义网络来推断用户大脑中知识的结构和阐述问题的框架。比对任意两个参与者的语义网络便可推断出二者在知识结构和阐述框架上的异同。在一个讨论网络中,语义网络的相似性在整体上体现出人们达成共识的程度。即使人们对某一问题的态度不同,他们仍然可以在更基本的问题上达成一致——讨论同一个问题,而不是自说自话。

一、计算传播对传播效果研究的理论拓展

计算传播对于传播效果研究的理论拓展,主要来自两个层面。其一,新的研究范式对经典理论进行验证(例如两级传播理论),对经典理论的边界条件、作用机制进行判定(例如沉默的螺旋理论),并对经典理论进行拓展(例如网络议程设置理论)。其二,由于计算社会科学研究范式产生的多学科交叉合作研究,对其他学科理论的借鉴与移植为传播效果研究带来了新的研究视角。社会化媒体平台的兴起,使得传播学关注的重要问题成为多学科共同关注的问题。例如,信息传播的"流行性"问题⑧,催生了跨学科合作,也引入了其他学科的经典理论来丰富传播学的理论视野。下面将分别从对经典理论的验证,对经典理论边界条

---

① 周葆华.大众传播效果研究的历史考察[D].上海:复旦大学,2005.
② Chaffee S H, Hochheimer J L. the Beginnings of Political Communication Research in the United States: Origins of the "Limited Effects" Model[M]//Rogers E M, Balle F. The Media Revolution in America and in Western Europe. Ablex Publishing Corporation,1985.
③ Hovland C I, Janis I L, Kelley H H. Communication and Persuasion: Psychological Studies of Opinion Change [M]. New Haven: Yale University Press,1953.
④ Blumler J G, Katz E. The Uses of Mass Communications: Current Perspectives on Gratifications Research[M]. London: Sage Publications, Inc.,1974.
⑤ Rogers E M. Diffusion of Innovations[M]. New York: Simon and Schuster,2010.
⑥ 张伦.计算传播学范式对传播效果研究的机遇与挑战[J].新闻与写作.2020(5):19-25.
⑦ Liang H. Coevolution of Political Discussion and Common Ground in Web Discussion Forum[J]. Social Science Computer Review,2014,32(2):155-169.
⑧ Zhang L, Zhao J C, Xu K. Who Creates Trends in Online Social Media: The Crowd or Opinion Leaders[J]. Journal of Computer-Mediated Communication,2016,21(1):1-16.

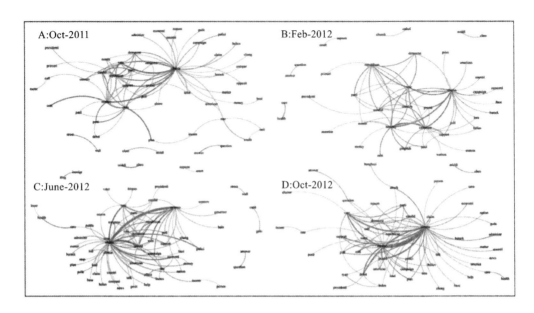

图 2-15　通过比较网络论坛参与者语义网络的相似性来测量参与者之间的共识程度[1]

件、作用机制的验证以及对经典理论的拓展三个维度说明新的研究范式对传播效果研究的理论贡献。

（一）对经典理论的验证

计算传播学研究范式，能够利用新的数据与方法，对媒介效果经典理论基于新的媒介平台进行经验性验证。两级传播[2]是关于大众传播效果的经典理论，即大众传播时代，信息首先经过"意见领袖"传递给公众。计算传播学研究范式基于在线社交媒体的研究，对该理论做了进一步的论述。例如，基于在线数据，后续研究经验性追踪了信息的传播轨迹，发现了两级以及多级传播规律。[3]

（二）对经典理论边界条件、作用机制的验证

沉默的螺旋理论是关于政治传播的经典理论，其论述了在既有的媒介环境中个体的社会关系以及媒介主流意见如何影响人们的意见表达。[4] 近年来，通过对在线社交媒体的虚假信息[5]、社交机器人以及新闻消费的"信息茧房"与"回音壁"效应进行探索，沉默的螺旋理论的边界条件得到了进一步厘清。例如，研究发现，以 Twitter 为代表的社交媒体平台成为

---

[1]　Liang H. Coevolution of Political Discussion and Common Ground in Web Discussion Forum[J]. Social Science Computer Review, 2014, 32(2): 155-169.

[2]　Katz E, Lazarsfeld P F. Personal Influence: The Part Played by People in the Flow of Mass Communication[M]. Glencoe: The Free Press, 1955.

[3]　Hilbert M, Vásquez J, Halpern D, et al. One Step, Two Step, Network Step? Complementary Perspectives on Communication Flows in Twittered Citizen Protests[J]. Social Science Computer Review, 2017, 35(4): 444-461.

[4]　Noelle-Neumann E. The Spiral of Silence: A Theory of Public Opinion[J]. Journal of Communication, 1974, 24(2): 43-51.

[5]　Lazer D M J, Baum M A, Benkler Y, et al. The Science of Fake News[J]. Science, 2018, 359(6380): 1094-1096.

回音壁,强化了用户已有的观点和意见①②③。Song 和 Boomgaarden④ 利用 Agent-Based Modeling 方法,在沉默的螺旋理论基础上,探究双向强化螺旋模型(mutually reinforcing spiral model),判定沉默的螺旋的发生机制以及边界条件,研究选择性媒体接触与态度极化现象。研究发现,个体既有的态度、对持正反态度媒体的暴露程度以及个体在线讨论社区影响了用户态度的变化。具体而言,用户对态度相近的媒体的暴露(attitudinally congruent media exposure)是维持和强化人们政治态度的重要因素。同时,人际影响强化了媒体的固有意见,而削弱了对立态度媒体(counter-attitudinal media)的影响。此外,该研究还提出了测量意见极性的三个维度:差异化(variance,即意见分散程度)、峰度(kurtosis,即态度分布的极化程度)以及 ER 指数(Esteban and Ray's Discrete Polarization Index)。

(三) 对经典理论的拓展

以议程设置理论为例,计算传播学研究范式拓展了传播效果研究中认知再现的"线性"影响假设,认为媒介的议题之间的关系设置也能够传递给公众。这种理论拓展,依赖于网络分析方法以及海量数据的获得。

传统的议程设置理论认为,议题从新闻媒体传递给公众。网络议程设置理论(network agenda setting)认为,议题、事件及其特征可以同时在不同议程中传递。⑤ 从这个角度而言,议程设置理论被拓展到第三个阶段,即新闻媒体影响公众"如何联系议题与特征"。第一阶段,新闻媒体影响公众"想什么";第二阶段,新闻媒体影响公众"如何想"。

更重要的是,网络议程设置理论挑战了经典议程设置理论和框架理论的理论假设,即公众对新闻媒体的认知再现呈现出线性进程。⑥ 相反,认知再现网络模型(associate network model)能够更恰当地呈现受众对新闻媒体信息的认知再现。利用网络分析方法,网络议程设置理论首先构建媒介议程网络和公共议程网络。网络中的节点表示事件类型(例如,政治、经济、健康等),网络关系为在给定时间窗口内不同类型间事件的共现程度。在构建媒介议程网络与公共议程网络的基础上,网络议程设置研究进而利用二次指派程序(quadratic assignment procedure)算法,计算二者网络的相关性。该方法旨在计算两个矩阵的相关性,对两个矩阵各个值的相似性进行比较,从而给出两个矩阵之间的相关系数。此外,Harder

---

① Colleoni E, Rozza A, Arvidsson A. Echo Chamber or Public Sphere? Predicting Political Orientation and Measuring Political Homophily in Twitter Using Big Data[J]. Journal of Communication,2014,64(2):317-332.

② Freelon D, Lynch M, Aday S. Online Fragmentation in Wartime: A Longitudinal Analysis of Tweets about Syria, 2011—2013[J]. The ANNALS of the American Academy of Political and Social Science,2015,659(1):166-179.

③ Himelboim I, McCreery S, Smith M. Birds of a Feather Tweet Together: Integrating Network and Content Analyses to Examine Cross-Ideology Exposure on Twitter[J]. Journal of Computer Mediated Communication,2013,18(2):154-174.

④ Song H, Boomgaarden H G. Dynamic Spirals Put to Test: An Agent-Based Model of Reinforcing Spirals Between Selective Exposure, Interpersonal Networks, and Attitude Polarization[J]. Journal of Communication,2017,67(2):256-281.

⑤ Vu H T, Guo L, Mccombs M E. Exploring "the World Outside and the Pictures in Our Heads": A Network Agenda-Setting Study[J]. Journalism & Mass Communication Quarterly,2014,91(4):669-686.

⑥ Vu H T, Guo L, Mccombs M E. Exploring "the World Outside and the Pictures in Our Heads": A Network Agenda-Setting Study[J]. Journalism & Mass Communication Quarterly,2014,91(4):669-686.

等人在经典议程设置理论基础上提出了媒介间议程设置(intermedia agenda setting)理论。① 该理论发展了议程设置理论,探讨媒介间如何相互影响,即媒介间如何相互设置议程。② 后续研究利用网络分析方法,将该理论进一步深化。具体而言,后续研究将媒体视为节点,从而研究网络结构如何影响媒介间议程,判定头部新闻来源,追踪新闻信息的影响路径,分析网络结构如何影响媒体在既定话题中的情感多样性。③ 该研究通过语义建模、情感分析以及网络分析方法,发现特殊的信源的确存在着对后续新闻的情感影响。更重要的是,一些重要新闻来源处于网络的核心位置(即中心度较高)。此外,媒介间影响网络存在着小世界特征,即有一些新闻信源紧密联结在一起。媒介间网络影响新闻的情感多样性,即媒介间网络的连接密度对情感多样性有负向影响,而网络集聚系数强度对情感多样性有正向影响。

二、计算传播用于传播效果研究的方法优势

将计算社会科学引入效果研究领域,在数据收集、数据分析整理等方面具有传统调查方法不具有的优势。

(一) 数据收集的优势

从数据来源的角度,计算传播学范式研究在法律和研究伦理的规约下,主要依靠在线爬取数据以及以合作方式从在线平台提取数据,因而在数据获取的体量、时间长度以及隐蔽性层面都具有非常明显的优势。

1. 数据的样本量更大,数据来源更加多元

传统的效果研究多使用控制实验法,因为这是判断因果关系最有效的办法。而互联网正是一个自然实验平台。传统实验只能测试几个、几十个对象,然而互联网上的控制实验可以触及规模巨大的群体。这一根本性的变革也受到了计算社会科学研究者的重视。其中最为著名的是 Salganik 等人④对 14341 位在线用户下载音乐的研究,以及 Bond 等人⑤针对 6100 万 Facebook 用户的实验。

从数据来源看,传统的传播学效果研究依赖于以调查为代表的数据收集方法,旨在获得用户意见(perception)以及行为意向(behavior intention),而无法有效测量用户实际行为的发生。利用行为意向数据和用户意见来测量传播效果,其测量信度受到用户自主报告的主观偏见等影响较大。计算传播学范式通过多渠道线上数据爬取,同时配合线下调查,能够使研究者同时获得受众的态度、行为意向以及在线实际行为数据。

---

① Harder R A, Sevenans J, Van Aelst P. Intermedia Agenda Setting in the Social Media Age: How Traditional Players Dominate the News Agenda in Election Times[J]. The International Journal of Press/Politics, 2017, 22(3): 275-293.

② Vargo C J, Guo L. Networks, Big Data, and Intermedia Agenda Setting: An Analysis of Traditional, Partisan, and Emerging Online U. S. News[J]. Journalism & Mass Communication Quarterly, 2017, 94(4): 1031-1055.

③ Stern S, Livan G, Smith R E. A Network Perspective on Intermedia Agenda-Setting[J]. Applied Network Science, 2020(31).

④ Salganik M J, Dodds P S, Watts D J. Experimental Study of Inequality and Unpredictability in an Artificial Cultural Market[J]. Science, 2006, 311(5762): 854-856.

⑤ Bond R M, Fariss C J, Jones J J, et al. A 61-Million-Person Experiment in Social Influence and Political Mobilization[J]. Nature, 2012, 489(7415): 295-298.

2. 可以长期对效果进行持续测量，反映周期性变化

传播效果可能在受众接触媒介后即刻产生，但昙花一现（例如部分广告的说服效果）；媒体也可能对受众具有慢性长期影响（例如涵化理论①），经久不衰②。从这个意义而言，传播效果的产生与持续时间是传播效果研究的重要议题之一。传统的传播学研究，往往由于数据收集的局限，不能对媒介长期传播效果进行有效的数据收集和分析。计算传播学研究范式能够通过对数据的爬取，回溯历史数据，从而发现对受众缓慢但显著的长期影响。例如，公众对于公共议题的注意力周期是评估公共话语（public discussion）建构的重要维度。一项基于"百度指数"的研究利用公众对社会议题的搜索频次来测量公众注意力。③ 该研究收集了 2010 年至 2016 年舆情报告中的热点舆情事件名单，并将每个议题转化为可操作的"百度指数"搜索关键词组。对于每个舆情事件，该研究采用设定阈值的方式计算议题的注意力周期④，即当这一议题的搜索指数达到该议题峰值的 5% 时，视为议题注意力周期的起始点；当搜索指数低于峰值的 5% 时，视为注意力周期的结束。研究发现，公众对议题的关注周期在缓慢但显著地缩短；即使在加入了议题类型、同期热门议题数等控制变量后，议题注意力周期逐渐缩短的变化趋势仍然显著。从集合层面来看，媒介技术的高速发展，使得受众处于信息过载环境中，受众接受了大量低价值信息，而信息过载环境并未增加受众对于公共议题的持续关注。相反，受众对于重要社会议题的关注周期从集合层面来看持续降低。这种现象间接说明了受众新闻消费的议题呈现出碎片化趋势，公众的公共兴趣在缓慢降低。

3. 非介入方式获取，具有自下而上的归纳优势

关于介入性与非介入性方法的争论在社会学界存在已久。学界对介入性方法（例如采访、问卷等）的疑虑在于：自我报告的数据是否可靠？计算社会科学中涌现的数字化痕迹为新闻传播研究提供了自我报告数据之外的另一种选择，研究者往往采用一种非介入的方式来观察和计算真实环境中的传播及其效果。这一特征是传统社会定量方法（比如问卷调查和实验室实验）无法做到的。以搜索引擎数据为例，搜索数据作为"用户自创内容"，使得研究人员能够通过非介入方式爬取收集，因而回避了传统的社会调查数据采集可能产生的偏见。⑤ 此外，搜索引擎数据来源于"开放平台"，数据获得成本更低，数据更新实时和及时。

同时，由于处理能力的局限，传统的效果分析大多采取自上而下的演绎推理（deductive reasoning）。而计算传播则是从观察出发，总结模式，继而验证假设并提出理论，其分析则是基于归纳推理（inductive reasoning），更加适用于新事物不断产生的社会化媒体环境。

（二）数据分析的优势

在数据分析层面，计算传播学研究范式依托于海量数据，一定程度上转变了假设检验的数据分析重点，其优势主要表现在数据分析能够检验传统调查方法所难以捕捉到的效果。

---

① Gerbner G. Cultivation Analysis: An Overview[J]. Mass Communication and Society, 1998, 1(3-4): 175-194.
② 李永宁, 吴晔, 张伦. 2010—2016 年公共议题的公众注意力周期变化研究[J]. 国际新闻界, 2019(5): 27-38.
③ Kong S, Feng L, Sun G, et al. Predicting Lifespans of Popular Tweets in Microblog[C]//Proceedings of the 35th International ACM SIGIR Conference on Research Development in Information Retrieva, Portland, 2012.
④ Scharkow M, Vogelgesang J. Measuring the Public Agenda Using Search Engine Queries[J]. International Journal of Public Opinion Research, 2011, 23(1): 104-113.
⑤ Bond R M, Fariss C J, Jones J J, et al. A 61-Million-Person Experiment in Social Influence and Political Mobilization[J]. Nature, 2012, 489(7415): 295-298.

优势之一是分析传统方法难以观察和测量的传播效果。例如,有学者通过自然语言处理的方式来研究个体的情绪或态度[1],甚至政治意识形态[2]等。态度或情绪在新闻传播中是非常重要的因素,但是往往难以被观察和测量,计算社会科学可以帮助我们理解情绪和意识形态是如何在网络讨论中形成的,对集体行动又有怎样的影响。例如,Himelboim[3] 分析了 35 个新闻组中 20 多万个参与者 6 年时间里的讨论行为。他发现在这个讨论网络中,入度遵循幂律分布。这种不平等的分布代表着网络讨论中人们所受到的注意的不平等。他进一步发现这种不平等随着网络参与者的增加而增加。这一现象被解读为一个民主的悖论:政策制定者希望更多的人参与网上的讨论来促进公民社会的发展,但是这种大规模的讨论会导致注意力集中在少数几个人身上,从而不利于民主的发展。

优势之二是能够利用海量数据挖掘变量间存在的非常微小的关系。传统的基于调查的传播学研究中,小数据量往往使得某些重要但微小的效果不显著,从而无法拒绝零假设。而海量数据能够帮助研究者发现微小但重要的影响。依然以 Bond 等人进行的 6100 万用户参加的在线实验研究为例,该研究发现,在线社会动员的确对人们的投票行为有影响,但仅仅能增加 0.3% 左右的投票数。而以往的研究发现社会动员对投票行为无影响,很可能是由于其传统的小样本很难探测微小的效应值。

优势之三在于可以验证无影响的关系。计算传播学研究学术共同体逐渐形成了一个共识,即确证变量间无影响也应是重要的研究发现之一。用传统的数据收集和分析方法,如果变量关系不显著,研究者往往无法判断"无法拒绝零假设"是因为变量间无关系,还是由于测量效度或信度不足或样本量有限。计算传播学范式的数据分析方法则能够利用全样本研究,判定变量间的关系。例如,Goel 等人[4]针对信息传播结构,提出了一个新的概念"结构性扩散度"来度量一条信息传播的结构性扩散程度。"结构性扩散度"指一条信息传递到所有末端节点的平均步数。简而言之,一条信息如果只是被"广播式传播",则该信息的结构性扩散度很低;如果一条信息经过了多步转发,则信息的结构性扩散度较高。该研究通过对 Twitter 中 10 亿条信息传播路径的定量刻画,试图找出结构性扩散度与信息传播到达目标受众群之间的关系。但研究发现,二者之间没有必然的联系。该研究颠覆了传播学一直试图探讨的传播结构对传播规模可能造成的影响。

祝建华教授认为,将计算传播学应用于传播效果研究,还存在两个技术难点:第一,如何自动化地判断受众的认知、态度和行为特征;第二,如何判断变量间的因果关系。从数据属性上来说,数字化痕迹在判断因果关系上有其独特的优势。例如,通过无干涉地追踪人们在互联网上的行为,可以很容易得到一个面板(固定样本)数据,这是传统的一次性问卷访问的方法不容易做到的,面板数据因其具有时间上先后变化的特征而常用于判断因果关系的方向。但是在很多计算社会科学的文章中,这种优势并没有得到足够的利用。比如 Wu 等

---

① Tumasjan A, Sprenger T O, Sandner P G, et al. Predicting Elections with Twitter: What 140 Characters Reveal about Political Sentiment[C]//Proceedings of the 4th International Conference on Weblogs and Social Media, Washington D C, 2010.

② Mullen T, Malouf R A. Preliminary Investigation into Sentiment Analysis of Informal Political Discourse[C]//AAAI Spring Symposium: Computational Approaches to Analyzing Weblog, Stanford, 2006.

③ Himelboim I. Civil Society and Online Political Discourse: The Network Structure of Unrestricted Discussions[J]. Communication Research, 2011, 38(5):634-659.

④ Goel S, Anderson A, Hofman J, et al. The Structural Virality of Online Diffusion[J]. Management Science, 2016, 62(1):180-196.

人[1]的文章就是通过分析整体层面上态度的变化得出舆论在走向中庸的结论。这并没有体现出每一个个体(比如一个帖子或者个人)是否也同样满足这样的因果关系。在对网络讨论中同质性的研究中同样存在这样的问题,比如 Yardi 和 Boyd[2]、Conover 等人[3]对 Twitter 上群体激化的研究在同质性的假设下讨论了不同意识形态和观点间人们的讨论,但是并没有涉及群体激化的现象是来自人们更愿意与相似的人讨论还是讨论导致他们更为相似了。Liang[4] 提出通过比较语义网络的方法来判断共识度,并利用了在线讨论中的面板特性,用网络分析的方法区分出社会选择和社会影响在政治讨论中的作用,并证明社会选择的作用要大于社会影响。该研究对于解决上述两个技术难点都有所贡献。

医生博文
传播效果

结　语

本章分别讨论了新闻传播过程中的传播者、内容、渠道、用户和效果等要素的计算传播研究方法和主要成果。总体来说,在计算社会科学研究范式下,传播学迎来了新的发展机遇,该领域在过去十几年出现了利用计算社会科学进行研究的新范式,逐渐形成了相对稳定的学术共同体——计算传播学,给新闻传播研究带来了革命性的变化和进步,其发现或者验证了悬而未决的猜测,或者挑战或颠覆了长年流行的理念。

祝建华教授[5]指出,计算传播学面临的挑战与机遇并存。首先是跨学科对话不足。本章列举的研究案例大多数由计算机学者完成,只有少部分由新闻传播学者独立进行或者由双方合作完成。这种局面与整个社会化媒体研究中的学科分布基本一致。随着社会化媒体的日益普及和计算社会科学的逐步完善,传播学研究领域期望出现越来越多的跨学科合作的研究团队和成果。其次是"名实相怨"的问题。这一概念实际上包含了三个层次的问题:新现象不断涌现,我们不知道如何对其进行初步描述;已经有了初步描述,但是还缺乏进一步的理论化;对现象的描述与理论化都已经存在,但二者之间存在错位。这就需要学术界在学科领域、理论边界、研究范式等方面不断进行新的探索和突破。

---

[1] Wu F,Huberman B A. Opinion Formation under Costly Expression[J]. ACM Transactions on Intelligent Systems and Technology(TIST),2010,1(1):1-13.

[2] Yardi S,Boyd D. Dynamic Debates:An Analysis of Group Polarization over Time on Twitter[J]. Bulletin of Science,Technology and Society,2010,30(5):316-327.

[3] Conover M,Ratkiewicz J,Francisco M,et al. Political Polarization on Twitter[C]//The 5th International Conference on Weblogs and Social Media,Barcelona,2011.

[4] Liang H. Coevolution of Political Discussion and Common Ground in Web Discussion Forum[J]. Social Science Computer Review,2014,32(2):155-169.

[5] 祝建华,彭泰权,梁海,等.计算社会科学在新闻传播研究中的应用[J].科研信息化技术与应用,2014(2):3-13.

第三章
计算传播研究步骤

互联网作为新的数据来源,记录了许多传统社会科学数据获取方法所不能获得的信息。连续、具有地理和时间戳的时空信息(包括交往时间、地点等)[①]解决了社会个体难以观察的难题。社交网络中所表达的各种意见和网络行为等非结构化文本信息和社会网络连接结构,使得非介入式观察成为可能。这种非介入式观察,不仅有利于研究者探寻社会群体人类行为,而且将传统传播学研究对象从信息传播机制扩展到社会经济生活的方方面面,从而为传播学在互联网社会的转型提供了丰富的数据、新的方法路径和可能的研究方向。

通过收集和分析海量数据,描述、解释和预测人类传播行为及其背后的驱动机制是计算传播学研究的重点内容所在。一般而言,计算传播学研究需要四个步骤。第一步,画好研究图纸,也就是我们所说的研究设计,这是计算传播学最为重要的一个环节。研究设计是指如何将(已确定的)理论假设转化为具体事实,并验证假设的一整套方法的过程。社会科学的研究设计,首先需要研究者明确自己研究的重要问题,并通过严谨的方法来验证这些理论假设或者命题是否成立。因此,计算传播学中的研究设计和研究步骤一定是研究范式和研究方法配合使用的。第二步,获取数据。传统的传播学收集数据是有针对性的,处理过程也有规定的操作步骤,数据的获取一般依赖经验观察和目的性调查。对于传统传播学研究者而言,收集互联网中的研究数据所面临的最大难题恐怕就是编程。所以在这一章,我们会重点介绍可能会用到的几种编程技术,并介绍收集数据的相关命令。第三步,进行数据处理。传统的传播学更喜欢将数据处理过程称为统计分析。各种统计学工具被广泛运用在传播学研究中,诸如"t 测试"或者方差分析。计算传播学的数据处理是指借用计算机多种软件和工具对数据进行分析和处理。第四步,数据的可视化。数据可视化是指将

---

① 张伦,王成军,许小可.计算传播学导论[M].北京:北京师范大学出版社,2018.

数据以图形图像表示,并利用数据分析和开发工具发现其中未知信息的处理过程。① 2017年,小世界网络之父邓肯·瓦茨(Duncan J. Watts)最先提出计算社会科学时代来临,他发表多篇反思计算社会科学的文章,提倡计算社会科学研究应该从"验证理论"转向"寻找解决方案"。在科技产业化趋势日益明显的今天,这个路径无疑具有很大的价值,对于如何实现更为精准的新闻推荐等问题,无疑具有更强的解释力和预测力。

第一节　确定研究问题与思路

作为一门学科,传播学诞生于20世纪40年代的美国,距今尚不足百年,是研究信息传播规律的学科。其中,怎样让更多人共享信息,传播者如何对传播过程施加影响并最终影响信息交流,成为传统传播学的内涵所在。② 传统传播学的研究对象是信息。1948年,Shannon博士在《通信的数学理论》中,给出信息的数学定义,认为信息是用以消除随机不确定性的东西,具体包括信息量的概念和信息量的计算方法。③ 对一个信号所包含的信息进行量化是信息论的研究初衷。计算传播学的发展根植于传统传播学,但又不同于前者的研究关照,计算传播学中的信息是信息论的主要范畴。与承接更多社会信息不同,计算传播学中,信源通过某种载体把信息传递给信宿,信宿又将自己的反应作为一种信息经过载体传递给信源。人与人之间、人与社会之间、社会各部分之间、生物有机体之间、生物有机体与自然界之间的交往方式,既包括关于事物运动规律与属性的认识的交流,也包括人的意愿和情感的交流,可以是物质的,也可以是精神的。④ 计算传播学中的信息传播研究具体可以分为广义信息传播和狭义信息传播两个层面的研究。广义信息传播研究是从互联网社会出发,关注所有主体(人、社会、物质)之间的通信实践,并尝试从通信实践中提炼出理论假说,通过海量数据的采集和分析来验证新现象和新问题。

在我们圈定了计算传播学研究领域之后,下一步就是确定研究问题了。什么是一个好的研究问题呢?一个好的研究必须是重大的社会问题驱动的,并且能够找到好的数据作为支撑,要能够从数据当中挖掘出行为的模式,最好可以阐明模式背后对应的机制,并尝试理解背后的基本原理。从数据、模式、机制、原理这样一个不断提高的抽象的阶梯,可以衡量不同的研究所处的状态和水平,为衡量计算传播学的研究提供一个基本的标准。

从研究问题来讲,计算传播学关心的问题,不仅包括网络社会中人类传播行为数据背后的模式和法则,而且包括网络社会中人与物之间、物与物之间的传播行为模式和规律。这些

---

① 孔令云. 大数据关键技术与展望[M]. 成都:四川大学出版社,2019.
② 许家骏,陆仕超. 传媒管理与实践[M]. 上海:上海大学出版社,2019.
③ 杨杰清. 现代图书馆管理实务[M]. 北京:现代出版社,2018.
④ 张理华. 大数据时代高校图书馆信息服务创新研究[M]. 北京:北京理工大学出版社,2019.

模式和法则不仅包括互联网社会人类传播行为的结构、模式、内容、效果,更重要的是包括人与人之间、人与组织之间、人与物之间、物与物之间的互动和传播所呈现出的那种可计算的特征。分析呈现计算特征的社会传播现象是计算传播学的关注点所在。计算传播学的兴起与大数据时代的到来有着密切的关系,计算本身不是一个新鲜事物,但计算工具和技巧在各个领域大量深入的使用却是近年来才出现的现象。随着数据收集、数据挖掘和数据分析技术的发展,计算传播学更加倾向于从复杂系统的角度看待传播行为和分析支持技术,使得计算传播学开始作为一个新的研究领域出现。①

当然,研究问题的选择,首先跟研究者的兴趣密切相关。比如,有的研究者对健康问题感兴趣,那么健康传播方面的问题会首先进入他的视野;而有的研究者对政治问题感兴趣,那么微博上关于时事政治热点事件的问题就会引起研究者的注意。当研究者关注独特信息而非一般信息时,其所着重分析的是信息内容的传播和利于信息内容传播的内在结构。无论是传播内容的制作,还是传播过程的变化,都迥异于传统线性的传播方式,表现出一种复杂性网络系统的特征。这需要研究者具备对复杂系统进行分析的能力和方法。比如,卢嘉等人基于新浪微博的数据挖掘,采取量化的内容分析法,探讨理智和情感在微博公共讨论中的传播规律。结果发现,情感代替理智成为微博公共讨论的中心,公共空间和私人空间边界的消解使得理智与情感不再截然对立。②

为了更好地理解计算传播学,我们的研究问题从传播学的传统问题着手。换而言之,寻找好问题的最重要的一种途径是给老问题寻求新的解决办法。传播内容和传播效果一直是传播学研究的重要领域,主要讨论内容特征对受众可能的影响。按照 Lasswell(1948)提出的经典的5W定义——谁、通过什么渠道、对谁、说了些什么、产生了什么影响——可把传播研究领域分为传播者(communicationor)、内容(content)、渠道(channel)、受众(audience)、效果(effects)五个分支。随着互联网技术不断发展,越来越多的主体加入媒体内容的生产中,传播者的外延也在日益扩大。传播者与受众的界限越来越不分明,因此笔者打算从用户定制视角、跨学科传播视角、前沿和趋势追踪和数字新媒体产业视角四个角度来阐述研究问题的发现。

一、用户定制视角

传统传播学中,受众个体往往只能被动地接受信息,因此受众与受众之间的相互作用和人际关系往往被忽略。但随着社交媒体的出现,受众不仅仅是信息的消费者,同时成为信息的生产者和传播者。在线社会网络记录了人们分享或传播消息的数字指纹,人们之间的互动网络建构了一种新型的社会关系,与此同时,这种社会关系也成为一种新的传播网络。传统传播学很难对受众个体间关系和相互影响进行精确测量,更无法对传播网络进行定量的整体刻画,因此计算传播学的出现无疑为传播学突破现状提供了更好的基础。

社交媒体时代,每一个个体都是信息源,作为一个信息传播者,对传播学理论的阐发具有重要意义。社交媒体平台精确记录了用户的很多细节行为。非结构化文本在在线社交媒体中的广泛应用,使得研究者可以用计算方法分析海量文本,对传播文本进行宏观层面的客

---

① 白红义.新闻研究:经典概念与前沿话题[M].上海:上海交通大学出版社,2018.
② 卢嘉,刘新传,李伯亮.社交媒体公共讨论中理智与情感的传播机制——基于新浪微博的实证研究[J].现代传播(中国传媒大学学报),2017,39(2):73-79.

观描述,从而进一步探索传播内容的特征及其对用户的影响。这些信息能够用于回答传播学一些基本而且重要的理论问题,比如在信息爆炸的今天,如何穿透注意力的壁垒,让信息精准地传达给目标受众。

下面我们将从非结构化用户反馈文本、情绪传播及社交网络中的传播行为机制和流行度数据预测三个方面对计算传播学所涉及的研究问题进行分析。在社交媒体时代,用户反馈文本的出现无疑是传播学研究最重要的变化。用户自发的反馈来源于实际,既有用户在社交网络中的关系互动,也有用户在使用某个产品之后对产品的使用评价、意见,甚至某种遇到的问题等。用户自发反馈文本依据其内容特性,大致包括传播类、评价类、意见建议类三种。[①] 社交媒体时代,每个网民都可以发声,能否有好的传播效果这个传播学的"老问题"就不再单纯是一个关于受众的研究,或者是一个营销案例分析,而是转变为每一位个体发布者如何协商、交往、讨论从而共同建构开放式的内容生产环的问题。在世界充满电子媒介的今天,人与人之间的关系问题取代新媒体与旧媒体的比较,成为更值得我们关注的问题。

在社交网络中,理论上用户可以自由发表任何意见,这种自由性使互联网成为公众情绪的集散地,特别是热点事件中传播的社群情绪更是层出不穷。刺死辱母事件、罗尔事件、雷洋事件、魏则西事件、山东疫苗事件……都引起了轩然大波。舆论场中的情绪传染机制成为一道新的景观。情绪传播总是超前于理论建构与指导,社交网络中信息流向与舆论的急遽变化使得用户的情绪传播研究成为当下的热点和前沿问题。[②]

用户的情绪是否能够在非面对面交往语境中传染?用户的情绪能否基于文本进行传播?什么情境下,情绪能够传播?人们的情绪变化是否具有某种规律?什么类型的社交媒体信息能够得到更好的传播效果?例如,Kramer和其他研究者通过社交网络,设计了一个大规模在线实验,以评估情绪是否可以在非面对面沟通中传染。[③] 当然,研究者也可以对非结构化的文本,采用自然语言处理的方法展开情感分析,还可以通过研究电信网络,计算网络中每个节点传播的多样性,再跟当地经济社会地位做关联,从而发现传播的多样性会制约当地社会经济的发展。

计算传播学预测维度问题是对用户的传播行为进行预测。用户传播行为预测是指通过一定的手段了解用户的兴趣和行为规律,从而对用户点赞、转发、评论和其他传播行为进行预测。以微博为例,用户在微博中最常见的行为是转发,用户转发是出于对文本的兴趣,还是受所在群体的影响,抑或有其他原因?研究者可以据此对用户转发行为进行预测。又比如人的情感状态会对股票市场的涨落有影响,研究者可以依此预测股票市场的涨跌。在预测维度中,最前沿和具有社会价值的是流行度预测。

流行度预测是根据消息发布一段时间后的传播情况,预测其未来可能的流行程度,比如新闻平台中的信息流行度由新闻评论数来表示。传播内容是否可能被用于预测?这在传播学研究中尚有争议。Ginsberg和他的研究团队围绕流感病毒的传播,试图提前发现疾病活动的传播路径,进而能够迅速做出反应,他们提出了一种方法:通过分析大量谷歌搜索查询

---

① 陈明.大数据技术概论[M].北京:中国铁道出版社,2019.
② 卢兴.媒介消费与文化博弈[M].沈阳:辽宁大学出版社,2017.
③ Kramer A D I, Guillory J E, Hancock J T. Experimental Evidence of Massive-Scale Emotional Contagion through Social Networks[J]. Proceedings of the National Academy of Sciences of the United States of America, 2014, 111(24): 8788-8790.

来跟踪人群中的流感样。研究发现,用户在谷歌搜索中的某些特定搜索词可以用来预测美国流感的流行趋势,其预测结果与美国疾控中心的实际调研趋势非常吻合,更为重要的是,利用谷歌数据预测的结果要比美国疾控中心的数据提早一天。这项研究利用计算方法对传播内容和与此相关的社会议题进行预测,具有非常现实的实践意义。[①] 当然这也很快引起一些研究者的争议,这个在线大规模试验的关键在于其搜索词的选择,这个操作标准并没有得到披露,这使得预测的精度存在问题,比如,数据计算预测的结果是高于美国疾控中心的实际观测值的。尽管如此,这个研究仍然表明计算传播学的出现意味着社会科学有可能从解释因果关系转向解决问题,这使该学科的应用范围得到了极大拓展。

二、跨学科传播视角

计算传播学本身就是跨学科领域产物。跨学科领域一个关键的诉求,是希望在不同领域和尺度上发展出互补或协同的解释,而这会极大增强社会科学的阐释力和影响力。下面我们将以社会学理论中社会网络分析的思想,阐述跨学科传播视角带来的问题。

社会网络研究者认为,社会关系一般以社会实体间的交换行动为基础展开阐述,如商品、政治力量、社会认同和信息交换。社会系统可以视为一个社会行动者及其行动所构成的点的集合,比如记者在微博、微信等社交媒体空间中构筑起的社会网络结构,可以被看作一系列不同的社会实体所建立的关系。[②] 这种系统的网络分析与传播系统要素之间存在关联。有些时候,那些要素是社会关系网中的人们,但有些时候它们是某种观念、语言以及组织、群体或民族的心理。大多数学科研究都关注事物的结构,传播学也不例外。从社会网络范式影响全球范围内传播研究的成果产出情况来看,社会网络分析的应用目前相对集中在组织传播和计算机中介传播两个分支当中。我们可将传播学理论中的"两级传播"理论等放到计算传播学研究领域中,验证其理论的适用性。可见社会学的网络系统分析对于传播学的研究提供了有益的理论和实践启示,比如结构洞和小世界效应,对互联网社会传播学的研究都有着不可忽视的影响。

结构洞是美国芝加哥大学社会学罗纳德·伯特在《结构洞:竞争的社会结构》一书中提出的。结构洞至少涉及三个人。三个行动者A、B、C,如果A和B有关联,B和C有关联,而A和C无关联的话,这种结构就是一种结构洞。或者说,在A和C之间存在一个结构洞。[③] 结构洞描述的是网络中两个没有紧密联系的节点集合之间的空地,其拥有与其他节点不同的优势。首先,在信息方面,结构洞的节点可以更早地获得来自网络中多个互补交叉部分的信息。其次,结构洞的节点对其创造性有放大功能。很多创新常常来自多个观点的意外合成,这里的每个观点本身或许是人所熟知的,但只是在不同且不相关的专业领域内部被熟知。最后,拥有社交把关优势。这是一种权力资源,控制者信息从一个群体流向另外一个群体。通过结构洞,本来没有联系的两个群体或者两个节点会产生联系,结构洞能够成为信息传递中的"中间人"。在微博营销信息传播网络中,结构洞能够起到跨群体的作用,成为整体

---

① Ginsberg J,Mohebbi M H,Patel R S,et al. Detecting Influenza Epidemics Using Search Engine Query Data[J]. Nature,2009,457(7232):1012-1014.
② 刘于思.传播网络分析导论[M].西安:西安交通大学出版社,2017.
③ 李良琼.社会网络方法及其在决策中的运用[M].沈阳:辽宁大学出版社,2018.

网络中若干小网络的信息利益者,从而成为微博营销信息传播网络中的社会资本。[1]

人们在社交媒体中互相建立联系,其基础结构仍然建立在现实社会中的社会关系之上。如果将传播的信息比喻为公路上行走的汽车,那么在互联网中的社会关系就是更为重要的高速公路。依据这个研究视角,我们可以对这些问题展开探讨:在一个互联网社会中的人机互动网络中,谁是这个传播网络的意见中心?换而言之,谁拥有信息?每一位信息传播个体在信息流中扮演着什么样的角色?在信息的流动中存在着哪些障碍?

在这些问题面前,社会网络分析有一整套研究的方法和范式,既可以微观上测量个体间关系,中观上连接节点和网络,又可以宏观上分析整个传播网络。如社会网络分析研究发现,几乎所有的社会网络都有幂率度分布,大量节点的链接很少,而少量节点的链接很多,整个网络的度分布呈现无标度特性。网络科学的研究表明,在这种类型的网络中,信息传播要取得好效果,一般仅需要在网络中占据关键位置的重要节点。特别是节点重要性的度量以及影响最大化问题,在传播学中的口碑营销和病毒营销中有着重要的现实意义。同样的方式也可以应用到其他学科和研究理论当中。

三、前沿和趋势追踪

关注新闻传播领域社会实践前沿和趋势也是确定计算传播学研究问题的一种途径。其中涉及人工智能、第五代移动通信、虚拟(增强)现实及各种新媒体技术,这些最前沿的技术形态为计算传播学的问题提出带来了契机。

计算宣传是技术与政治在社交媒体平台、大数据、人工智能技术等前沿问题上的交汇点。[2] 在智能媒体时代,海量信息生产与用户有限注意力之间相互博弈,如何在社交平台上吸引注意力、提升流量,进而影响甚至操控新闻舆论和公众认知,成为传播学研究领域的热点所在。因此,上述外溢效应延伸到国内政治,波及国际关系领域,成为社交媒体新冷战的重要推手。社会动员、网络监控、政治操纵和网络舆情成为社交媒体影响社会生活的四种主要形态。[3] 计算宣传和社交机器人舆论操纵成为政治传播和国际传播研究领域的新焦点。

计算宣传是一种新的、普遍的全球性的宣传形式,是社交媒体平台、自动化机器人和大数据算法的集合体,旨在有组织地操纵公共舆论。[4] 计算宣传是美国华盛顿大学学者塞缪尔·伍利和英国牛津大学学者菲利普·霍华德在2016年提出的概念,他们将其描述为"以在社交媒体网络上故意散布误导信息为目的,使用算法、自动化和大数据分析等方式操纵公众舆论"。

2019年有70多个国家的政党或组织明确进行过有组织的社交媒体操纵活动,比如使用虚假账户。虚假账户是网军常用的计算宣传手段。据统计,社交媒体的信息操纵活动有超过80%是利用真人账户或机器人账户进行计算宣传,散播的内容主要包括针对特定政党和政客的正面或负面信息、对一些特定用户的骚扰性信息和人身攻击。美国学者本克勒当初构想的传播共同体的"同侪生产"模式逐渐演变成为西方主流媒体与另类空间、左翼精英主义与右翼民粹主义在线上和线下的分裂与对抗。2020年的美国大选中由于计算宣传而日

---

[1] 冯缨,汪竹.基于社会网络分析的微博营销信息传播实证研究[J].图书馆学研究,2017(17):28-36.
[2] 欧亚,夏玥.隐蔽的说服:计算式宣传及其对中国国际传播的挑战[J].对外传播,2019(12):40-42.
[3] 支振锋.社会稳定的互联网作用机制[J].中央社会主义学院学报,2018(2):56-59.
[4] 罗昕.计算宣传:人工智能时代的公共舆论新形态[J].人民论坛·学术前沿,2020(15):25-37.

渐加剧的"极化"效应再次成为传播学关注的焦点。2019年中国环球电视网(CGTN)在其拥有101万订阅用户的YouTube账号中上传了《中国新疆:反恐前沿》的视频,但观看量与订阅量严重不符,其中一个重要原因是遭遇到了平台的有意限流。不少用户在社交媒体上表示,自己订阅了CGTN的YouTube账号,却未收到纪录片更新的推送。这与此前Facebook和Twitter等平台以传播假新闻为名大量删除与香港局势有关的内地账号的做法如出一辙。这说明,继美国和俄罗斯之后,中国也成为全球计算宣传舆论战的前沿。计算宣传这个问题值得计算传播学关注。

与计算宣传紧密相关的另外一个重要问题是社交机器人在新闻扩散中的角色和行为模式。2019年8月,饭圈女孩因香港修例风波"出征"Facebook和Twitter,声援因支持香港警察而受指责的艺人。8月19日,Twitter发表声明,称监测到一场由中国政府支持的针对香港的信息运动,意在削弱饭圈女孩发动的声援活动的合法性,因而停用了936个发布涉港信息的活跃的中国用户账号,以及该"恶意网络"中其他20万个账号。早在2017年,就有国外学者关注中国是否采用自动化宣传工具操纵公众舆论,然而结果显示,在中国社交平台微博上,官方媒体账号下并无社交机器人的痕迹,反而在海外社交平台Twitter上存在大量的虚假账号,这些账号被认为在中国相关的话题下从事反华宣传。[①] 通过社交机器人系统化支持或者抹黑特定主体,对社交媒体公共领域讨论引发的负面影响,已经成为计算机界和传播学共同关注的问题。

社交机器人是人工智能发展到一定阶段的产物,它的本质是在线社交媒体中的计算机算法。它以虚拟形象徜徉在社交网络中,能模仿真人用户在网络中的行为模式,与真人进行对话,开展关注、点赞、评论、转发等行为。[②] 2016年美国总统大选中,在选举的前几天,社交机器人生产的推文占总量的25%,但选举后第二天,自动化推文的比例显著减少。近年来,机器人对公众认知的操纵问题成为西方研究的热点问题。无疑,这也成为计算传播学关注的问题之一。

紧随上述问题,平台公司或者政府对于数据的掌握成为计算传播学研究值得注意的另外一个问题。以用户数字踪迹数据获取为例,数据获取关乎一个人的信息安全,从一个权利问题变成了道德问题。算法对你身份的判断是否会影响你对自己的看法?这个身份迁移的问题无疑是传播学研究的前沿所在。

四、数字新媒体产业视角

数字技术带来了图像、音频、视频、动画、游戏、网络等技术的革命性变革,VR、AR及MR等虚拟现实技术不断被开发出新的应用形态。人工智能、CAD、图形仿真、虚拟通讯、遥感、娱乐、模拟训练等人们生活工作的诸多领域都将迎来革命性的变化。特别是HTML5技术带来了一个手机和网站都适用的统一的平台。数字新媒体产业在近些年的发展中已经成为与人类生活息息相关的支柱性产业。[③] 计算传播学在数字新媒体产业实践层面也有多个场景化的运用,计算广告就是其中令人瞩目的应用成果之一。

[①] 师文,陈昌凤.社交机器人在新闻扩散中的角色和行为模式研究——基于《纽约时报》"修例"风波报道在Twitter上扩散的分析[J].新闻与传播研究,2020,27(5):5-20.
[②] 高山冰,汪婧.社交机器人治理:从平台自治到全球共治[N].中国社会科学报,2020年10月22日.
[③] 林亚红,王珏.数字媒体创意应用[M].上海:东华大学出版社,2017.

计算广告是互联网环境下产生的一种新型的广告方式。2009年,斯坦福大学开设了计算广告这门课程。计算广告开启了大规模、自动化利用数据改善产品和提高收入的先河。换言之,大数据这一方法论在实践中唯一形成规模化营收的行业就是计算广告,有的研究者将其称为在线广告。美国工程院院士、雅虎前副总裁 Andrei Broder 首次提出了计算广告的概念。传统的广告学在量化的研究工具和研究方法方面存在技术和数据弱点,而这些弱点恰恰是计算传播学能够弥补的。计算广告的核心问题不再仅仅是为一系列用户与环境的组合找到最合适的广告投放策略以提升整体广告活动的利润。计算传播学的出现为回答计算广告本质问题提供了一种现实可能性。什么是计算广告本质问题呢?就是如何按某种市场意图接触相应的人群,进而影响其中的潜在用户,使他们选择广告主产品的概率增加,或者对产品性价比的苛求程度降低。① 在形成了较为完整的理论框架之后,计算广告产业生态的进化与创新问题也需要予以持续的关注。

第二节 数 据 获 取

数字化社会中,计算是一种本质的驱动力,而计算背后的能源正是大规模的数据。与大数据相比,传统的小数据容量有限,种类很少,可以间断收集,人工收集数据是可行的。但计算传播学数据通常是指大数据。大数据体量庞大,变化速度快,类型多样,包罗万象,分辨率精细,有关系属性和灵活性,具有可扩展性和可伸缩性。大数据通常是非随机样本,是对人类活动的记录,被称为便利样本或自然数据。② 数据在社会科学研究中的作用变得越来越重要。

在大数据时代,数据获取是利用数据获取工具,从不同的外部来源获取数据,并将其存入适宜的地方的行为。数据获取技术应用广泛,例如摄像头、麦克风和传感器都是经常使用的数据获取工具。数据获取常常面临的挑战是数据源多种多样,数量巨大,数据变化非常快,要避免数据重复和保证数据的真实性。

传统的数据获取、存储、管理和分析都可以通过关系型数据库和并行数据库完成处理。数据领域多样,有统计数据、基础地图数据、交通传感数据、互联网数据、民生数据、遥感测绘数据、智慧设施数据、移动设备数据等。③ 就计算传播学研究而言,用户在使用媒体或者类似产品过程中留下的数据,如使用行为记录、媒体使用习惯和特征、用户反馈信息等都是计算传播学需要关注的重要数据。此外,新兴互联网平台企业所生产的数据也是重要的数据。例如,谷歌、Facebook、亚马逊等互联网平台企业是互联网最为庞大的索引数据库、人际关系数据库和商品数据库。这些企业与用户之间的互动本质上都是数据,关注这些企业数据的服务机构无疑是获取数据的重要渠道。比如,尼尔森网联侧重于数字电视运营的收视数据,

---

① 刘鹏,王超.计算广告:互联网商业变现的市场与技术[M].北京:人民邮电出版社,2015.
② 舒晓灵,朱博文.知识发现和数据挖掘在计算社会科学中的应用[J].贵州师范大学学报(社会科学版),2016(6):49-53.
③ 陈明.大数据技术概论[M].北京:中国铁道出版社,2019.

可以提供百万户级普查以及万户级的海量样本行为测量。艾瑞网侧重于互联网受众研究数据,目前拥有基于超过 20 万中国网民样本的网络行为监测数据,提供了丰富的产业数据。创立于 2008 年的 Gnip 是 Twitter 的数据收集合作伙伴,该公司的数据包括用户公开发布的推文,公司将它们编译成可以利用的数据集,提供给全球各地的企业用户使用。①

随着可穿戴设备和物联网的发展,日常生活的实践乃至我们生活的地方都被密集的数据基础设施以及技术集合所加强、监测和管制,例如交通和建筑管理系统、监测和警务系统、政府数据库、客户管理和物流链、财务和支付系统、定位和社交媒体等。在这些社会技术系统中,许多数据都是通过算法控制的摄像机、传感器、扫描仪、智能手机等数字设备自动生成的,或者是网络交互的副产品(如在线交易记录),或者是由用户在社交媒体或众包活动中自愿提供。这种传感数据的获取必须借助于技术工具。

一、数据的来源

(一)社交媒体平台

移动互联网的广泛应用,让个体在网络上留下了越来越多的数字痕迹。个体活动范围和物联网规模逐步扩大,个体活动的地点、电话记录、运动步数、心跳频率、睡眠时间、就餐频率等都被记录在终端之中。越来越多的终端拥有我们个体的各式繁复的信息数据。这些数据构建的大量信息可能比我们自己更深入地了解我们。这给计算传播学的研究带来了前所未有的机遇和挑战。

社交媒体数据是感知社会热点事件的基础,具有数据量大、更新快、时效性强的特点。受带宽、存储空间、访问次数等限制,获取数据的难度大且成本高。② 社交媒体的用户每天会产生大量的行为数据,通过对这些数据进行分析挖掘能够了解社会热点的发展趋势、信息的传播方式和用户的行为特征。数据的来源异常丰富,因此,对数据源的筛选既包括对数据平台的挑选,也包括对文本字段的筛查。选择哪些数据源,首先要考虑文本挖掘的目标,这也是要回答的传播学问题。另外一个需要考虑的因素就是用户群体的特征,尤其是用户群体最有可能出现的地方,这决定了能否获得足够的数据。

社交媒体行为是指社交用户针对具体的社交事件产生的自发的、无组织的、无结构的讨论行为。对社交媒体中集群行为的分析是舆情分析、观点挖掘、计算广告等分析的基础。但在目前的形势下,除了国家相关部门以及社交媒体服务商的合作单位,第三方单位并不能拥有完整的社交媒体数据,虽然社交媒体服务商提供了一系列开放数据接口,但受到数据接口的限制,获取数据仍然是一项难度大、代价高的工作。所以针对不同的应用场景,可以借用不同的社交媒体监测与分析系统完成对社交媒体数据的采集。

(二)Web 日志

Web 服务器中的日志文件记录了用户访问信息,这些信息属于非结构化文本数据。具体包括搜索关键词、完整的 URL 地址(尤其是含有特定监测 Tag 的地址)、页面名称、用户自定义标签、文章特定信息(具体包含文章摘要、关键词等)、用户评论和咨询内容。这些信

---

① 刘珊.大数据与新媒体运营[M].北京:中国传媒大学,2017.
② 李叶.面向热点感知的社交媒体数据获取与采样[D].上海:华东师范大学,2016.

息取值通常是文本或字符串,长度不一致,无明确的值域。① Web 服务器中的日志文件记录了用户访问信息,这些信息包括客户访问的 IP 地址、访问时间、URL 调用以及访问方式等。考察用户 URL 调用顺序并从中发现规律,可以改善站点设计,并为提高系统安全性提供重要的数据。除了社交平台渠道这一数据来源之外,各种开放、专题和专业的数据库在研究中也非常重要。

(三)专业数据库来源

我们将以计算传播学可视化研究"新闻地图"为例,来说明这种数据来源——专业数据库。我们首先介绍的是 GDELT 新闻数据库②。GDELT 是由谷歌资助的一个新闻数据项目,它监测全球 100 多种语言的广播新闻、报纸新闻和网络新闻,从中提取地点、组织、人物、时间,并将所有这些数据开放。目前开放的数据主要分为事件数据库和全球知识图谱数据库两类,它使得新闻变成研究各种人类社会的重要资源。③

GDELT 项目涵盖了 1979 年至今的所有新闻数据,它每日对全球新闻报道进行自动抓取,并通过文本分析从不同维度提取信息。由 Kalev Leetaru 创建的 GDELT 是有史以来最大、最全面、最清晰的关于人类社会的开放数据库,每日监控世界各地的新闻媒体更新。Kalev Leetaru 指出,自己的开放数据项目 GDELT 已经编制了一个数据库,该数据库自 2018 年 3 月以来已经从全球新闻媒体主页中收集超过 850 亿个外链。换句话说,它只用了一半的时间,构建的数据集却是 Facebook 数据集的 2.8 倍。GDELT 每隔 15 分钟提供全球事件数据。GDELT 目前的事件库约有 3.5 亿条事件数据。这些事件从 1979 年 1 月 1 日开始一直持续到现在。GDELT 第一项服务就是免费的数据下载。同时 GDELT 还在谷歌的 BigQuery 上提供了数据 API,这样学者可以使用谷歌的分析工具进行分析。GDELT 的数据除了事件数据外,还提供了 GKG 数据,也就是全球知识图(global knowledge graph)数据。在国内也可以到"疙瘩汤"(www.gdelt.cn)上下载数据。GDELT 提供了分析服务,把需要的查询条件输入页面,即可在 10 分钟内收到需要的数据,利用这些数据即可对其进行分析。主要的分析形式有:事件浏览器、事件网络、事件时间线、事件热力图、GKG 网络、GKG 时间线、GKG 热力图、GKG 浏览等。GDELT 还提供了四个解决方案,分别为态势感知、影响者网络、风险评估与全球趋势、政策反响和人权与危机处理等。④

GDELT 提供了好几种数据,包括 GKG、event、mentions 等数据,代码示例中的是 event 数据,读者可以根据自己的需要修改原始链接、相关字段和设置时间。代码可以通用,原理是一样的。

参考代码如下所示:

```
#-*-coding:utf-8-*-
import requests
from bs4 import BeautifulSoup
from datetime import datetime
```

---

① 陈明.大数据技术概论[M].北京:中国铁道出版社,2019.
② 具体网址链接:http://data.gdeltproject.org/events/index.html。
③ 王成军.计算传播学的起源、概念和应用[J].编辑学刊,2016(3):59-64.
④ https://blog.csdn.net/u013562414/java/article/details/80123800

```python
import zipfile
import sys
import multiprocessing
import random
import os

path=os.path.split(os.path.abspath(_file_))[0]+os.sep  # 获取当前文件所在目录
data_folder=path+'data'+os.sep

def get_url_list(url):
    '''获取页面下的所有url,保存到url_list.txt中,并返回url_list'''
    html=requests.get(url).text
    soup=BeautifulSoup(html,'lxml')
    url_list=[]
    for li in soup.body.ul.find_all('li'):
        href='http://data.gdeltproject.org/events/'+li.a['href']
        url_list.append(href)
    print(len(url_list))
    with open(path+'url_list.txt','w') as f:
        for url in url_list[3:-1]:  # 前三个url和最后一个不是我们需要的数据,故跳过
            f.write(url+'\n')
    return url_list[3:-1]

def get_url_data(url):
    global data_folder
    if not os.path.exists(data_folder):
        os.mkdir(data_folder)   # 若文件夹不存在,则主动创建
    filename=url.split('/')[-1]  # 从url链接中获取文件名称
    filepath=data_folder+ filename
    if os.path.exists(filepath) or os.path.exists(filepath[:-4]):  # 若文件已下载,则跳过
        print('文件%s已存在'% filename)
        return
    print(filename)
    try:
        data=requests.get(url)
        with open(filepath,"wb") as f:
```

```
            f.write(data.content)
        fz=zipfile.ZipFile(filepath,'r')
        fz.extract(fz.namelist()[0],data_folder)   # 解压下载下来的 zip
文件夹
        fz.close()
        if os.path.exists(filepath):
            os.remove(filepath)   # 删除 zip 文件夹,只保存解压后的数据
    except Exception as e:
        print(e)
        log=open(path+'log.txt','a')
        log.write(url+'\n')

def download():
    url='http://data.gdeltproject.org/events/index.html'
    print('获取文件链接',datetime.now())
    url_list=get_url_list(url)
    print('下载文件数据',datetime.now())
    pool=multiprocessing.Pool()    # 开启进程池,使用多进程提高下载速度
    pool.map(get_url_data,url_list)

if_name_=='_main_':
    download()①
```

GDELT 主要包含两大数据集:事件数据库(event database)和全球知识图(global knowledge graph),事件数据库记录了包含事件发生时间、事件参与者等信息的 61 个字段,其中事件数据库参与者代码如表 3-1 所示②。

表 3-1 事件数据库参与者代码

代码	含义	代码	含义	代码	含义
COP	警察机关、部门	DEV	发展	AGR	农业
GOV	政府	EDU	教育	BUS	商业
INS	叛乱分子	ELI	精英	CRM	犯罪
JUD	司法制度	ENV	环境	CVL	平民
MIL	军事	HLH	健康	SET	定居者
OPP	政治抗争	HRI	人权	UAF	不结盟武装
REB	谋反	LAB	劳动	REF	难民
SEP	分裂主义叛乱分子	LEG	立法机关	MOD	温和的
SPY	国家情报	MED	媒体	RAD	激进的

---

① 代码参考具体见:https://blog.csdn.net/qq_23926575/java/article/details/78064195。
② 《Gdelt 数据库初探》,网址:https://zhuanlan.zhihu.com/p/53062435,2021 年 4 月 9 日。

EventBaseCode 字段记录了事件的类别,共分为 20 大类,通过对类别的识别可以有效地筛选出需要分析的信息,如表 3-2 所示。

表 3-2 事件数据库中的字段类型

代码	含义	代码	含义	代码	含义
01	发表公开声明	08	投降	15	武力表明立场
02	上诉	09	调查	16	减少关系
03	明确表示合作	10	需求	17	胁迫
04	咨询	11	指控	18	袭击
05	从事外交合作	12	拒绝	19	战争
06	参与材料合作	13	威胁	20	使用非常规暴力
07	提供援助	14	抗议		

Gapminde 是位于瑞典斯德哥尔摩的一个非营利机构的网站,目的是"用基于事实的世界观取代毁灭性的神话"。网站收集了大量的国际统计数据,用非常简单形象而极富动感的方式展示,既可在线播放,又可下载(每次联网时会自动下载更新数据),免费使用。这个网站形象地展示了世界各国各项发展指数。它用一种新的方法动态展示了各个国家历年的各项发展指数,包括二氧化碳排放量、儿童死亡率、经济增长率、每 1000 人网民数量、军事预算、每 1000 人电话用户、城市人口等,具体网址为 https://www.gapminder.org/。这个网站又被称为"数据与图样的联结",它有非常多的各式各样的数据,按国别甚至省别(比如在中国)分类,而且还有大量历史数据,用户点击 Play 键,就可以看到很多项目数据怎样随时间发生变化。这里的数据很多都是平均数,使用数据时,研究者需要注意平均数的危险性,它会轻易让研究者忽视数据集内部巨大的差异。数据的维度如图 3-1 所示。

二、数据的采集

数据采集是进行计算传播研究的第二个环节,是研究者根据研究问题的需要,通过爬虫工具、后台数据库、档案检索等方式,将数据从各个数据源采集汇聚到大数据存储和处理平台的过程[1]。对于计算传播学而言,文本,尤其是非结构化文本是很重要的数据。

这个过程具体有以下三种进路。一是将互联网看作一个数据来源,利用相关软件工具(如 R 语言程序)在各大媒体中搜索和抓取数据,如杨肖光、姜浩然[2]利用 R 语言程序,以"关键字(医患关系、医闹、医暴、医疗投诉、医患矛盾、医患纠纷、伤医)+site:网址"的方式,从新浪、搜狐、凤凰、腾讯、网易、人民网、新华网、财新网、澎湃新闻等门户网站收集涉及医患关系关键词的新闻报道和新闻评论 9208 篇。二是从专门的数据库、数据中心甚至数据网站中获取数据,对于这种数据采集,一般都有相应的软件或者程序。有的数据库也可以直接下载,获取途径和办法较多。三是从企业、政府等公开数据中抓取,比如微博数据采集主要是下载微博的各种模态数据,包括文本、图片、视频等。这可以通过两种方式进行:其一,利用微博

---

[1] 肖君.教育大数据[M].上海:上海科学技术出版社,2020.
[2] 赵德余.医疗卫生政策的理论思考与实施经验[M].上海:上海人民出版社,2017.

图 3-1 Gapminde 不同维度的数据

官方开放平台(API)抓取公共大厅中的微博数据流①,当需要分析某个话题如"疫苗事件"的信息扩散时,通常有几十甚至成百上千条微博与该话题相关,这时就可以用这种方法采集数据;其二,采用定向抓取方法,获得指定用户、热点话题等微博文本数据,通过解析微博文本信息,得到图片链接与视频链接,分析出实际下载地址,下载图像和视频数据,这可以用来分析数据文本流中的观点和情感倾向性。

社交媒体是社会事件中用户开展讨论的首选平台,与传统的互联网门户网站相比,社交媒体拥有更强的用户组织能力和信息传播能力,因此社交媒体数据成为很多研究工作的数据基础。目前常见的社交媒体数据获取方法分为两种:网页爬取和使用社交服务商提供的开放数据接口。网页爬取方法被应用于没有对外提供开放数据接口的服务商,如Facebook、Flicker、YouTube 等,图遍历算法常被应用于社交网络数据的获取。爬取社交媒体中的用户行为数据通常需要对动态 AJAX 页面进行监控,实时获取社交网站后台动态更新的数据。②

下面我们对当前比较流行的社交媒体数据采集工具做一个简单的介绍。
(1) Octoparse 是八爪鱼采集器的英文版。这是一款可视化免编程的网页采集软件,可

---

① 姚树春,周连生,张强,等.大数据技术与应用[M].成都:西南交通大学出版社,2018.
② 李叶.面向热点感知的社交媒体数据获取与采样[D].上海:华东师范大学,2016.

以从不同网站中快速提取规范化数据，帮助用户实现数据的自动化采集、编辑以及规范化，降低工作成本。云采集是它的一大特色，相比其他采集软件，云采集能够做到更加精准、高效和规模化。采集的数据可以导出为 Excel、JSON、HTML 等格式。如果用户想实时从社会化媒体渠道提取数据，Octoparse 还提供定时功能，让用户每 1 分钟抓取一次社会化媒体渠道，保持数据的实时更新。

（2）Dexi.io 作为一款基于浏览器的应用程序，是另一种用于商业的直观网页采集自动化工具。程序允许用户基于浏览器从任何网站抓取数据，并提供三种类型的机械手来创建抓取任务——提取器、爬网程序和管道。该软件为 Web 抓取提供匿名 Web 代理服务器，用户提取的数据将在数据存档之前在服务器上托管两周，用户也可以将提取的数据直接导出为 JSON 或 CSV 文件。这需要掌握一些编程技巧，但用户可以集成第三方服务来解决验证码、云存储、文本分析（MonkeyLearn 服务集成）等问题，甚至可以使用 AWS、Google Drive、Google 表格。

（3）Scrapinghub 是一个基于云端的网页抓取平台，可让使用者扩展跟踪器并提供一个智能下载程序，该应用程序包含四个很棒的工具：Scrapy Cloud 用于部署和运行基于 Python 的 Web 爬虫；Portia 是一个开源软件，无须编码即可提取数据；Splash 也是一个开源 JavaScript 呈现工具，用于从使用 JavaScript 的网页中提取数据；Crawlera 是一种避免被网站、来自多个 IP 的追踪器阻止的工具。Scrapinghub 是市场上非常复杂和强大的网络抓取平台，其提供的每个工具都是单独收费的。

当然也可以使用 Python 编写网络爬虫，下面是用 Python 读取文本文件的完整代码。

```
#-*-coding:utf-8-*-
import networkx as nx
G=nx.Graph()
F=nx.DiGraph()
#读网络文件
netfile=open('net.csv')
i=0
for line in netfile:
    if i>0:
        col=line.split(',')
        G.add_edge(col[0],col[1],dis=float(col[2]))
    i+=1
netfile.close()
#读流量文件
flowfile=open('flow.csv')
i=0
for line in flowfile:
    if i>0:
        col=line.split(',')
        F.add_edge(col[0],col[1],flow=float(col[2]))
```

```
        i+=1
flowfile.close()
#定义网络效率计算函数
def network_efficiency(F,G):
    sumeff=0
    for u in F.nodes():
        path=nx.shortest_path_length(G,source=u,weight='dis')
        for v in path.keys():
            if u!=v:
                sumeff+=F[u][v]['flow']/path[v]
    return sumeff
#计算结果并保存
filesave=open('edgerank.csv','w')
filesave.write('Source,Target,LostEff\n')
sumeff=network_efficiency(F,G)
for u,v in G.edges():
    C=G.copy()
    C.remove_edge(u,v)
    sumeff_rmv=network_efficiency(F,C)

filesave.write(u+','+v+','+str(abs((sumeff-sumeff_rmv)/sumeff))+'\n
')
    filesave.close()
```

在数据采集方面,数据共享问题是摆在眼前的难题之一。目前的大数据为政府部门或者大公司拥有,而且很多大数据涉及个人的隐私、商业机密或国家安全,研究者根本无法获得。[1] 即使一些研究人员通过某些渠道获取到这些数据,也只能用于各自的研究,很难共享。[2] 要解决数据共享问题,国家和政府的推动是很重要的力量。

三、案例分析

计算传播学中的数据采集是对自然数据的全样本抓取,因而难以通过人工在一定合理时间内整理成为人们所能理解的信息。[3] 要突破现有的传播研究藩篱,大数据不失为一种可行的革新路径。相关研究也发现传播学与大数据之间的关联较为显著,大数据可极大地促进传播学研究的发展。[4] 社交媒体的帖子、网络行为日志等数据的获得是传播研究的第一步。下面我们将以两个案例来说明计算传播学研究中的数据采集程序和详细步骤。

---

[1] Rahman H, Ramos I. Ethical Data Mining Applications for Socio-Economic Development[M]. Hershey: Idea Group Inc(IGI), 2013.
[2] 曾凡斌. 大数据方法与传播学研究方法[J]. 湖南师范大学社会科学学报, 2018, 47(3):148-156.
[3] Kusnetzky D. What is "Big Data?"[EB/OL]. [2010-02-16]. http://www.zdnet.com/article/what-is-big-data/.
[4] 吴小坤. 大数据时代新闻传播学研究的重构与进路[J]. 南京社会科学, 2016(11):94-102.

我们需要指出的是,在智能媒体时代,数据从流入到清洗到加工再到展示,是一个实时的动态过程。① 由于科学和理论研究的需要,我们暂且将这几个环节分开来进行剖析。按照 5W 理论,传播学研究主要包含传播者、内容、渠道、受众和效果五个部分。与问卷调查获取的数据不同,本文所提到的数据是大规模的自然数据。这些数据是在现实生活中自动形成的,是人们社会行为或行动的记录。

根据社会成员参与社会化媒体的程度可以将他们分为四种类型:意见领袖;活跃用户;被动跟随者;纯粹旁观者。很多研究者和用户都认为,在社会化媒体主导的今天,大多数用户都是传播者,这是因为研究着眼点在社交媒体上而造成的一种错觉,忽略了相当数量的从不发帖或转发的"围观者"。② 因此,对传播者的细分研究和对围观潜水用户的关注都可以极大地丰富现有传播学的研究内容和研究方法。下面我们将以 Twitter 为例展示非 API 数据采集的方法。

收集 Twitter 数据通常是需要借助工具的,比如,这次我们采用 Python 进行数据收集。当然我们可以使用 API 收集,也可以采用非 API。但不论是哪一种收集方法,都是基于关键字在 Twitter 上的搜索结果进行收集的,同时可以采集相关账户的好友列表和关注账户的好友列表。

所有平台的用户都能在 http://www.python.org/download/ 找到对应的链接下载和安装 Python,建议 Windows 的用户下载安装 ActivePython 和 easy_install。ActivePython 可以在 Windows 命令行中自动添加 Python(我们以后称它为终端)。用户也可以从 http://pypi.python.org/pypi/setuptools 下载最新的 Python 版本(activePython 自带,可以不下),该网站对于不同的平台都有具体的说明。总而言之,类 Linux 系统用户要操作 sudo easy_install,从而使下载的模块能写入 Python 全局安装目录。如果一个 Windows 用户已经采纳了使用 ActivePython 的建议,那他已经安装了 easy_install,因为 easy_install 包含在 activePython 里。

为了能够访问 Twitter 数据,我们需要创建一个与 Twitter 的 API 交互的应用程序。

首先是注册一个个人的应用程序。值得注意的是,用户需要将浏览器转到 http://apps.twitter.com,登录 Twitter(如果之前尚未登录),并注册一个新的应用程序。之后可以为这个应用程序选择一个名称和说明(例如"挖掘演示")。用户将收到消费者密钥和消费者密码,这些都是应用程序设置,应始终保密。在用户的应用程序配置页面,用户也可以要求获取一个访问令牌和访问令牌的密码。类似于消费者密钥,这些字符串也必须保密,它们提供的应用程序是代表用户的账户访问 Twitter,默认权限是只读的,这是我们在案例中需要的,如果用户决定改变自己的权限许可,应用中提供有更改功能,用户就必须再获得一个新的访问令牌。

此时就可以在 Twitter 上搜索相关事件的全部推文历史了,最早可以追溯到 2006 年,但是通过 API 搜索仍然局限于过去 7 天,这样的话,收集数据就会受到较大的限制。我们如果想要搜索 Twitter 上与事件相关的所有数据,可以使用 Twitter 高级搜索。我们需要构造用于搜索的 URL https://twitter.com/search?q=fact&src=typd。在默认情况下,

---

① 刘燕南.跨屏时代的受众测量与大数据应用[M].北京:中国传媒大学出版社,2016.
② 祝建华,彭泰权,梁海,等.计算社会科学在新闻传播研究中的应用[J].科研信息化技术与应用,2014(2):5-15.

Twitter 会返回顶部结果，而不是全部结果。如果将 URL 更改为 https://twitter.com/search?f=realtime&q=fact&src=typd，新增加的这个参数可以帮助我们实时接收推文，而不是只返回顶部结果。所以在数据收集中，我们可以通过增加参数的方法对结果进行分页，同时追加推文所在的位置，并使用它来将其追加到时间轴的底部推文。

推特数据筛选包括筛选标准和赋值两类：其中筛选标准包括但不限于推特 ID、数据名称、用户数据 ID、时间、推特文本、发送推特的时间跨度、空间跨度。而赋值包括作者的推特账号、作者的姓名、作者的用户 ID、帖子的时间戳、文章的时间戳、转发的数量、推特的文本、点赞的数量等等，如表 3-3 所示。

表 3-3　推特数据字段

Selector	Value
div.original-tweet[data-tweet-id]	The authors twitter handle
div.original-tweet[data-name]	The name of the author
div.original-tweet[data-user-id]	The user ID of the author
span._timestamp[data-time]	Timestamp of the post
span._timestamp[data-time-ms]	Timestamp of the post in ms
p.tweet-text	Text of Tweet
span.ProfileTweet-action-retweet>span.ProfileTweet-actionCount[data-tweet-stat-count]	Number of Retweets
span.ProfileTweet-action-favorite>span.ProfileTweet-actionCount[data-tweet-stat-count]	Number of Favourites

通过浏览，我们可以提取一些关于作者的信息、推文的时间戳、文本，以及转发和收藏的次数。

首先，我们定义一个名为 searchTwitter 的函数，在这个函数中，我们以字符串的形式传递一个查询值，并在调用之间指定一个时间来暂停线程。给定这个字符串，然后传递给一个函数，该函数根据查询创建搜索 URL。然后，在一个 while 循环中，我们执行搜索以返回一个 TwitterResponse 对象，该对象表示 JSON Twitter 返回的内容。检查响应是否不为空，它有更多的项，并且我们没有重复滚动光标，我们继续从项 html 中提取 tweet，保存它们，并创建下一个搜索 URL。无论我们选择用 rateDelay 让线程休眠多长时间，我们最终都不会用大量的请求轰炸 Twitter，而这些请求可以被看作无用的 DDOS。

现在已经确定了要使用的算法，就可以开始编码了。

接下来，我们将使用 Gradle 作为构建系统，因为我们将使用一些额外的支持来让事情变得更简单。用户可以下载 Gradle 并在机器上设置它，这里添加了一个 Gradle 包装器（gradlew）到存储库中，这样用户就可以在不下载 Gradle 的情况下运行它。用户需要做的就是确保设置了 JAVA_HOME 路径变量并指向 Java 所在的位置。

让我们看看 Gradle 文件。下面是实现这些功能的代码：

```
apply plugin:'java'
sourceCompatibility=1.7
```

```
version='1.0'
repositories{
  mavenCentral()
}
dependencies{
  compile'org.apache.httpcomponents:httpclient:4.3.6'
  compile'com.google.code.gson:gson:2.3'
  compile'org.jsoup:jsoup:1.7.3'
  compile'log4j:log4j:1.2.17'
  testCompile group:'junit',name:'junit',version:'4.11'
}
```

HTTPClient 库可以使我们更容易构建 URL。GSON 是一个有用的 JSON 处理库,可以使我们将查询结果转换成一个 Java 对象。JSoup 是一个 HTML 解析库,我们可以使用它从 inner_html 值中提取我们需要的推文返回给我们。

```java
package uk.co.tomkdickinson.twitter.search;
import java.util.Date;
public class Tweet{
    private String id;
    private String text;
    private String userId;
    private String userName;
    private String userScreenName;
    private Date createdAt;
    private int retweets;
    private int favourites;
    public Tweet(){
    }
    public Tweet(String id,String text,String userId,String userName,String userScreenName,Date createdAt,int retweets,int favourites){
        this.id=id;
        this.text=text;
        this.userId=userId;
        this.userName=userName;
        this.userScreenName=userScreenName;
        this.createdAt=createdAt;
        this.retweets=retweets;
        this.favourites=favourites;
    }
    public String getId(){
```

```java
        return id;
    }
    public void setId(String id){
        this.id=id;
    }
    public String getText(){
        return text;
    }
    public void setText(String text){
        this.text=text;
    }
    public String getUserId(){
        return userId;
    }
    public void setUserId(String userId){
        this.userId=userId;
    }
    public String getUserName(){
        return userName;
    }
    public void setUserName(String userName){
        this.userName=userName;
    }
    public String getUserScreenName(){
        return userScreenName;
    }
    public void setUserScreenName(String userScreenName){
        this.userScreenName=userScreenName;
    }
    public Date getCreatedAt(){
        return createdAt;
    }
    public void setCreatedAt(Date createdAt){
        this.createdAt=createdA
    public int getRetweets(){
        return retweets;
    public void setRetweets(int retweets){
        this.retweets=retweets;
    }
```

```java
        public int getFavourites(){
            return favourites;
        }
        public void setFavourites(int favourites){
            this.favourites=favourites;
        }
    }
    package uk.co.tomkdickinson.twitter.search;
    import java.util.ArrayList;
    import java.util.List;
    public class TwitterResponse{
        private boolean has_more_items;
        private String items_html;
        private boolean is_scrolling_request;
        private boolean is_refresh_request;
        private String scroll_cursor;
        private String refresh_cursor;
        private long focused_refresh_interval;
        public TwitterResponse(){
        }
        public TwitterResponse(boolean has_more_items,String items_html,
boolean is_scrolling_request,boolean is_refresh_request,String scroll_
cursor,String refresh_cursor,long focused_refresh_interval){
            this.has_more_items=has_more_items;
            this.items_html=items_html;
            this.is_scrolling_request=is_scrolling_request;
            this.is_refresh_request=is_refresh_request;
            this.scroll_cursor=scroll_cursor;
            this.refresh_cursor=refresh_cursor;
            this.focused_refresh_interval=focused_refresh_interval;
        }
        public boolean isHas_more_items(){
            return has_more_items;
        }
        public void setHas_more_items(boolean has_more_items){
            this.has_more_items=has_more_items;
        }
        public String getItems_html(){
            return items_html;
```

```java
        }
        public void setItems_html(String items_html){
            this.items_html=items_html;
        }
        public boolean isIs_scrolling_request(){
            return is_scrolling_request;
        }
        public void setIs_scrolling_request(boolean is_scrolling_request){
            this.is_scrolling_request=is_scrolling_request;
        }
        public boolean isIs_refresh_request(){
            return is_refresh_request;
        }
        public void setIs_refresh_request(boolean is_refresh_request){
            this.is_refresh_request= is_refresh_request;
        }
        public String getScroll_cursor(){
            return scroll_cursor;
        }
        public void setScroll_cursor(String scroll_cursor){
            this.scroll_cursor=scroll_cursor;
        }
        public String getRefresh_cursor(){
            return refresh_cursor;
        }
        public void setRefresh_cursor(String refresh_cursor){
            this.refresh_cursor=refresh_cursor;
        }
        public long getFocused_refresh_interval(){
            return focused_refresh_interval;
        }
        public void setFocused_refresh_interval(long focused_refresh_interval){
            this.focused_refresh_interval=focused_refresh_interval;
        }
        public List getTweets(){
            return new ArrayList();
        }
```

}

在收集过程中,指定 saveTweets 方法返回一个布尔值。这将允许任何人扩展它来提供自己的退出条件,例如在提取了一定数量的推文之后,通过返回 false,我们可以在代码中指示停止从 Twitter 中提取推文。

```java
package uk(可替换).co.tomkdickinson.twitter.search;
public class InvalidQueryException extends Exception{
    public InvalidQueryException(String query){
        super("Query string'"+query+"'is invalid");
    }
}
package uk.co.tomkdickinson.twitter.search;
import java.net.URL;
import java.util.List;
public abstract class TwitterSearch{
    public TwitterSearch(){
    }
    public abstract boolean saveTweets(List tweets);
    public void search(final String query,final long rateDelay) throws InvalidQueryException{
    }
    public static TwitterResponse executeSearch(final URL url){
        return null;
    }
     public static URL constructURL (final String query,final String scrollCursor)throws InvalidQueryException{
        return null;
    }
}
```

最后,让我们创建一个 twittersearl。这将包含 TwitterSearch 的一个小实现,这样我们就可以在开发过程中测试我们的代码。

```java
package uk.co.tomkdickinson.twitter.search;
import java.util.List;
import java.util.concurrent.atomic.AtomicInteger;
public class TwitterSearchImpl extends TwitterSearch{
    private final AtomicInteger counter=new AtomicInteger();
    @Override
    public boolean saveTweets(List tweets){
        if(tweets!=null){
            for(Tweet tweet:tweets){
```

```java
            System.out.println(counter.getAndIncrement()+1+"["+tweet.getCreatedAt()+"]-"+tweet.getText());
            if(counter.get()>=500){
                return false;
            }
        }
    }
    return true;
}
public static void main(String[] args) throws InvalidQueryException{
    TwitterSearch twitterSearch=new TwitterSearchImpl();
    twitterSearch.search("babylon 5",2000);
}
}
```

所有这些实现所做的就是打印出我们的推文日期和文本,最多收集 500 个程序应该终止的地方。

现在我们已经建立了项目的框架,让我们开始实现一些功能。考虑到我们之前的伪代码,让我们从 TwitterSearch.class 开始:

```java
public void search(final String query,final long rateDelay){
    TwitterResponse response;
    String scrollCursor=null;
    URL url=constructURL(query,scrollCursor);
    boolean continueSearch=true;
    while((response=executeSearch(url))!=null && response.isHas_more_items() && continueSearch){
        continueSearch=saveTweets(response.getTweets());
        scrollCursor=response.getScroll_cursor();
        try{
            Thread.sleep(rateDelay);
        }catch(InterruptedException e){
            e.printStackTrace();
        }
        url=constructURL(query,scrollCursor);
    }
}
```

前面所做的就是为 Twitter 查询打开一个 URLConnection,然后使用 Gson 作为 TwitterResponse 对象解析该响应,将 JSON 序列化为一个我们可以使用的 Java 对象。由于我们在前面已经实现了使用滚动光标的逻辑,如果我们现在运行它,它将继续运行,直到不再有来自 Twitter 的有效响应。然而,我们还没有完全完成,因为我们还没有从推文中提取任何信息。TwitterResponse 对象当前将所有推文数据保存在它的 items_html 变量中,因此我们现在需要做的是返回 TwitterResponse 并添加一些代码来提取数据。如果您还记得前面的内容,我们在 TwitterResponse 对象中添加了 getTweets() 方法,但是它返回的是一个空列表。我们将完全实现该方法,以便在调用时,它从响应 inner_html 构建一个推文列表。为此,我们将使用 JSoup,甚至可以参考前面提到的一些 CSS 查询。

```java
public List getTweets(){
    final List tweets=new ArrayList<>();
    Document doc=Jsoup.parse(items_html);
    for(Element el:doc.select("li.js-stream-item")){
        String id=el.attr("data-item-id");
        String text=null;
        String userId=null;
        String userScreenName=null;
        String userName=null;
        Date createdAt=null;
        int retweets=0;
        int favourites=0;
        try{
            text=el.select("p.tweet-text").text();
        }catch(NullPointerException e){
            e.printStackTrace();
        }
        try{
            userId=el.select("div.tweet").attr("data-user-id");
        }catch(NullPointerException e){
            e.printStackTrace();
        }
        try{
            userName=el.select("div.tweet").attr("data-name");
        }catch(NullPointerException e){
            e.printStackTrace();
        }
        try{
            userScreenName=el.select("div.tweet").attr("data-screen-name");
        }catch(NullPointerException e){
            e.printStackTrace();
        }
```

```java
            try{
                final String date=el.select("span._timestamp").attr("data-time-ms");
                if(date! =null &amp;&amp;! date.isEmpty()){
                    createdAt=new Date(Long.parseLong(date));
                }
            }catch(NullPointerException | NumberFormatException e){
                e.printStackTrace();
            }
            try{
                retweets=Integer.parseInt(el.select("span.ProfileTweet-action--retweet &gt;span.ProfileTweet-actionCount")
                        .attr("data-tweet-stat-count"));
            }catch(NullPointerException e){
                e.printStackTrace();
            }
            try{
                favourites = Integer. parseInt (el. select (" span. ProfileTweet-action--favorite &gt;span.ProfileTweet-actionCount")
                        .attr("data-tweet-stat-count"));
            }catch(NullPointerException e){
                e.printStackTrace();
            }
            Tweet tweet=new Tweet(
                    id,
                    text,
                    userId,
                    userName,
                    userScreenName,
                    createdAt,
                    retweets,
                    favourites
            );
            if(tweet.getId()! =null){
                tweets.add(tweet);
            }
        }
        return tweets;
    }
```

总结一下，首先，我们以 items_html 变量为基础创建一个 JSoup 文档。这允许我们使用 css 选择器选择文档中的元素。接下来，我们将遍历代表每条推文的 li 元素，然后提取我们感兴趣的所有信息。如上所述，在代码中有很多表述是为了检查特殊数据和边缘情况，如果只是缺少其中的一项，那么捕获代码将会跳过某个 tweet，在现在代码中唯一保存的是推特的 ID，因为这会为我们在以后需要时完全提取相关的信息留下线索。当然，用户可以修改这个部分的功能以满足自己的需要。我们在这里保存推文所需的唯一值是 Tweet ID，因为这允许我们在以后完全提取关于 Tweet 的信息（如果需要的话）。显然，读者可以修改此部分以满足自己的规则。最后，让我们再次运行程序。这是最后一次，读者现在应该看到正在提取和打印出的推文。

大数据并不总是优质数据，以 Tweet 数据的使用为例，公众和媒体似乎更关注大数据对研究对象的覆盖范围，却忽略了这些数据的局限性。首先，有些人不使用 Tweet，还有的人开设了多个账户，这就使抓取的数据有一定程度的缺失和重复。一般而言，研究者通常通过 API 来获取 Tweet 数据，而免费申请的 API 只能获取少量的数据，对于设置为"受保护账户"的数据则没办法获取。

搜狐新闻
数据获取

第三节 数据处理

一、数据处理的概念与基本流程

沃特在《21世纪的科学》的开篇指出：如果我们处理得当，互联网传播与互动数据将改变我们对人类集群行为的认知。① 作为事实、概念或指令的数据需要经由人工或自动化程序进行处理。数据只有经过解释并被赋予一定的意义之后，才能成为有效的信息。数据处理的基本目的是从大量的、可能是杂乱无章的或难以理解的数据中抽取并推导出对于某些特定的人们来说有价值、有意义的信息。数据处理是系统工程和自动控制的基本环节。传播学文本结构性差异很大，既有传播者和受众的社交媒体文本推送，也有新闻、媒体数据和政府研究文献。通过特定的程序或者自然语言处理将文本解析为结构化的文本数据，不仅能形成对大规模文本语料的系统化处理，而且能在不同的主题文本集中进行比较分析和一致性分析，推动传播学研究。比如在政策文本数据处理过程中，政策语词分析和政策语义分析应用较多。② 数据处理是指对数据（包括数值的和非数值的）进行分析和加工的技术过程，也就是对数据进行存储、检索、加工、变换和传输，将数据转换为信息的过程。

大数据的基本处理流程与传统数据的处理流程并无太大差异，主要区别在于：由于大数

---

① Walts D J. A Twenty-First Century Science[J]. Nature, 2007, 445(7127):489.
② 裴雷,孙建军,周兆韬.政策文本计算：一种新的政策文本解读方式[J].图书与情报,2016(6):47-55.

据要处理大量非结构化的数据,在各处理环节中都会采用并行处理。目前,Hadoop、MapReduce 和 Spark 等分布式处理方式已经成为数据处理各环节的通用处理方法。

Hadoop 是一个能够让用户轻松架构和使用的分布式计算平台。用户可以轻松地在 Hadoop 上开发和运行处理各种海量数据的应用程序。Hadoop 是一个数据管理系统,作为数据分析的核心,汇集了结构化和非结构化的数据,这些数据分布在传统的企业数据栈的每一层。Hadoop 又是一个开源社区,主要为解决大数据的问题提供工具和软件。虽然 Hadoop 提供了很多功能,但仍然应该把它归类为多个组件组成的 Hadoop 生态圈,这些组件包括数据存储、数据集成、数据处理和其他进行数据分析的专门工具。Hadoop 的框架最核心的设计就是 HDFS 和 MapReduce。HDFS 为海量的数据提供了存储服务,而 MapReduce 则为海量的数据提供了计算服务。[①] 低成本、高可靠、高扩展、高有效、高容错等特性让 Hadoop 成为最流行的大数据处理和分析系统。然而其赖以生存的 HDFS 和 MapReduce 组件却让其一度陷入困境——批处理的工作方式让其只适用于离线数据处理,在要求实时性的场景下毫无用武之地。因此,各种基于 Hadoop 的工具应运而生。为了减少管理成本,提升资源的利用率,人们创造了当下众多的资源统一管理调度系统,例如 Twitter 的 Apache Mesos、Apache 的 YARN、Google 的 Borg、腾讯搜搜的 Torca、Facebook 的 Corona 等。

英国伯明翰城市大学布拉德肖教授在《数据新闻的倒金字塔结构》一文中,把数据处理分为数据清洗、数据情境化和数据合并三步骤。数据清洗是把获取的数据转化为可使用的数据形式,删去重复、空白、缺损等有问题的数据。数据情境化是指将数据用于一定语境中,使其产生意义。数据合并是指将数据信息用各种图表表示出来,实时呈现数据的时空分布,实现数据的整合和导航。

二、数据清洗

数据清洗是发现并纠正数据文件中可识别的错误的最后一道程序,包括检查数据一致性、处理无效值和缺失值等。与问卷审核不同,录入后的数据清理一般是由计算机而不是人工完成的。其背后的逻辑是利用有关技术如数理统计、数据挖掘或预定义的清理规则将脏数据转化为满足数据质量要求的数据。

传统的数据处理的过程大致分为数据的准备、处理和输出三个阶段。在数据准备阶段,将数据脱机输入穿孔卡片、穿孔纸带、磁带或磁盘。这个阶段也可以称为数据的录入阶段。数据录入以后,就要由计算机对数据进行处理,为此预先要由用户编制程序并把程序输入计算机中,计算机是按程序的指示和要求对数据进行处理的。最后输出的是各种文字和数字表示的表格和报表。

大数据时代,需要处理的数据量迅速膨胀,Google、Facebook、Amazon、百度等大型互联网企业是大数据的生产者也是大数据的主要使用者,因此要运用各种最新的数据采集、清洗和挖掘技术或工具实现对大数据的自动化处理,以扩大数据处理量,提高数据处理效率,比如 WEKA、Rapidminer、Orange 等。

数据清洗的基本步骤是定义和确定错误的类型,搜寻并识别错误的实例,纠正所发现的

---

① 徐继业,朱洁华,王海彬.气象大数据[M].上海:上海科学技术出版社,2018.

错误。① 数据清洗的方式主要分为三种。第一种是使用专门编写的应用程序,这种方法可以解决某个特定的问题,但不够灵活,特别是清理过程需要反复进行,导致程序复杂,工作量大。第二种是运用概率统计学原理查找数值异常的记录,对姓名、地址、邮政编码等进行清理。第三种是无特定领域的数据清理,这一部分的研究主要集中在清理重复的记录上。数据清理在实际操作中,会占据分析过程50%~80%的时间,所以数据清洗的过程十分重要。具体可以分为以下几步。

1. 预处理阶段

将大数据导入处理工具中,仔细分析数据。这里包含两个部分:一个是看元数据,包括字段解释、数据来源、代码表等一切描述数据的信息;另一个是抽取一部分数据,使用人工查看方式,对数据本身有一个直观的了解,并且初步发现一些问题,为之后的处理做准备。

2. 缺失值清洗

在数据集中,有时会出现样本个别属性缺失的情况。当样本数据量很多,并且出现缺失值的样本在整个样本中的比例相对较小的时候,可以使用最简单有效的方法处理——将出现缺失值的样本数据直接丢弃。这是一种很常用的策略。② 显而易见的是,这种方法改变了样本的数据分布,并且对于缺失值过多的情况无法适用。这时候我们可以考虑均值填补法,根据缺失值的属性和关系数据最大的那个属性把数据分成几个组,然后分别计算每个组的均值,将这些均值替换缺失的数值即可。当然还有很多种其他的方法可以使用,在这里就不赘述了。

3. 格式内容清洗

传播学的数据来源广泛,不仅数量庞大、格式不一,而且质量良莠不齐,采集技术和方式也有多种。由于各种各样的原因,如数据输入错误、不同来源数据引用表示方法不同、数据间不一致等,都会导致现有的数据中出现这样或那样的脏数据(即存在数据质量问题),主要表现为:拼写问题、打印错误、不合法值、空值、不一致值、简写、同一实体的多种表示(重复)、不遵循引用完整性等。因此数据分析定义错误类型是数据清洗的第一个阶段,必须规范格式并进行初步处理,以便于后续的储存、管理和应用。

(1) 时间日期、数值、全半角显示不一致等:这种问题通常与输入端有关,在整合多来源数据时也有可能遇到,将其处理成一致的某种格式即可。

(2) 内容中有不该存在的字符:最典型的就是头、尾、中间的空格,也可能出现姓名中存在数字符号、身份证号中出现汉字等问题。这种情况下,需要以半自动校验半人工方式来找出可能存在的问题,并去除不需要的字符。

(3) 内容与该字段应有内容不符:一般在获取数据时会有前端校验,但是处理时仍不乏这些问题,此时需要我们再做处理,非重要字段可以去除,重要字段需要我们做缺失值处理,处理方式就是上面提到的缺失值清洗。

(4) 格式内容问题是比较细节的问题,但很多自动分析工具或者数据分析师都处理不当,比如跨表关联或 Vlookup 失效(多个空格的存在可能导致工具认为"宋仁杰"和"宋 仁杰"不是一个人)。此外,不同国家、地区的字符编码标准不一样,计算机存储的数据在不同

---

① 陈明.大数据技术概论[M].北京:中国铁道出版社,2019.
② 宋万清,杨寿渊,陈剑雪,等.数据挖掘[M].北京:中国铁道出版社,2019.

上下文中表达不同的语义,这种情况下需要投入精力关注数据的编码格式和语义分析,既不能因为误判混入不正确的数据,也不能因为格式问题去除了实际有用的数据。[①]

三、数据清洗算法与工具

在脏数据清洗算法上,一些研究机构提出了脏数据预处理、排序邻居法、多次遍历数据清洗方法、采用领域知识进行清洗、采用数据库管理系统的集成数据清洗等算法。[②] 比如,消除重复记录的基本思想是排序和合并,先将数据库中的记录排序,然后通过比较邻近记录是否相似来监测记录是否重复。消除重复的算法主要有优先队列算法、近邻排序算法、多趟近邻排序等。

用户可以在开源领域找到许多数据清理工具。一个有趣的工具是 Drake,它使用一种工作流方法来对基于文本的数据执行数据清理,该方法可用数据中的依赖关系运行命令来清理它们。它支持多个输入和输出文件,而且有一个与 make 实用程序类似的操作(在管理依赖关系的上下文中)。DataCleaner 工具是一个框架兼数据概要分析引擎,它公开有 API,而且允许使用用户定义的扩展进行数据清理。DataCleaner 支持多种输入和输出格式,能够为数据创建质量规则。

当然用户也可以自己构建一个数据清理工具。构建通用的数据清理工具相对比较简单。下面将演示如何构造一个简单的 CSV 数据清洗工具来实现如下一些重要特性。

① 通过用户定义的模式来检查字段类型;
② 验证观察值的字段是否太少或太多;
③ 自动提取错误数据供用户检查;
④ 使用用户定义的概率来生成训练和测试数据集;
⑤ 汇总数据以执行简单的数据概要分析。

首先简要讨论一下此工具的操作流程。图 3-2 演示了操作流程和得到的数据。

首先是构建一个逗号分隔文本文件的原始数据集。用户在所提供的字符串形式中,识别每个字段的类型,以解析和验证每个观察值的每个字段。将没有通过类型检查(或包含太少或太多字段)的观察值写入一个错误文件(可以手动修复该文件并重新应用于原始数据集)。通过初始检查的观察值被视为有效,然后前进到数据集拆分和汇总步骤。用户可以(基于用户定义的概率)将每个新样本发送到一个训练或测试数据集,每个字段按特定类型的方式进行汇总,例如,对字符串执行聚合,分析整数和实数值中的最小值、最大值和平均值等。

可以在 GitHub 上找到这个简单清理工具的源代码。这个存储库包含 3 个源文件,分别实现输入文件管理、行解析和汇总。源代码将功能拆分为处理循环(cleanse.c)、字段解析(parse.c)和汇总(summary.c)。处理循环解析来自命令行的选项,打开和关闭所有相关文件,迭代式读取输入文件中的行。这些行传递到解析器,然后解析器解析各行中的每个字段,并使用所提供的模式验证这些字段。摘要在一个单独文件中管理,以维护给定字段的唯一字符串列表或对数字数据进行概要分析。关于数据清洗和数据转换的过程先介绍到此,

---

[①] 宋万清,杨寿渊,陈剑雪,等.数据挖掘[M].北京:中国铁道出版社,2019.
[②] 姚剑波,杨朝琼.大数据安全与隐私[M].成都:电子科技大学出版社,2017.

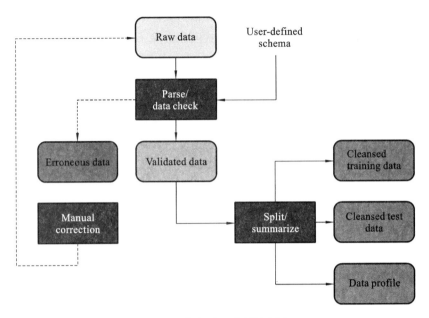

图 3-2 数据清理分析流程图

接下来我们进入数据挖掘。

四、数据挖掘

数据采掘与知识发现(KDD)一词首次出现在 1989 年 8 月举行的第 11 届国际人工智能联合会议上。知识发现(knowledge discovery)研究的主要目标是采用有效的算法,从大量现有或历史数据集合中发现并找出最初未知但最终可理解的有用知识,并用简明的方式显示出来。数据挖掘(data mining)是从大量的、不完全的、有噪声的、模糊的、随机的数据中,提取隐含在其中的、人们事先不知道的、但又是潜在有用的信息和知识的过程[①]。数据挖掘通常与计算机科学有关,人们一般通过统计、在线分析处理、情报检索、机器学习、专家系统(依靠过去的经验法则)和模式识别等诸多方法来实现上述目标。这些方法主要采用基于人工智能的技术,包括决策树、规则归纳、神经元网络、可视化、模糊建模、簇聚等,另外也采用了传统的统计方法。[②] 研究者更喜欢将其称为涉及 Web 技术、计算机语言学、信息学等多个领域的综合技术。[③] 数据挖掘可以帮助决策者寻找数据间的潜在关联,发现被忽略的因素,目前主要应用在医疗领域和商业环境中。

就计算传播学而言,最常见的是利用数据挖掘方法在文本数据集上进行分析,又称文本挖掘[④],即从海量文本的数据集合或语料库中发现隐含的、令人比较感兴趣的、有潜在价值的规律与信息。传统的内容分析需要编码员人工识别文本中的信息,而采用文本挖掘的方法,可以自动地提取社会事件的属性,如事件、地点、参与者、文本的主题、文本的情感等。

文本数据是一种主要的非结构化数据,它无一定形态,长度可以任意变化,结构又比较

---

① 邵欣,刘继伟,曹鹏飞.物联网技术及应用[M].北京:航空航天大学出版社,2018.
② 匡文波.网络传播中的信息利用新技术[J].国际新闻界,2002(6):46-49.
③ 刘芬.数据挖掘中的核心技术研究[M].北京:地质出版社,2019.
④ 张伦,王成军,许小可.计算传播学导论[M].北京:北京师范大学出版社,2018.

复杂,无法用数据库的二维逻辑来表现,因此比较难处理。数据类型主要包括新闻文本、研究论文、书籍、期刊、Web页面、社交媒体文本等。在文本挖掘中,文本预处理过程的质量好坏会直接影响最终模式的识别与知识的发现,因此预处理过程在文本挖掘中是相当重要的环节。

分析文本是传播学研究中的重要路径,学者们开始探索使用文本挖掘技术解决大数据时代的传播问题。文本挖掘涉及数据挖掘、机器学习、统计、自然语言处理、可视化技术、数据库技术等多个学科领域的知识和技术,包括数据预处理(自然语言的识别和抽取、数据源的分类等)、核心挖掘操作、统计分析、可视化等步骤。因为其研究对象是非结构化或半结构化的文本集合,而不是数据库中的形式化记录,所以文本预处理的目的就是使文本数据结构化,从而方便学者利用现有的数据挖掘技术对其进行分析。

文本的元数据特征可分为描述性特征(文本的名称、日期、大小、类别等)和语义性特征(文本的作者、机构、标题、内容等)。这些数据具有相当大的维度空间,在文本挖掘阶段将消耗很多计算机资源和处理时间。用词表中应删除那些不常用或者出现频率很高但是信息价值不高的常用词,并根据词语片段在文本结构中不同的位置给予不同的权重。选择最有代表性的特征词,对文本的特征集进行压缩,以降低文本数据的维数是十分重要的。

描述性
统计分析

文本挖掘任务主要包括:文本聚类分析、文本关联分析、文本分类分析、信息检索和链接分析等。[①] 由于文本型数据通常具有比较复杂、维度较高而且具有语义与语境的特点,用传统的文本挖掘算法来进行知识挖掘,常常得不到好的效果,进行文本挖掘时需要分析语料的特点来选择或者改进算法。一般而言,有两个主要的因素会影响算法选择:一个是文本挖掘时的研究问题;另一个是不同类型的文本数据。比如分类中的K邻近算法、聚类中的层次聚类算法和信息抽取中的隐马尔科夫模型都是针对不同的问题而有所侧重。[②]

情感分析
算法处理

数据处理离不开软件的支持,数据处理软件包括用以书写处理程序的各种程序设计语言及其编译程序,管理数据的文件系统和数据库系统,以及各种数据挖掘方法的应用软件包。为了保证数据安全可靠,还要有一整套数据安全保密的技术。

第四节 数据可视化

一、数据可视化源流

与以往相比,我们可以获得更多的数据,然而没有合适的工具和相应的

[①] 郑树泉,王倩,武智霞,等.工业智能技术与应用[M].上海:上海科学技术出版社,2019.
[②] 彭文辉.网络问题学习行为诊断与改善研究[M].武汉:华中师范大学出版社,2018.

处理技术来进行管理,这些数据也会毫无用处。为了赋予这些数据存在的意义,必须使它们以图表的形式呈现出来(Cleverland,1993)。根据 Michael Friendly 所言,数据可视化是将数据以可视化的形式表现出来的科学,其定义为在某些示意图中总结出信息,这些信息包含信息单元的属性或变量[①]。数据可视化是一种高效的信息传播方式,可以利用很小的视觉空间实现最小的视线移动和鼠标滚动,并达到展示一组数据的目的。数据可视化之所以有效,主要归功于人类高效的模式识别能力和趋势发现能力。人类的神经网络可以很好地捕捉与整体图像有关联的结构特征,实现快速的模式识别。图形化的符号可将用户注意力引导到重要的目标,高效地传递消息。数据可视化分析领域中最为著名的案例当属弗罗伦斯·南丁格尔所发明的"南丁格尔玫瑰图"[②]和约翰·斯诺的"伦敦霍乱地图"。

19 世纪 50 年代,英国、法国、土耳其和俄国进行了克里米亚战争,英国战地的战士死亡率高达 42%。弗罗伦斯·南丁格尔主动申请,自愿担任战地护士。她率领 38 名护士抵达前线,在战地医院服务。当时的野战医院卫生条件极差,各种资源极度匮乏,她竭尽全力排除各种困难,为伤员解决必需的生活用品和食品问题,对他们进行认真的护理。仅仅半年左右的时间,伤病员的死亡率就下降到 2.2%。克里米亚战争时,她极力向英国军方争取在战地开设医院,为士兵提供医疗护理。她分析过堆积如山的军事档案,指出在克里米亚战役中,英军死亡的原因主要是在战场外感染疾病及在战场上受伤后缺乏适当护理,真正死在战场上的人反而不多。她请前线指挥官致函英国政府,改善前线卫生情况,做好食品和药品保障。但因为指挥官发给英国政府的文件过于冗长,充满医学术语,一直没有得到批复。南丁格尔决定自己动手,她绘制了著名的"东部军队死亡原因图",后来被称为"南丁格尔玫瑰图"。

南丁格尔玫瑰图采用极坐标系将图形均分为 12 份,代表 12 个玫瑰花瓣,分布代表一年中的 12 个月,每一个玫瑰花瓣的半径代表总的死亡人数。其中,三种颜色代表三种死亡原因:蓝色代表感染可以预防或者并不严重的疾病,红色代表负伤,黑色代表其他原因。该图一目了然地描述了造成士兵死亡的主要原因是本可治愈的疾病(如图 3-3 所示)。

数据可视化对于理解复杂的时空结构和变化过程具有重要作用。英国医生约翰·斯诺绘制的 1854 年伦敦霍乱地图[③]是数据可视化领域另一个著名的案例。

1854 年 9 月,伦敦霍乱暴发,这只是欧洲第四次霍乱大暴发的一个片段,当时人们一直没明白造成霍乱的真正原因。不过这次疫情爆发与以往不同的是,这次的疫区中心 Soho 地区距离著名的约翰·斯诺医生的家很近。一周之内,整个 Soho 地区几乎 1/10 的人都迅速死掉。根据上报的病例的信息,约翰·斯诺绘制了一张 Soho 地区的地图,将 13 个公共水泵和区域内全部的 578 名死亡病例的位置标记在地图上,从而注意到大部分的病死者围绕着 Broad Street 和 Cambrigde Street 交叉口的一处水泵(如图 3-4 所示)。

关于霍乱的病因,当时人们认为是城里的臭气,这就是曾被普遍认可的"瘴气说"。因为臭气一般都在底层人生活的区域,同时他们也更容易得霍乱,这让人们对"瘴气说"深信不疑,政府当时采取的干预措施是清扫粪便,把污水直接倒入泰晤士河。约翰·斯诺医生一直

---

① 阿布·埃拉·哈桑尼,艾哈迈德·塔赫尔·阿萨,哈维尔·斯纳谢尔,等.复杂系统中大数据分析与实践[M].陈桂明,徐建国,李博,等译.北京:国防工业出版社,2018.
② 周苏,王文.大数据及其可视化[M].北京:中国铁道出版社,2016.
③ 陈积银,曹树林.数据新闻入门教程[M].西安:西安交通大学出版社,2016.

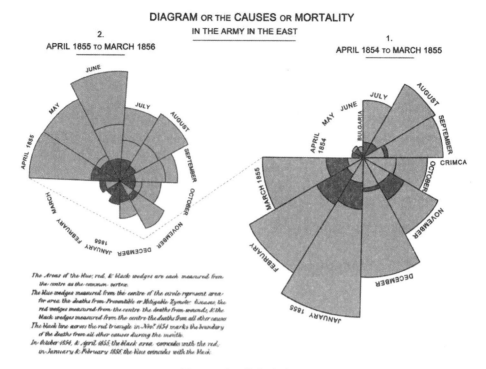

图 3-3　南丁格尔玫瑰图

都不相信"瘴气说",根据他自己的实地调查,发现同样位于 Soho 区,有一家啤酒厂的工人却很少感染霍乱,他走访了这些工人,发现他们很少喝家里的水,而是直接喝酒厂的啤酒。这是一个重大的发现,这让他联想到之前绘制的"死亡地图",更加确信霍乱的传播一定是因为饮用了受污染的水。

通过调查那口 Broad Street 水泵附近的居民,他确定八月底病死的一名 5 个月大的女婴就是起始的传染源,她的父母直接将洗尿布的脏水倒在了水泵旁边的水沟里,水沟和水泵并没有完全隔离,被病菌污染的脏水很可能就是从水沟渗透到居民的井水中的。他再拿出显示病例分布的"死亡地图",连同其他的详细调查报告提交给政府,尽管当局还是高度怀疑他的"水源说"的合理性,不过考虑到时局的急迫性,还是很快拆除了 Broad Street 那口水泵的手柄。水泵一经拆除,周围的感染人数迅速下降,伦敦整体的霍乱疫情也随之迅速地稳定了下来。约翰·斯诺因此被认为是现代流行病学和公共卫生医学的奠基人之一。

作为数据新闻的呈现手段,数据可视化可以挖掘数据关系,发现深层含义;加大时间或空间跨度,揭示总体规律;实时采集受众数据,实现反馈信息向新闻内容的转化。[①] 数据可视化在叙事方式上,抛弃传统的以文字讲故事为中心的模式,变为以数据传播为中心,其最大的特点在于用可视化数据传播新闻信息。简而言之,就是把复杂的新闻信息转化为图形、表格、地图等生动易懂的形式,化繁为简,帮助受众更客观科学地了解事件的发生、变化脉络。数据可视化可以分为探索性可视化和解释性可视化。探索性可视化主要应用于数据分析阶段,数据分析研究人员通过可视化手段快速发现数据中的信号、特征、模式、趋势、异常;

---

① 彭兰."信息是美的":大数据时代信息图表的价值及运用[J].新闻记者,2013(6):14-21.

图 3-4　1854 年伦敦霍乱地图

解释性可视化则主要存在于视觉呈现阶段,传播者采用可视化工具和手段将已经发现的知识传递给公众。①

数据可视化与计算传播学相关的应用领域是政治和社会领域,以及新媒体传播。数据可视化在政治和社会领域中的应用,最常见的是美国在总统大选期间的数据可视化新闻报道,比如美联社开发的"总统大选应用"会呈现每一地选举情况及经费来源。除此之外,还有分析英国财政部的开支数据、维基解密战争日志等影响政治和社会领域的重大信息。数据可视化在新媒体传播中的应用也非常普遍。比如 Ruc 新闻坊对 2021 年 1 月 10 日在河北石家庄新冠肺炎疫情确诊案例中的感染风险和传染规律进行了可视化的展示(如图 3-5 所示)。②

数据可视化

二、数据可视化的方法与工具

随着大数据时代的到来,传统的统计图很难对复杂数据进行直观的展示。成功的数据可视化,可以让观众一眼就能洞察事实并产生新的理解和认知。对于地图性数据、关系型数据和行为数据等多位数据的可视化,有很多免费的工具可以供大家选择,这些工具让数据可视化成为一个非常迅速的过程。现在用户有大量的工具可以选用,但哪一种工具最适合将取决于数据以及可视化数据的目的。而最可能的情形是将某些工具组合起来才是

---

① 张伦,王成军,许小可.计算传播学导论[M].北京:北京师范大学出版社,2018.
② 数据来源:https://shimo.im/sheets/hTXk3RddDx9hvDxV/MODOC。《数据描摹确诊者:河北流调信息解读》,链接网址:https://baijiahao.baidu.com/s?id=1688541059588274529&wfr=spider&for=pc。查询于 2021 年 1 月 11 日。

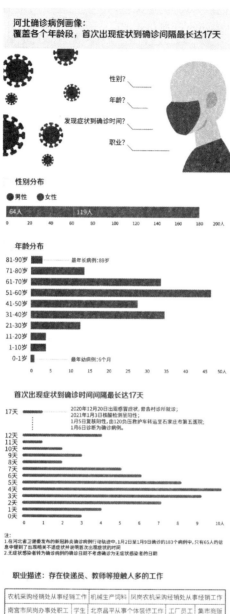

图 3-5 河北流调确诊图

最适合的。有些工具适合用来快速浏览数据,而有些工具则适合为更广泛的读者设计图表。① 下面我们将介绍几种常见的可视化工具。

1. Tableau Public

Tableau 是一款商业智能软件,可以连接多种数据,无论是电子表格、数据库还是 Hadoop,抑或是云服务的多种数据,简单易用,可视化内容丰富。Tableau Public 是 Tableau 系列中的一款开源软件,提供了很多分析和可视化功能。②

对于清洗后数据的常规可视化,Tableau 极大地解放了使用者花在做图上的精力,简易操作的数据下钻功能,使使用者可以更专注于数据和可视化后的分析,其仪表板能系统地展示数据,联动交互多种数据图表,直观地发现数据间的联系和变化,用数据挖掘故事。与 Python 相比,虽然它没有全流程分析能力,不能完成数据的获取—清洗—分析—可视化的全过程,但在常规的可视化做图中,Tableau 操作是最为简单方便的。

2. ECharts

ECharts 是 Enterprise Charts(商业级数据图表)的缩写,是一个纯 Javascript 的图表库,可以流畅地运行在 PC 和移动设备上,兼容当前绝大部分浏览器(IE6/7/8/9/10/11、chrome、firefox、Safari 等),底层依赖轻量级的 Canvas 类库 ZRender,提供直观、生动、可交互、可高度个性化定制的数据可视化图表。创新的拖拽重计算、数据视图、值域漫游等特性大大增强了用户体验,赋予用户对数据进行挖掘、整合的能力。支持折线图(区域图)、柱状图(条状图)、散点图(气泡图)、K 线图、饼图(环形图)、雷达图(填充雷达图)、和弦图、力导向布局图、地图、仪表盘、漏斗图、事件河流图这 12 类图表,同时提供标题、详情气泡、图例、值域、数据区域、时间轴、工具箱这 7 个可交互组件,支持多图表、组件的联动和混搭展现(如图 3-6 所示)。

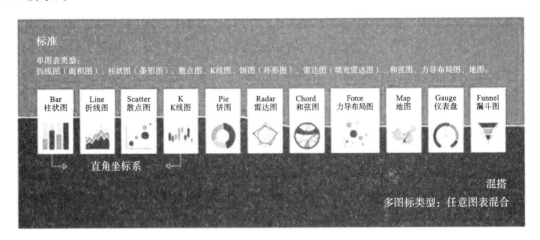

图 3-6 Echarts 处理图表类型

ECharts 3 新增了更多图表类型,可以更好地满足不同数据的处理需求,更多的搭配方案让用户的数据呈现方式更个性化和完美。

---

① 郑莉.数字艺术设计实践探索[M].长春:吉林美术出版社,2019.
② 下载网址:https://public.tableau.com/s/.

3. Highcharts

Highcharts 是纯用 JavaScript 编写的图表库,能够简单便捷地在 Web 网站或 Web 应用程序中添加有交互性的图表,并且免费提供给个人和非商业用途使用。Highcharts 支持的图表类型有直线图、曲线图、区域图、柱状图、饼状图、散状点图、仪表图、气泡图、瀑布流图等多达 20 种,其中很多图表可以集成在同一个图形中形成综合图。通常情况下,Highcharts 包含标题、坐标轴、数据列、数据提示框、图例、版权信息等,高级的还包括导出功能按钮、标示线、标示区域等。

4. D3(https://d3js.org/)

D3 是最流行的可视化库之一,它被很多其他的表格插件所使用。它允许绑定任意数据到 DOM,然后将数据驱动转换应用到 Document 中。用户可以通过它用一个数组创建基本的 HTML 表格,或利用它的流体过度和交互,用相似的数据创建惊人的 SVG 条形图(如图 3-7 所示)。

图 3-7 SVG 条形图

再比如用 D3 可以非常容易地绘制交互桑基图(如图 3-8 所示)。桑基图即桑基能量分流图,也叫桑基能量平衡图。它是一种特定类型的流程图,图中延伸的分支的宽度对应数据流量的大小,通常应用于能源、材料成分、金融等数据的可视化分析。桑基图最明显的特征就是始末端的分支宽度总和相等,即所有主支宽度的总和应与所有分出去的分支宽度的总和相等,体现能量的平衡。①

用户还可以通过 D3 对 Sunburst Partition 进行可视化探索。通过解析布点获得的用户行为路径数据,我们可以用最简单与直接的方式将每个用户的事件路径点击流数据进行统计,并用数据可视化方法将其直观地呈现出来。D3 是当前最流行的数据可视化库之一,我们可以利用其中的 Sunburst Partition 来刻画用户群体的事件路径点击状况。从该图的圆心出发,层层向外推进,代表了用户从开始使用产品到离开产品的整个行为统计;Sunburst 事件路径图可以快速定位用户的主流使用路径。通过提取特定人群或特定模块之间的路径数据,并使用 Sunburst 事件路径图进行分析,可以定位到更深层次的问题。灵活使用 Sunburst 路径统计图,是我们在路径分析中的一大法宝。②

5. R 语言(https://www.r-project.org/)

无论何时分析数据,要做的第一件事情就是观察它。对于每个变量,哪些值最常见?值

---

① 图像链接:https://bost.ocks.org/mike/sankey/.
② 图像链接:https://bl.ocks.org/mbostock/4063423.

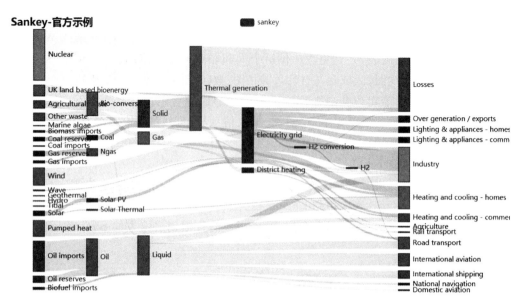

图 3-8 桑基图

域是大还是小？是否有不寻常的实例？R 语言提供了丰富的数据可视化函数，可以帮助理解单个类型或连续型变量的图形。① R 语言是一套开源的数据分析解决方案，几乎可以独立完成数据处理、数据可视化、数据建模及模型评估等工作，而且可以完美配合其他工具进行数据交互。R 语言拥有顶尖的制图功能，不仅有 lattcie 包、ggplot2 包对复杂数据进行可视化，更有 rCharts 包、recharts 包、plotly 包实现数据交互可视化，甚至可以利用功能强大的 shiny 包实现 R 与 Web 整合部署，构建网页应用，帮助不懂 CSS、HTML 的用户快速搭建自己的数据分析应用。

比如我们可以绘制动态交互的气泡图，通过下面的时间轴动态查看不同年份的气泡情况（如图 3-9 所示）。也可以利用 networkD3 包调用 D3 库，绘制社会网络图和桑基图（如图 3-10 和图 3-11 所示）。

三、案例分析

1. 案例一

我们从一些具体的案例来学习数据可视化的实现过程。在数据可视化中，地图是很重要的一部分。很多情况会与地图有关联，如中国各省的人口数量、GDP 数值等，都可以和地图联系在一起。

第一步：定义画板，并将画板添加到 body 中。

```
var width=1000;
var height=1000;
var svg=d3.select("body")
        .append("svg")
        .attr("width",width)
```

---

① 杜宾,钱亮宏,黄勃,等.R 语言数据分析与挖掘[M].北京:中国铁道出版社,2019.

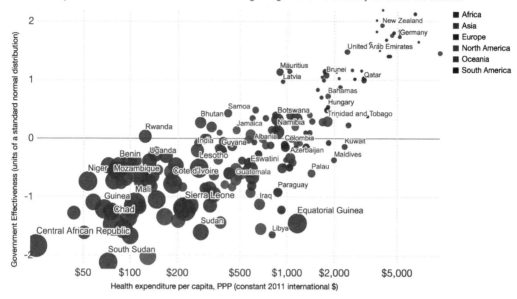

图 3-9 动态交互气泡图

图 3-10 社会网络图

```
      .attr("height",height)
      .attr("transform","translate(0,0)");
```

第二步：定义一个投影函数来转换经纬度。因为地球上的经度和纬度的信息都是三维的，而网页上显示的图像是二维的，所以要设定一个投影函数来转换经纬度，本文使用 d3. geo.mercator() 的投影方式。各种投影函数，可以参考：https://github.com/mbostock/d3/

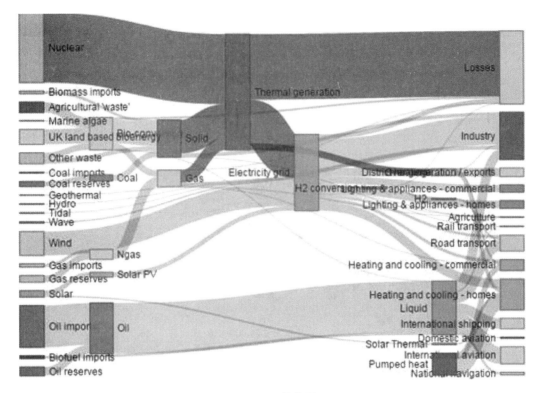

图 3-11 桑基图

wiki/Geo-Projections。

```
var projection=d3.geo.mercator()
            .center([107,31])
            .scale(550)
            .translate([width/2,height/2]);
```

第 2 行中的 center()设定地图的中心位置,[107,31]指的是经度和纬度。

第 3 行中的 scale()设定放大的比例。数值越大,地图被放大的比例越大。将数值写在括号中即可。

第 4 行中的 translate(x,y)设定平移距离。第一个参数 x 为沿 x 轴移动的距离,第二个参数 y 为沿 y 轴移动的距离。

第三步:使用第二步定义出来的投影函数生成路径。projection()是设定生成器的投影函数,把上面定义的投影传入即可。以后,当使用此生成器计算路径时,程序会自己加入投影的影响。

- ar path=d3.geo.path()
- .projection(projection);

第四步:向服务器请求文件并绘制地图。

```
d3.json("china.geojson",function(error,root){
    if(error)return console.error(error);
        svg.selectAll("path")
```

```
        .data(root.china.features)
        .enter()
        .append("path")
        .attr("stroke","# 000")
        .attr("stroke-width",1)
        .attr("fill",function(d,i){
            return color;
        })
        .attr("fill","rgba(6,85,178,0.5)")
        .attr("d",path)
        .on("mouseover",function(d,i){
                    d3.select(this)
                        .attr("fill","yellow");
                })
                .on("mouseout",function(d,i){
                    d3.select(this)
                        .attr("fill","rgba(6,85,178,0.5)");
                })
            })
```

请注意：d3.json()不能直接读取本地文件，因此用户需要搭建一个服务器，例如Apache。

第五步：在地图上添加省份的名称。

```
svg.selectAll("text")
        .data(root.china.features)
        .enter().append("svg:text")
        .text(function(d,i){
            return d.properties.name
        })       .attr("fill","rgba(6,85,178,0.5)")

        .attr("x",function(d){
                var local = projection([d.properties.cp[0],d.properties.cp[1]])
                return local[0]
        })
        .attr("y",function(d){
                var local = projection([d.properties.cp[0],d.properties.cp[1]])
                return local[1]
        })
```

```
                .attr("fill","# 04adff")
                .style("font-size","10px")
```
地图的Json数据中需要有省份的中心点坐标。

第六步:实现地图的省级联动(即点击某省时出现某个省份的地图)。

首先,给每个省份的路径添加一个属性,属性值为对应的省份名,以便点击时,判断是哪个省份被点击,以及需要调取哪个省份的地图数据。

```
svg.selectAll("path")
        .attr("tag",function(d){
            return d.properties["name"];
        })
```

其次,添加点击事件。

```
svg.selectAll("path")
     .on("click",function(e){
        if(this.getAttribute('tag')=="黑龙江"){
        d3.json("china.geojson",function(error,root){//请求黑龙江地区的数据
            if(error)return console.error(error);
            svg.selectAll("* ").remove();//清空画板
                svg.selectAll("path")
                .data(root.黑龙江.features)
                .enter()
                .append("path")
                .attr("stroke","# 000")
                .attr("stroke-width",1)
                .attr("fill","rgba(6,85,178,0.5)")
                .attr("d",path)
                .on("mouseover",function(d,i){
                    d3.select(this)
                    .attr("fill","yellow");
                })
                    .on("mouseout",function(d,i){
                d3.select(this)
                    .attr("fill","rgba(6,85,178,0.5)");
                })


        })
    }  })
```

第七步:对地图上不同区域进行着色。

这会用到D3中的过滤器以判断数据当中各省份的经纬度,并根据经纬度的范围进行着

色,具体代码如下:

```
d3.selectAll("path").filter(function(d,i){
    if(d.properties.id> = 31&&d.properties.id< = 35&&d.properties.id! = 34){
        d3.select(this).attr("fill",function(d,i){
        return"# 03aefe";
    })
    }
})
```

2. 案例二

第二个案例,我们重点介绍社交媒体中的关系数据的可视化流程。在 Facebook、Twitter 和微博、微信等社交网站日益发展的今天,社交平台上数十亿用户每天产生无数的信息。然而,人们的关注点是有限的,只有少数的信息能够得到很多人的关注。因此,每天有大量的信息在争夺大众的眼球,从而有了主题之间的竞争。同时,在社交平台上也有一些具有很大影响力的用户,通常被称为"意见领袖"。但是,不同群体的意见领袖在主题的竞争中扮演着不同的角色。意见领袖的群体分类由领域专家根据具体的事件进行判断,例如在总统竞选事件中,社交网站上的意见领袖可以分为三类:媒体、草根、明星(政治、娱乐和体育)人物。

我们以演艺明星情侣为例,来看看社交媒体中的关系数据的可视化。这里主要分析的是邓超和孙俪,黄晓明和 Angelababy 的微博数据。

爬虫代码的主要部分是两个函数:登录函数(weibo_login)和抓取函数(fetch_post)。

```
library(RSelenium)

remDr < - remoteDriver()
remDr$ Open()
remDr$ navigate('http://weibo.com')

weibo_login < - function(usr, pwd) {
  loginname < - remDr$ findElement('id', 'loginname')
  password < - remDr$ findElement('name', 'password')
  submit < - remDr$ findElement('class_name', 'N_btn_a')

  loginname$ sendKeysToElement(list(usr))
  password$ sendKeysToElement(list(pwd))
  submit$ clickElement()
}

fetch_post < -function(account, start_page, end_page, sleep_time) {
  post < -c()
```

```
    for(n in start_page:end_page){
      print(paste('page',n))
      url< -paste0('http://weibo.com', account, '?is_search= 0&visible
=0&is_all= 1&is_tag= 0&profile_type= 1&page= 1',
                   n, '# feedtop')
      remDr$ navigate(url)
      Sys.sleep(sleep_time)
      for (i in 1:3 ) {
        print(paste('scroll', i))
        webElem < - remDr$ findElements('class_name', 'WB_text')
          while  (class (try (remDr $ mouseMoveToLocation (webElement =
webElem((length(webElem)))))) == 'try.error' ) {
          Sys.sleep(sleep_time)
          webElem < - remDr$ findElements('class_name', 'WB_text')
        }
      }
      webElem < - remDr$ findElements('class_name', 'WB_text')
        post < - c (post, unlist (sapply (webElem, function (x) { x
$ getElementText()})))
    }
    return(post)
  }
```

需要注意的是,目前的抓取函数还不支持人名搜索,所以在抓取某人的微博之前,首先要手动看一下他的微博 URL 上的用户名是什么,然后用该用户名作为参数调用抓取函数。

在展示微博数据之前,我们必须先想清楚自己想看什么,想回答什么样的问题,比如:

① 我很想知道明星微博的高频词汇有哪些。夫妻之间会不会有"共同语言"。

② 我还想了解明星的朋友圈有哪些人,夫妻之间的朋友有多大的交集。

我们可以用词云来展示各个明星的微博中最常出现的词汇(这里只考虑名词,其他词性的词汇都已过滤掉)(见图 3-12)。

我们可以看到,"电影"是他们微博中出现最频繁的词汇,说明他们在利用微博向粉丝们宣传自己的电影,其次就是和家人、朋友相关的词汇。

生成词云的代码如图 3-13 所示。

接下来要回答的是第二个问题,是如何从明星们的微博中挖掘出他们的社交网络。以微博中@某人的功能为例,@后面的微博账号和明星之间应该存在某种关联,如果某人被@的次数很多,说明两者之间的关系密切(好友或家人)。接下来我们就来看看明星情侣之间的"朋友圈"是怎样的。

图 3-12　明星微博中最常出现的词汇

```r
library(jiebaR)
library(wordcloud2)
library(magrittr)
library(gsubfn)
library(igraph)
library(RColorBrewer)
col_set2 <- brewer.pal(3, 'Set2')
load('RData/weibo_post.RData')

post_word_freq <- function(post, min=1) {
  filter_words <- c('网页', '链接', '视频')
  tagger <- worker('tag')
  tags <- filter_segment(tagger[post], filter_words)
  v <- sort(table(tags[names(tags)=='n']), decreasing=T)
  v <- v[v >= min]
  data.frame(word=names(v), freq=v)
}

wordcloud2(post_word_freq(baby_post))
wordcloud2(post_word_freq(huangxm_post))

wordcloud2(post_word_freq(fanbb_post))
wordcloud2(post_word_freq(lichen_post))

wordcloud2(post_word_freq(sunli_post))
wordcloud2(post_word_freq(dengchao_post))
```

图 3-13　生成词云的代码

（1）黄晓明和 Angelababy 的"朋友圈"如图 3-14 所示。

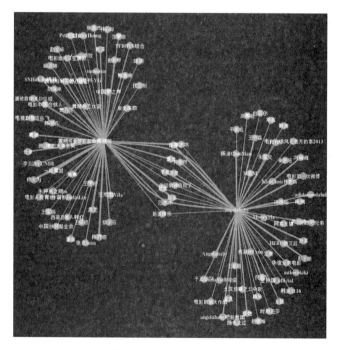

图 3-14　黄晓明和 Angelababy 的"朋友圈"

（2）邓超和孙俪的"朋友圈"如图 3-15 所示。

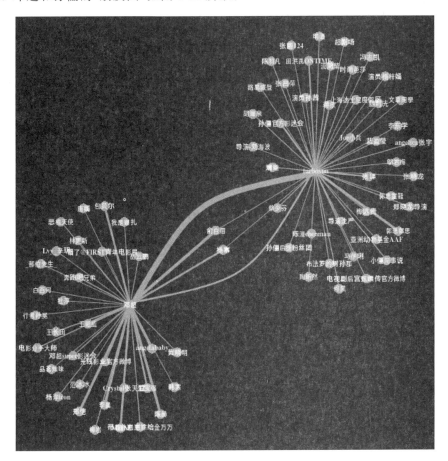

图 3-15　邓超和孙俪的"朋友圈"

统计@次数的代码如下，为了能看清网络中的节点，代码中过滤了一些低频的@值。

```
28  at_freq <- function(post, min=2) {
29      v <- sort(table(unlist(strapplyc(post, '@([^ :]+)'))), decreasing=T)
30      v <- v[v >= min]
31      dfm <- data.frame(friend=names(v), freq=v)
32      return(dfm)
33  }
34
35  baby_at <- at_freq(baby_post, 3)
36  huangxm_at <- at_freq(huangxm_post, 3)
37  fanbb_at <- at_freq(fanbb_post, 4)
38  lichen_at <- at_freq(lichen_post, 4)
39  sunli_at <- at_freq(sunli_post)
40  dengchao_at <- at_freq(dengchao_post)
```

下面是网络可视化的代码：

```
42  at_network <- function(at1, at2){
43      links <- rbind(data.frame(from=at1[1,1], to=at1[-1,1], weight=at1[-1,2]),
44                     data.frame(from=at2[1,1], to=at2[-1,1], weight=at2[-1,2]))
45      nodes <- unique(links$to)
46      net <- graph_from_data_frame(d=links, vertices=nodes, directed=F)
47      E(net)$width <- E(net)$weight^0.5
48      V(net)$label.color <- 'white'
49      V(net)$label.font <- 2
50      V(net)$frame.color <- NA
51      edge_col <- c(rep(col_set2[2], nrow(at1)-1), rep(col_set2[1], nrow(at2)-1))
52      par(mar=c(0,0,0,0))
53      par(bg='black')
54      set.seed(123)
55      l <- layout_with_fr(net)
56      plot(net, layout=l, vertex.size=5, vertex.label.cex=.8, edge.color=edge_col)
57  }
58
59  png('figures/weibo_network_baby_huangxm.png', wid=600, heigh=600)
60  at_network(baby_at, huangxm_at)
61  dev.off()
62
63  png('figures/weibo_network_fanbb_lichen.png', wid=600, heigh=600)
64  at_network(fanbb_at, lichen_at)
65  dev.off()
66
67  png('figures/weibo_network_sunli_dengchao.png', wid=600, heigh=600)
68  at_network(sunli_at, dengchao_at)
69  dev.off()
```

除此之外，社交媒体中的话题竞争也可以用可视化来分析[1]，如借用主题河(theme river)的形式来展示每个主题的发展和衰落，河流宽度表示该主题在对应时刻的热度。另外，不同类型的意见领袖用不同颜色的线表示，如图3-16所示。这些线条穿插在不同的河流中，表示他们在对应的主题中产生了一定的影响力。类似地，线条的宽度表示不同类型意见领袖在对应主题中发挥的影响力的大小。线条从一条河流转换到另一条河流表示意见领袖的关注主题发生了变化，他们在新的主题中开始扮演重要的角色。线条可能会发生分裂或合并，表示意见领袖的关注点分裂到多个话题或回归到同一个话题中。

系统也提供了径向视图(radial view)，用来展示不同主题之间竞争力的转换。如图3-17所示，圆周上分布着若干个点，表示不同的主题。两个主题之间的连线表示两个主题之间产生了竞争和交互，并且人们的关注点从一个主题转向了另一个主题。连线的宽度表示了两个主题之间交互的强度，线条的颜色由浅到深，表示人群注意力从浅色端的主题转向了深色端的主题。

为了分析具体的语义内容，系统还提供了词云。词的热度用其字体大小表示，并且在词的背景上展示了词的热度趋势。此外，在词云的圆周边界上，用户可以对主题和意见领袖进行筛选。

---

[1] Xu P, Wu Y, Wei E, et al. Visual Analysis of Topic Competition on Social Media[J]. IEEE Transactions on Visualization and Computer Graphics, 2013, 19(12): 2012-2021.

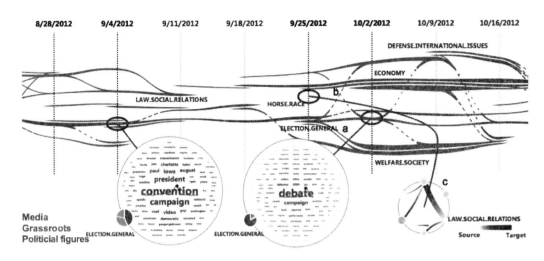

图 3-16 系统界面示意图

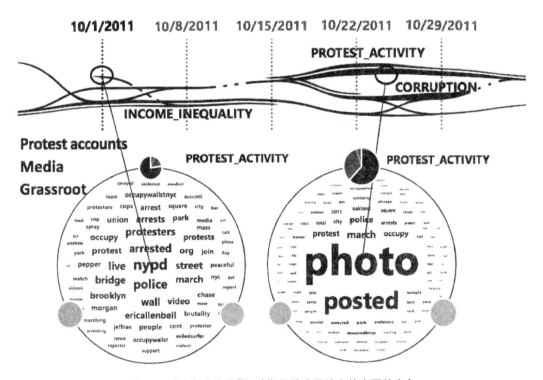

图 3-17 "占领华尔街"运动期间社交网站上的主题的竞争

第四章 计算传播研究方法

计算传播学是因应数字时代的到来而产生的,而数字时代最典型的特征就是无处不在的数据,尤其以互联网所产生的大数据为代表。以实验、调查和内容分析等为代表的传统传播学研究方法,面对这些大数据只能"望洋兴叹"。但幸运的是,伴随着数字时代的发展,处理大数据的各种技术也日新月异。尽管这些大数据处理技术主要源于工业界的需求,但是它们也为我们从海量数据中探索人类行为的规律提供了可能。

但是大数据处理技术涵盖范围极其广泛,究竟哪些技术应纳入"计算传播方法"的范畴还有待讨论,并且关于大数据本身是不是用于研究的好数据,以及基于大数据的计算测量是否有效和可靠也还存在许多不同看法。[1][2] 本章不可能介绍全部相关的技术和方法,只能就其中较常见的技术和方法进行介绍。

第一节 文本挖掘[3]

近年来,随着互联网的广泛应用,网络上积累了大量的文本数据。例如,微博、豆瓣、知乎等平台每天会产生大量用户生成内容,各种购物网站每天会有海量的用户评价,各种即时聊天工具每天会产生大量的聊天记录等。无论是业界还是学术界,都亟需有效的工具处理这些文本,从中获取有价值的信息。

所谓文本挖掘一般指从文本中抽取特定信息和知识的过程。文本挖掘技术的跨领域特

---

[1] Hilbert M, Barnett G, Blumenstock J E, et al. Computational Communication Science: A Methodological Catalyzer for a Maturing Discipline[J]. Journal of Communication, 2019(13): 3912-3934.

[2] Van Atteveldt W, Strycharz J, Trilling D, et al. Toward Open Computational Communication Science: A Practical Road Map For Reusable Data and Code[J]. International Journal of Communication, 2019, 13: 3935-3954.

[3] Berry M W. Survey of Text Mining[J]. Computing Reviews, 2004, 45(9): 548.

征比较明显,它和信息检索、机器学习、计算语言学、数据挖掘等领域密切相关。本节从一些主要的文本分析任务入手,对文本挖掘的相关技术进行介绍。

一、文本预处理[①]

文本是典型的非结构化数据,结构不规则、不完整,不便于处理,因此原始文本通常必须经过预处理,存储到适当的数据结构中,以便后续处理。这一过程是大多数文本分析任务所必需的,它为提取文档的关键特征做准备。

1. 分词

顾名思义,分词就是将文本切分为一串单词。这一任务并非初看上去那么简单。对于英语、法语、德语等西方语言,因为句中词汇之间天然地采用空格或者标点隔开,所以分词任务相对简单。但是中文语句的词汇之间是没有明显的间隔标记的,不同的切分还很容易带来歧义,所以中文分词存在技术上的难度。不过中文分词技术已经取得了很大进步,当前已经有不少正确率较高、可供利用的工具包,例如哈尔滨工业大学、清华大学、斯坦福大学等开发的分词器。同时,分词过程还包括去除标点等非文本字符的操作。

2. 文本过滤

文本过滤是为了尽量减少文本中的无用信息。停用词(stop words)过滤是标准的过滤流程之一。所谓停用词,就是那些很少或没有信息含量的词,如英语中的冠词、连词、介词等。此外,那些出现频率极高的词,信息含量也可能很少,无法将不同文档区别开来,因而可以删除,例如你、我、他之类人称代词。

3. 词干化

词干化将经过屈折变化的单词减少到其词干或词根形式,从而降低文档表示的复杂度。例如"watch""watching""watched"可词干化处理为"watch"。词干化处理较为粗糙,经常采用直接去掉词尾的方法,因此词干化处理后的单词可能并不是单词的完整形式,如"revival"词干化处理后为"reviv"。

4. 词形还原

不同于词干化,词形还原可以把经过形式变化的词汇还原为其字典形式。词形还原可以把英语动词的不同形式映射为不定式,把复数名词映射为单数形式。例如,takes、taken、took 还原为 take,dogs 还原为 dog。

除了上述常见的过程,预处理有时还包括一些语言学处理以保留更多的信息。常见的语言学处理包括:词性标注(part-of-speech tagging),即标注词汇是名词、动词、形容词等;词义消歧(word sense disambiguation),即消除多义词的歧义;组块分析(text chunking),即把句子划分为句法上相关的部分;句法分析(parsing),即对句中词语的语法功能进行分析,例如标记出主谓宾成分。此外,预处理过程还可能包含对文本中数字、日期、实体等特定信息的处理等。

[①] Hotho A, Nürnberger A, Paa G. A Brief Survey of Text Mining[J]. LDV Forum-GLDV Journal for Computational Linguistics and Language Technology,2005(20):19-62.

二、文档表示模型[1]

在完成预处理后,就需要有一个有效的文档表示模型将文档表示出来,以便于计算机进一步处理,例如对文档进行分类。理想的文档表示模型应该能够比较好地反映文档的各种特征。目前最通用的文档表示模型是向量空间模型(vector space model,VSM)。[2]

向量空间模型将文档表示为 n 维空间中的向量,维度 n 由文档中的关键词数量决定,每个维度的值表示对应关键词的权重,其数学形式表示为 $d_j = (w_{1,j}, w_{2,j}, \cdots, w_{n,j})$,$w_{i,j}$ 表示关键词在文档 d_j 中的权重。

1. 关键词权重的确定

向量空间模型的核心问题之一就是关键词权重的确定。最简单的权重取值是关键词的绝对词频(term frequency,TF)。通常在计算中还会对词频进行标准化处理。但是基于词频的权重计算有其局限性。这种计算方法赋予文档中出现频率高的词以高权重,但是有些词在每个文档中出现的频率都很高,因而其并不能很好地代表文档独有的特征。

在 TF 权重的基础上,又发展出一种 TF-IDF 权重计算方法。该方法把关键词在单个文档中的重要性和整个文档集中的重要性结合起来。假设 n 是数据集中文档的总数,n_i 表示包含关键词 i 的文档的总数,那么 $IDF_i = log(n/n_i)$。IDF 被称为逆文档频率(inverse document frequency),显然,如果一个词只在少数文档中出现,那么它的 IDF 就会比较大,也就是说 IDF 度量了关键词在文档集中的特异性。把 TF 和 IDF 结合起来就得到 TF-IDF 权重计算方法,其计算公式为 $w_{i,j} = TF_{i,j} \cdot IDF_i$。TF-IDF 在实践中非常成功,得到了广泛的应用。[3]

2. 文档相似度的计算[4]

确定了每个文档的关键词及其权重,我们就得到了文档的向量表示。利用这些向量,我们就可以计算文本的相似度。实践中,有很多相似度计算方法,但其中最常用的是欧氏距离或者余弦相似度。

假设有两个文档及其向量表示:$d_1 = (w_{1,1}, w_{2,1}, \cdots, w_{n,1})$,$d_2 = (w_{1,2}, w_{2,2}, \cdots, w_{n,2})$,那么两个文档之间的欧氏距离相似度定义如下:

$$similarity(d_1, d_2) = \sqrt{\sum_{i=1}^{n} |w_{i,1} - w_{i,2}|^2}$$

而两个文本文档之间的余弦相似度定义如下:

$$similarity(d_1, d_2) = \frac{\sum_{i=1}^{n} w_{i,1} \cdot w_{i,2}}{\sqrt{\sum_{i=1}^{n}(w_{i,1})^2} \cdot \sqrt{\sum_{i=1}^{n}(w_{i,2})^2}}$$

向量空间模型的优点在于简单、直观,容易实现,运算速度快,但是其缺点也是明显的。

---

[1] Harish B S, Guru D S, Manjunath S. Representation and Classification of Text Documents: A Brief Review[J]. International Journal of Computer Applications, 2010:110-119.

[2] Salton G, Wong A, Yang C S. A Vector-Space Model for Information Retrieval[J]. Communications of the ACM, 1975,18(11):13-620.

[3] Ramos J. Using TF-IDF to Determine Word Relevance in Document Queries[C]//Proceedings of the First Instructional Conference on Machine Learning, 2003,242(1):29-48.

[4] Gomaa W H, Fahmy A A. A Survey of Text Similarity Approaches[J]. International Journal of Computer Applications, 2013,68(13):13-18.

该模型假设词语之间是独立的,而现实文本中词与词之间通常存在上下文依赖关系。

3. 向量空间的简化

在向量空间模型中,如果把文档集合包含的所有词汇都作为向量的一个维度,那么表示文档的向量维数就会很大,这会严重影响算法的效率。为解决这个问题,出现了很多特征选择方法,这些方法能够缩减文档向量的维度,只保留那些最重要的特征。常见的特征选择方法包括:基于文档频率的特征提取法、信息增益法、χ^2统计量法、互信息法、矩阵分解法等。

三、文本自动分类

文本分类是文本挖掘最基础、最常见的任务之一。它的目的是为文档分配预定义的类,例如,自动地把每个新闻文本划入"政治""经济""体育"等标签之下。分类问题在数据挖掘、机器学习、数据库和信息检索领域得到了广泛的研究。

典型的文本分类应用场景有如下几种。①新闻过滤和组织。随着大多数新闻服务电子化,且每日新闻数量庞大,很难手工组织新闻文章,自动化方法对于各种门户网站的新闻分类非常有用。②文档组织和检索。在许多领域中,例如,大型数字图书馆的文件管理、科学文献的管理等,对文档进行分层组织非常必要,可以方便人们浏览和检索文档集合。③电子邮件分类和垃圾邮件过滤。对电子邮件进行分类,以自动确定主题或确定垃圾邮件。④意见挖掘。对客户评论或意见进行分类,可以发现很多有价值的信息。

(一) 分类器

分类问题的目的是要找到一个分类器来预测类编号。例如,对于文本分类,假设分类器是f,X是一个文档的向量表示,那么$y=f(X)$就得到文档分类。那么如何得到这个分类器f呢?通常采用机器学习的方法,从已经标记好类别的数据集中"学习",从而得到分类器。这个标记好的数据集称为训练集(training set),每一条数据可称为训练元组、样本或者实例。因为训练集提供了类别标记,这种方法也被称为有监督学习(supervised learning),表示分类器是在某个类的"监督"下学习。

常见的分类学习算法包括:k-近邻法、朴素贝叶斯分类器、支持向量机法等。我们接下来对这些方法做初步的介绍。

1. k-近邻法(k-nearest neighbor algorithm)[1]

k-近邻法是最简单的机器学习算法之一,但是在一些大型数据集上取得了不错的效果。它的基本假设是拥有相似特征的样本倾向于属于同一类别。其基本运作过程如下:对于新输入的实例,在训练集中找到和它最邻近的k个实例,如果这k个实例多数属于某个类别,那么就将这个类别分配给新输入的实例

k-近邻法有三个要素,即距离度量、k的选择和分类决策规则。常用的距离度量有欧式距离(Euclidean distance)、曼哈顿距离(Manhattan distance)和闵可夫斯基距离(Minkowski distance)等。k的选择对结果有很大影响,k值小容易发生过拟合,k值大容易导致预测错误。实际应用中,倾向选择较小的k值,也可采用交叉验证选取最优的k值。分类决策规则通常就是多数表决。

---

[1] Peterson L E. K-nearest Neighbor[J]. Scholarpedia,2009,4(2):1883.

2. 朴素贝叶斯分类器(Naive Bayes classifier)[①]

朴素贝叶斯分类器也是一种简单而有效的分类算法,它是一种概率分类器。朴素贝叶斯分类器依赖贝叶斯定理和特征的条件独立假设。其运作过程一般为:给定训练集,计算输入/输出的联合概率分布;对于新输入的实例,利用贝叶斯定理求出后验概率,使后验概率最大的类别作为输出类别。

对于文本分类任务,假设输入的文档为 $d_i=(w_1,w_2,\cdots,w_n)$,那么它属于类别 c_k 的概率为 $P(c_k|d_i)$。根据贝叶斯定理有:

$$P(c_k \mid d_i) = \frac{P(d_i \mid c_k)P(c_k)}{P(d_i)} = \frac{P(d_i \mid c_k)P(c_k)}{\sum_k P(d_i \mid c_k)P(c_k)}$$

文档 d_i 确定以后,$\sum_k P(d_i \mid c_k)P(c_k)$ 对所有 c_k 是相同的,因此我们实际计算中可以忽略它。$P(c_k)$ 相对容易计算,一般直接采用 c_k 类文档在文档集合中占的比例来估计。$P(d_i|c_k)$ 的计算依赖条件独立性假设,即假设 $P(d_i \mid c_k) = P(w_1,w_2,\cdots,w_n \mid c_k) = \prod_{i=1}^n P(w_i \mid c_k)$。$P(w_i \mid c_k)$ 比较容易求得,可以用 c_k 类文档中包含关键词 w_i 文档的数量的比例来估计。显然,对于不同的 c_k,$P(c_k|d_i)$ 的值是不同的,即文档 d_i 被划分为不同类别的概率并不相同。算法选择使得 $P(c_k|d_i)$ 最大的 c_k 作为新输入实例的类别。

3. 支持向量机(support vector machines,SVM)[②]

支持向量机起初是一种针对两分类问题的线性分类器,但是目前已经推广到非线性可分、多分类等问题上。我们简单介绍两分类线性可分条件的支持向量机。

对于给定的训练样本,

$$(x_1,y_1),(x_2,y_2),\cdots,(x_k,y_k),x \in R^n,y \in \{1,-1\}$$

在线性可分的情况下,存在一个超平面 $w \cdot x + b = 0$,能够将两类样本完全分开,且能使最近的向量与超平面间的距离最大。超平面的求解等价于凸二次规划问题的求解。得到超平面 $w \cdot x + b = 0$ 后,相应的决策函数就是 $f(x) = sign(w \cdot x + b)$,我们可以通过此函数对实例进行分类。在理论上可以证明,对于线性可分数据集,最大间隔分离超平面是存在且唯一的。

(二) 性能度量[③]

在得到分类器之后,我们还需要评价它的性能。但是测试性能前需要有测试性能的数据集。这些测试的数据集哪里来呢?有几种常见的做法来得到这些数据集。第一种常见的方法是"留出法",该方法把数据集划分成两个互斥的集合,一个用于训练,一个用于测试,分别称为训练集和测试集。另一种常用的方法是"交叉验证法",该方法将数据集划分为大小相似的 k 个互斥的子集,训练时用其中 $k-1$ 个子集作为训练集,余下的一个作为测试集,这样共可以进行 k 次训练,最后返回 k 次测试的均值。对于较小的数据集,还可以使用"自助法",它基于自助采样(bootstrap sampling)的思想,但是这种方法不如上述两个常用。

---

① Rish I. An Empirical Study of the Naive Bayes Classifier[C]//IJCAI 2001 Workshop on Empirical Methods in Artificial Intelligence,2001,3(22):41-46.
② Noble W S. What Is a Support Vector Machine? [J]. Nature Biotechnology,2006,24(12):1565-1567.
③ Sokolova M,Lapalme G. A Systematic Analysis of Performance Measures for Classification Tasks[J]. Information Processing & Management,2009,45(4):427-437.

度量性能的主要指标有准确率、错误率、精度、召回率等。在介绍这些指标前,我们先介绍几个必需的概念:真正例(true positive,TP)、假正例(false positive,FP)、真反例(true negative,TN)、假反例(false negative,FN)。这里假设是两分类问题,一类可称之为正元组,一类可称之为负元组;正元组总数用 P 表示,负元组总数用 N 表示。TP 表示被分类器正确分类的正元组个数;FP 表示被分类器错误地标记为正的负元组个数;TN 表示被分类器正确分类的负元组个数;FN 表示被分类器错误地标记为负的正元组个数。

在给定测试集上,几个主要的性能指标按如下方式定义:

$$准确率 = \frac{TP + TN}{P + N}$$

$$错误率 = \frac{FP + FN}{P + N}$$

$$精度 = \frac{TP}{TP + FP}$$

$$召回率 = \frac{TP}{TP + FN}$$

准确率反映分类器对各类元组的正确识别能力,很显然,它和错误率的和为 1。精度和召回率有此消彼长的关系,通常精度和召回率一起使用,在固定的召回率水平上比较精度,或者在固定的精度水平上去比较召回率。也可以把精度和召回率整合在一个度量变量中,如 F。

前文介绍的分类算法,只是众多算法中最常见的几种,还有很多其他分类方法,例如决策树、逻辑回归、贝叶斯网络、神经网络等。每种方法都有其优势和缺点。对于传播学研究者来说,要搞清这些算法背后的技术细节,即使不是不可能,也需要投入大量精力。更多的时候,传播学者只需要利用已经成熟的工具实现相应的挖掘任务。但是如果能尽可能多地掌握技术细节,无疑对于我们严谨地阐释挖掘结果非常有帮助。

四、文本聚类[①]

我们提到,前文的文本分类方法是有监督学习,即分类模型需要从标记好的训练集中学习,具体的分类也必须是事先知道的。而文本聚类是一种无监督学习(unsupervised learning),它不依赖于事先标注类别的数据集。

(一) 文本聚类的方法

聚类是把数据集划分为子集的过程。每个子集称为一个簇(cluster),处于同一簇中的对象在特征上相似,不同簇的对象间则不相似。聚类在商业、图像处理等领域有广泛应用。从技术上讲,聚类可以分为划分方法、层次方法、基于密度的方法等。我们不可能对所有这些技术进行详细介绍,只选取其中比较常见的进行介绍。[②]

1. 划分方法

划分方法将一组对象划分为互斥的几个分区,每个分区至少包含一个对象。此类方法

[①] Aggarwal C C, Zhai C X. A Survey of Text Clustering algorithms[M]//Mining Text Data. Boston: Springer, 2012:77-128.

[②] Rokach L, Maimon O. Clustering Methods[M]//Data Mining and Knowledge Discovery Handbook. Boston: Springer, 2005:321-352.

主要基于距离。分区数 k 需要事先给定。划分方法是先创建一个初始划分,然后通过迭代技术不断改进划分质量。划分质量的度量一般基于下述思想:同一簇中对象尽可能接近,不同簇中的对象尽可能远离。k-均值法[①]是最有代表性的划分方法之一。

k-均值法的算法思路如下:首先从数据集中任意选择 k 个对象作为初始簇的中心;计算每个簇中心(均值),将对象划分到离簇中心距离最近的簇,更新簇中心;重复上述步骤,直到簇中心不再变化。k-均值法不能保证收敛于全局最优解,初始的簇中心不同,聚类的结果也可能不同。通常选择不同的初始簇中心,多次运行算法,以提升聚类效果。k-均值法另外一个特点是对离群点比较敏感,k-中心点法能有效减少极端值的影响,使算法更加稳健。[②]

2. 层次方法

层次方法试图在不同的层次上对数据进行划分,形成一种树形聚类结构。它分为凝聚式和分裂式两种,所谓"凝聚"就是自底向上逐步合并,所谓"分裂"就是自顶向下逐步分化。AGNES 是代表性的凝聚式层次聚类算法,DIANA 是一种代表性分裂式层次聚类算法。两种算法的运行过程可用图 4-1 表示。

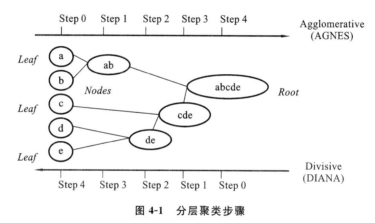

图 4-1 分层聚类步骤

AGNES 算法初始时将每个对象视为一簇,然后依据簇间距离逐步合并,直到所有对象合并为一个大簇;DIANA 正好相反。这两个算法中的一个核心问题就是如何度量簇之间的距离。簇间距离有不同的度量方法,常用的有最短距离法、最长距离法、平均距离法等。它们的定义如下:

$$最小距离 = \min_{\vec{p} \in C_i, \vec{q} \in C_j} \{|\vec{p} - \vec{q}|\}$$

$$最大距离 = \max_{\vec{p} \in C_i, \vec{q} \in C_j} \{|\vec{p} - \vec{q}|\}$$

$$平均距离 = \frac{1}{n_i n_j} \sum_{\vec{p} \in C_i, \vec{q} \in C_j} |\vec{p} - \vec{q}|$$

其中,C_i 和 C_j 表示两个不同的簇,$\vec{p}$ 和 $\vec{q}$ 表示簇中的点,$|\vec{p} - \vec{q}|$ 表示点间的距离,n_i 和 n_j 表示簇包含的对象数量。

[①] Hamerly G, Elkan C. Learning the k in k-means[J]. Advances in Neural Information Processing Systems, 2004, 16: 281-288.

[②] Kaufman L, Rousseeuw P J. Finding Groups in Data: An Introduction to Cluster Analysis[M]. Hoboken: John Wiley & Sons, 2009.

（二）聚类性能评估

和分类算法一样，聚类质量也有对应的评估方法。衡量聚类性能的指标大致分为两类，一类是外部指标，一类是内部指标。外部指标的核心在于给定一个基准，然后对聚类赋予评分。但是外部指标的限制在于，给定的基准通常依赖专家去建构。而内部指标不需要基准参考，而是直接考察聚类结果。常用的外部指标有轮廓系数、DB 指数、Dunn 指数等。[1]

上面介绍的聚类方法也只是聚类算法中的一小部分。例如，划分方法还有 k-中心点法、PAM 算法、CLARA 法等；层次方法还有 BIRCH、CURE、Chameleon 等。此外还有基于密度、基于网格的两类方法，前者包括 DBSCAN、OPTICS 等具体算法，后者以 CLIQUE 算法为代表。[2]

五、信息抽取[3]

信息抽取试图从文本中提取人们感兴趣的内容，例如，文本中提到了哪些人、机构、组织，以及这些实体之间是什么关系等。用类似传播过程 5W 模式类比，信息抽取试图发掘文本中何时（when）、何地（where）、谁（who）对谁（whom）做了什么（what）。

信息抽取在自然语言处理、信息检索、web 挖掘、生物医学文献挖掘、商业智能等领域有着广泛的应用。尽管最精确的信息抽取系统常常涉及人工处理，但相关的自动化技术已经取得了实质性进展。我们主要介绍命名实体识别和关系抽取两种基本信息抽取技术。这两种技术一定程度上能帮助传播学者对大量的文本内容进行考察。

1. 命名实体识别（named entity recognition, NER）[4]

命名实体是一个指向现实世界实体的单词序列，它可以是人名、地名、公司名、组织机构名，例如"北京""华为"和"特朗普"等。命名实体识别的任务就是要把文本中的实体名称提取出来并对其进行分类。

直觉上，我们似乎可以建立一张包含所有实体名及其类别的清单，然后用字符串匹配的方式去解决这个问题。但是实际上这一方法是不可行的，原因有二：一是清单不可能做到包含所有实体名，因为新的实体名总是在不断涌现；二是同一实体名在不同的上下文中完全可能指向不同实体。

命名实体这一术语最早是在 1995 年第六届信息理解会议（MUC-6）上被使用的。抽取日期、时间、货币量等数字表达也是 MUC-6 提出的。最通用也最常被研究的命名实体有三类：人名、地名和组织机构名。它们都可以被进一步细化，例如，地名可细化为城市名和国家名。

除了通用的实体类型，还有很多实体类型是在特定领域中定义的。例如，生物学领域中的蛋白质、DNA 等，以及商业领域中的各种产品名称等。

---

[1] Maulik U, Bandyopadhyay S. Performance Evaluation of Some Clustering Algorithms and Validity Indices[J]. IEEE Transactions on Pattern Analysis and Machine Intelligence, 2002, 24(12):1650-1654.
[2] Han J W, Pei J, Kamber M. Data Mining: Concepts and Techniques[M]. Waltham: Elsevier, 2011.
[3] Sarawagi S. Information Extraction[M]. Boston: Now Publishers Inc, 2008.
[4] Nadeau D, Sekine S. A Survey of Named Entity Recognition and Classification[J]. Lingvisticae Investigationes, 2007, 30(1):3-26.

命名实体识别的技术也经历了很大的发展。早期的识别方法大都基于规则,这些规则由人手工编制,人力成本较高。进入新世纪后,基于大规模语料库的统计机器学习方法渐成主流,其所采用的统计模型有隐马尔科夫模型、最大熵模型、条件随机场、支持向量机等。

2. 关系抽取(relation extraction,RE)[1]

信息抽取的另一个重要任务是关系抽取,它检测并且刻画文本中实体间的语义关系。常见的关系有人和机构之间的附属关系、机构和地名之间的关系等。

关系可以用实体元组的方式描述:$r(e_1,e_2,\cdots,e_n)$,r 表示关系,e_i 表示命名实体。例如,"盖茨创建了微软""清华大学位于北京""萧远山是萧峰的父亲"都描述了命名实体间的某种关系,我们可以用如下形式表示这些关系:创建(盖茨,微软),位于(清华,北京),父子(萧远山,萧峰)。上述例子都是二元关系,许多关系抽取系统都聚焦于二元关系。

自动内容抽取项目(automated content extraction,ACE)定义了 17 种关系,涵盖了个人与社会、部分与整体、组织附属、一般附属、物理位置关系等诸多方面(见图 4-2)。[2]

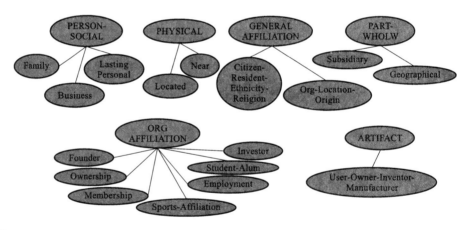

文本挖掘工具

图 4-2　自动内容抽取项目定义的 17 种关系

人们提出了各种方法来提取命名实体间的关系。有监督的方法将关系抽取视为一个两分类问题,可进一步细分为基于特征的方法(feature-based methods)和核方法(kernel methods)。另外还有一些弱监督学习方法,如自助法(bootstrapping)、主动学习法(active learning)、远程监督法(distant supervision)、标签传播法(label propagation method)等。[3]

---

[1]　Zhou G D,Su J,Zhang J,et al. Exploring Various Knowledge in Relation Extraction[C]//Proceedings of the 43rd Annual Meeting of the Association for Computational Linguistics(acl'05),2005:427-434.

[2]　https://web.stanford.edu/~jurafsky/slp3/17.pdf

[3]　Bach N,Badaskar S. A Review of Relation Extraction[J]. Literature Review for Language and Statistics II,2007(2):1-15.

第二节 情感分析[①]

情感分析有时也叫观点挖掘,它试图从文本中提取人们对特定主体或者客体的观点、态度和情感等信息。前文提及的命名实体抽取、关系抽取关注的主要是文本中客观的信息,而情感分析关注文本主观层面的信息。情感分析的主要目的是挖掘观点中的褒贬,或者说正面或负面倾向,此外还可以加入中性这一没有明确倾向性的情感。[②]

情感分析无疑具有广泛的应用价值。例如,对于电子商务的卖家来说,如果能及时了解消费者对其商品和服务的评价,显然对发现商品的缺陷或者优势有巨大帮助,从而帮助改善生产或者经营。对于政府也一样,通过分析社交媒体中的情感倾向,可以帮助追踪公众对一些政策的态度。在西方的选举政治中,情感分析甚至可以用来预测投票。它还能用来预测电影的票房或者股票的涨跌。

一、情感分析基础

情感本身是很复杂的概念,经常和情绪、感情等纠缠在一起。不同的理论家区分出几种甚至几十种情感。除了不同的类型,情感还有不同的强度。不过很多时候我们只关注正面、负面或者中性三种基本情感倾向。这当然是一种非常简化的看法,但是也自有其价值。[③]

基于文本的粒度,情感分析可以分为三类:篇章级、句子级和属性级。篇章级的情感分析试图确定整篇文档的情感倾向。篇章级情感分析经常被作为分类问题处理。句子级的情感分析是为了判断句子的情感倾向。属性级的情感分析粒度最细,它关注的不是文档或者句子级别的语言单元,而是关注具体的实体及其属性。属性级的情感分析目的是挖掘人们对特定实体及其属性的情感倾向。显然,不同的粒度需要不同的技术手段,不过在传播学研究中,我们更多关注文档级(即篇章级)的情感分析。[④]

文档级的情感分类通常采用有监督的分类方法。有监督的情感分类方法把情感分类视为一个两分类问题。既然是分类问题,自然可以采用各种用于分类任务的机器学习算法,例如前文介绍的朴素贝叶斯算法、支持向量机等。训练集和测试集就是已经标注情感倾向的文档。提取有效的特征能够改进情感分类的效果。词频、词性、情感词、句法关系等都可以作为情感分类的特征。特征的权重也可以使用不同的方法,例如 TF-IDF 及其各种变种。有些研究特别考虑了文本中的否定词和转置词的处理。此外也有一些无监督的文档情感分

[①] Medhat W,Hassan A,Korashy H. Sentiment Analysis Algorithms and Applications:A Survey[J]. Ain Shams Engineering Journal,2014,5(4):1093-1113.

[②] Liu B. Sentiment Analysis and Subjectivity[M]//Indurkhya N,Damerau F J. Handbook of Natural Language Processing. Boca Raton:CRC Press,2010:627-666.

[③] Parrott W G. Emotions in Social Psychology:Essential Readings[M]. Philadelphia:Psychology Press,2001.

[④] Liu B. Sentiment Analysis and Opinion Mining[J]. Synthesis Lectures on Human Language Technologies,2012,5(1):1-167.

类方法,例如采用句法模板的方法、基于情感词典的方法等。①

二、情感分析工具

传播学研究者更加感兴趣的可能是实现情感分析的工具,而不是情感分析的技术细节。所幸,有大量开源的、免费的自然语言处理工具和机器学习工具都可以用在情感分析中。我们在这里介绍一些相对易得、易用的资源。

1. 自然语言处理工具

NLTK:基于 Python,功能齐全,实现了分类、词干提取、句法解析等大量自然语言处理功能。文档也比较完备。②

SpaCy 是一个新近的 NLP 库,和 NLTK 类似。它支持的语言没有 NLTK 多,但接口简单,运行速度更快。③

Stanford CoreNLP:由斯坦福大学 NLP Group 提供的核心 NLP 工具的 Java 套件。④

OpenNLP:支持最常见的 NLP 任务,如句子分割、词性标记、命名实体提取、分块、解析等。⑤

中文 NLP 工具有:THULAC⑥,HanLP⑦,哈尔滨工业大学 LTP⑧,NLPIR⑨,Jieba 分词⑩。

2. 机器学习和数据挖掘工具

Weka:新西兰怀卡托大学为数据预处理、分类、回归、聚类、关联规则和可视化创建的一组工具。免费,基于 Java。⑪

scikit-learn:基于 Python 的免费机器学习库。scikit-learn 实现了各种分类、聚类算法。⑫

3. 语料库

语料库对于测试、评价各种算法具有重要作用。目前比较有代表性的语料库如下。

(1) 康奈尔影评数据集:语料主要由 IMDB 的电影评论构成。包含篇章级的 1000 篇褒义评论和 1000 篇贬义评论;句子级的 5331 个褒义句子和 5331 个贬义句子;主、客观句子各 5000 句。目前,该数据集被广泛应用于各种粒度的情感分析研究中。⑬

(2) MPQA 语料库:这是一个进行深度标注的语料库,对来源广泛的新闻进行了语句级

---

① Pang B, Lee L. Opinion Mining and Sentiment Analysis[J]. Foundations and Trends in Information Retrieval, 2008, 2(1-2):1-135.
② http://www.nltk.org/
③ https://spacy.io/
④ https://stanfordnlp.github.io/CoreNLP/
⑤ http://opennlp.apache.org/
⑥ https://github.com/thunlp/THULAC
⑦ https://github.com/hankcs/HanLP
⑧ https://github.com/HIT-SCIR/ltp
⑨ https://github.com/NLPIR-team/NLPIR
⑩ https://github.com/yanyiwu/cppjieba
⑪ https://www.cs.waikato.ac.nz/ml/weka/
⑫ https://scikit-learn.org/stable/
⑬ http://www.cs.cornell.edu/people/pabo/movie-review-data/

人工标注。它还对语句进行了低层次标注,标出了情感文本的持有者、评价对象、极性、强度等要素,以及情感、情绪、推断、信念等。网站还提供产品辩论、政治辩论等语料。①

（3）酒店评论语料库:提供中文语料,由中国科学院计算技术研究所的谭松波博士收集,约有 10000 篇,从携程采集,并标注了褒贬类别。②

4. 情感词典

在很多情感分析任务中,情感词典有重要作用。目前比较有代表性的情感词典如下。

（1）SentiWordNet:英文,由 Ardrea Esuli 等提供,为词典中的每个同义词集提供褒义、贬义、主观性三种评分,评分的取值范围在 0 到 1 之间。③

（2）刘兵的意见词典:英文,伊利诺伊大学芝加哥分校刘兵教授维护的一个词典,包含 2006 个褒义词,4783 个贬义词。④

（3）中文褒贬义词典:清华大学李军整理。⑤

（4）NTUSD:有简体中文和繁体中文版本。该词典由台湾大学收集,含有 2812 个褒义词与 8276 个贬义词。⑥

第三节 A/B 测试

A/B 测试,也称分割测试或控制性实验,是评估用户对新服务、特性或产品的参与度或满意度的标准方法,广泛应用于许多面向消费者的网络技术公司,以指导产品开发和数据驱动的决策(见图 4-3)。

控制性实验的理论可以追溯到 20 世纪 20 年代英国统计学家费希尔在罗瑟姆斯泰德农业实验站的工作。在田间实验过程中,费希尔发展了实验设计的一整套理论和方法。⑦ 随着互联网的发展,在线控制实验在 20 世纪 90 年代末开始使用。当前,互联网企业每年运行成千上万个实验,以测试用户界面的更改、各种推荐算法的增强以及应用程序的更新等。现在,在线控制实验已经被认为是不可或缺的工具,尤其是在敏捷软件开发方面。⑧

大部分时候,A/B 测试可以被视为控制实验在线上的实施,其背后的逻辑和传统控制实验并无区别。但是,也有研究发现,网络效应会改变 A/B 测试所基于的一些基本假设,因而需要新的方法评估平均处理效应。⑨

---

① http://mpqa.cs.pitt.edu/
② https://github.com/Lynxye/senti_analysis/tree/master/data/ChnSentiCorp_htl_ba_2000
③ https://github.com/aesuli/SentiWordNet
④ https://www.cs.uic.edu/~liub/FBS/sentiment-analysis.html
⑤ http://nlp.csai.tsinghua.edu.cn/site2/index.php/13-sms
⑥ https://github.com/liya2001/senti_dict/tree/master/dict/NTUSD
⑦ 陈希孺,倪国熙.数理统计学教程[M].合肥:中国科学技术大学出版社,2009.
⑧ Rubin K S. Essential Scrum: A Practical Guide to the Most Popular Agile Process[M]. Amsterdam: Addison-Wesley Longman,2012.
⑨ Gui H,Xu Y,Bhasin A,et al. Network A/B Testing:From Sampling to Estimation[C]//Proceedings of the 24th International Conference on World Wide Web,2015:399-409.

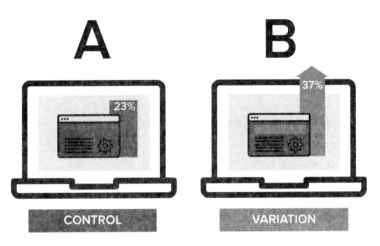

图 4-3 A/B 测试

一、实验系统的结构

最简单的 A/B 实验设置通常是评估一个因素两种水平的影响。实验中,被测试系统的两个不同版本被随机地分配给用户。一组接收版本 A,通常是系统的默认版本,这一组称为控制组;一组接收版本 B,这个版本对默认版本有所更新,这一组被称为处理组。至于两个版本各分配多少比例参与者,可以任意选择,但是实践中一般选择均等的 50% 作为比例,以获得最大的统计效力。实验设置也可以扩展到多因素多水平的情况,称为 A/B/n 分割测试(见图 4-4)。

得到实验数据后,主要的分析工作就是确认处理组和控制组的统计分布是否存在差异。检验处理组和控制组某个指标的均值是否相等是最常见的。这个指标是系统设计者感兴趣的,例如,对于网页设计者,他可能关注用户在网页上的停留时间,他想知道不同版本的网页是否影响了用户的浏览时间。假设 X 是我们关注的指标,那么平均处理效应可以用如下方式表示:

$$E(B) = \overline{X}_B - \overline{X}_A$$

$\overline{X}_B$ 是处理组指标 X 的均值,$\overline{X}_A$ 是控制组指标 X 的均值。可以用 t 检验测试处理组和控制组的均值差异是否显著。汇报结果中有时也加入指标的置信区间。

和其他实验一样,A/B 测试也需要控制额外变量。额外变量会影响实验的内部效度,使得自变量和因变量之间的关系存疑。控制所有额外变量是不可能的,但是要尽可能地识别那些影响因变量的额外变量,这一过程依赖常识、经验和先前的研究。额外变量大致可以分为三类:环境变量、个体差异变量、时间关联变量。环境变量指实验处于不同的环境中,环境中有不同的空间、温度、光照、实验者等条件。个体差异变量指被试个体在性别、年龄、智力等方面的差异。时间关联变量指时间变化引起一些实验条件变化,比如天气的变化可能影响被试个体。[1]

---

[1] Gravetter F J, Forzano L B. Research Methods for the Behavioral Sciences[M]. Belmont: Wadsworth, 1998.

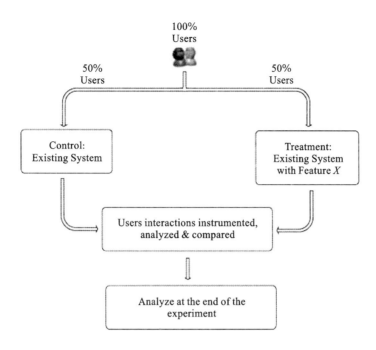

图 4-4　一个 A/B 实验系统结构①

有三种常见的控制额外变量的方法：物理控制、随机化、选择控制。物理控制指在实验过程中保持额外变量恒定。例如，如果实验者知道周末与工作日不同，可以选择只在工作日（或周末）运行实验，但这种做法显然会影响实验的外部效度。随机化用不可预测的、无偏的方法分配额外变量的值，从而达到控制的目的。例如，为了排除实验时间的影响，可以用随机化的方法把实验安排在多个不同的时间点进行。选择控制就是将被试个体安排到不同的实验组，但是要保证外部变量在不同组中的分布是一致的。例如，为了控制个体性别差异的影响，可以让处理组和控制组中有相同数量的男女被试个体。②

此外，定期运行 A/A 测试，对保证 A/B 测试系统的有效性也很重要。A/A 测试有时被称为空测试，它也将用户分配到两个组中，但是将他们暴露在完全相同的条件下。如果 A/A 测试得到的两组数据在统计上有显著差异，那么测试系统可能存在问题。

二、实验系统的实现③

实现一个线上 A/B 实验系统并非易事，因为牵涉许多计算机技术层面的东西，这对想利用此方法展开研究的传播学研究者来说是一个障碍，但是了解其基本原理也是必要的。Kohavi 将网站实验系统的实现分成三个组成部分：随机化算法、分配方法和数据路径。我们对这些组成部分做简单介绍。

---

① Kohavi R, Crook T, Longbotham R, et al. Online Experimentation at Microsoft[J]. Data Mining Case Studies, 2009,11:39.

② Street D L. Controlling Extraneous Variables in Experimental Research: A Research Note[J]. Accounting Education,1995,4(2):169-188.

③ Kohavi R, Longbotham R, Sommerfield D, et al. Controlled Experiments on the Web: Survey and Practical Guide [J]. Data Mining and Knowledge Discovery,2009,18(1):140-181.

1. 随机化算法

随机化算法的功能是将终端用户映射到不同的网站变体版本。控制实验假设每个变体都被分配给一个随机样本,要使实验在统计上正确,随机化算法必须符合下列性质:终端用户必须等可能地看到不同变体,没有对特定变体的偏差;单个用户的连续访问过程中,必须面对的是同一个变体;多个实验同时运行时,实验之间必须无关,用户在一个实验中的处理不能影响他在另一个实验中的处理。一些技术能够实现满足上述属性的随机化算法,例如,结合缓存技术的伪随机数生成、基于哈希函数的划分等。

2. 分配方法

在随机化算法将终端用户映射到特定网站变体后,分配方法就会针对不同的用户执行不同的代码以生成不同的变体版本。好的分配方法要尽可能地操纵网站页面的内容。实现分配方法的常用技术有:流量分割、页面重写、客户端侧分配、服务器端分配等。不同的实现技术在硬件成本和灵活性上有很大差异。

3. 数据路径

作为实验系统的网站必须记录用户访问期间的各种记录,例如,页面的访问量、点击量、收入、持续时间等。这些记录必须标记对应的变体版本。在这些原始记录的基础上,系统再把它们转化为特定的指标。指标有的简单,有的则比较复杂。计算指标有时还需要从不同维度,比如人口学维度,对不同观察记录进行聚合和转化。从技术层面看,要实现数据的收集可以使用已有的系统,也可以使用本地数据库或者访问日志,还可以使用专门设计的服务。

三、实验流程

如果想得到比较好的实验结果,必须很好地组织实验。Siroker 等给出了一个包含五个步骤的建议。这五个步骤包括:定义成功、确定瓶颈、构建假设、确定优先级、执行测试。[1]

1. 定义成功

所谓定义成功是指实验者必须非常清楚网站的终极目标,并把这个目标转换为更加精确的、可量化的成功指标。例如,对于电子商务网站,每个访问者带来的收益就是这样一个指标,而对于一个筹款网站,每个访问者的捐赠额则是一个成功指标。基于不同的商业模式或者需要,成功指标可能有很大的不同。

2. 确定瓶颈

确定了成功指标,接下来注意力就要放到寻找瓶颈上。例如,究竟在哪里用户量下降了?或者在哪里用户失去了想要的行动势头?

3. 构建假设

确定了瓶颈后,实验者需要理解访问者的意图以建立假设,可以通过用户访谈、反馈表格、焦点小组等方法获得用户的意图。在理解用户意图的基础上,实验者可以建立假设,然后根据假设设计对应的变体以获取数据验证假设。一个假设可能很快被否定,因此需要建构新的假设。假设实际上为实验提供了具体的目的,让实验不再是漫无目的地收集数据。

---

[1] Siroker D, Koomen P. Choose the Solution That's Right for Your Organization[M]//A/B Testing: The Most Powerful Way to Turn Clicks into Customers. Hoboken: John Wiley & Sons, 2013.

4. 确定优先级

不是每一个测试都很重要，实验者必须确定优先级，优先进行那些可能有最大影响的测试。之所以需要排定优先级，是因为现实中总是面临各种限制，例如，预算、时间等。实验者必须围绕成功指标、重要瓶颈等核心问题安排测试。

5. 执行测试

确定好上述事项后，就可以开始执行测试。测试会回答一些问题，但是也会带来更多问题，所以它是一个周而复始、循环往复、不断探索、改进的过程。

第四节 事务日志分析

事务日志（transaction log）是一个系统与其用户互动的电子记录。这些日志可能来自各种计算机与系统，例如，网站、搜索引擎、公共目录检索系统、个人电脑等。所谓事务日志分析就是对这些电子记录的研究。事务日志分析既能对总体用户模式进行宏观分析，也能对个体的搜索模式进行微观分析。事务日志分析的结果能帮助人们理解用户行为，也能帮助改进系统设计，提升系统性能。

事务日志分析方法被视为一种"不招摇"（unobtrusive）方法。所谓"不招摇"，是指收集数据的过程无须参与组合互动，不需要参与者的回应。而传统的问卷调查、实验室试验等方法则被认为是"招摇的"。实验法尤其如此，因为要对被试对象进行操控。[1]

学术界对事务日志分析方法的使用主要是在行为主义范式的框架之下进行的。行为主义专注于研究人的外在行为，而不是意识。行为主义还强调使用自然观察法之类的客观方法，而反对内省法。行为是人或者其他主体的一系列可观察的行动。观察行为有多种方法，事务日志分析也是其中之一，例如，基于事务日志分析，一些研究对搜索行为进行了详细分类。[2]

一、痕迹数据[3]

事务日志是一种痕迹数据。人们在日常生活的行动中会创造一些东西，或者减少一些东西，或者留下一些痕迹，对研究者来说，这些都是数据。痕迹数据是互动的物理遗留物，它可能是有意创造的，例如日记，也可能是无意留下的，例如脚印。在事务日志分析中，我们将计算机系统记录的日志数据也视为痕迹数据，只不过这种痕迹是虚拟的而非物质性的。

痕迹数据和传统方法收集的数据有很大不同。痕迹数据的优势在于其是"非招摇的"。

---

[1] The Use of Archival Sources in Social Research[M]//Webb E J, Campbell D T, Schwarz R D, et al. Sociological Research Methods. London: Palgrave, 1984: 113-130.

[2] Jansen B J, McNeese M D. Evaluating the Effectiveness of and Patterns of Interactions with Automated Searching Assistance[J]. Journal of the American Society for Information Science and Technology, 2005, 56(14): 1480-1503.

[3] Research and Methodological Foundations of Transaction Log Analysis[M]//Jansen B J, Taksa I, Spink A. Handbook of Research on Web Log Analysis. Hershey: IGI Global, 2009: 1-16.

数据的收集过程并没有干扰到行为和事件的自然流动,也没有观察者出现去干扰参与者的行为。

痕迹数据对于理解现实环境中的行为很有价值,能够提供给我们其他方法无法提供的洞察。例如,事务日志数据在规模上通常是其他研究所无法比拟的。但是痕迹数据也可能有误导性。例如,如果日志数据显示一些搜索引擎用户只看搜索结果的第一页,我们并无法推论他们是找到了想要的数据然后离开了,还是因为没有找到感到挫败而离开。所以对日志数据的阐释也要特别小心。

在研究过程中,事务日志数据应当和其他研究数据一样,接受同样标准的检验。中心化IE 标准包括:可信性、有效性和可靠性。可信性指数据收集方法是值得信赖的;有效性是指测量指标确实测量到了它想测量的东西;可靠性是指测量结果是稳定的,能够以相同方式重复得到。

二、搜索日志分析[①]

各种搜索系统在生活中越发常见,搜索日志也是最常见的一类事务日志。研究者已经采用搜索日志研究了各种信息系统。[②] 搜索引擎公司也利用搜索日志考察系统改进的效果。因此,我们介绍搜索日志分析,借此学习执行事务日志分析的一般流程和方法。

搜索日志是用户在使用搜索引擎搜索信息时产生的一种电子记录。这里的搜索引擎是广义上的,不一定指百度、谷歌之类的通用搜索引擎,它也可能是某个网站或者应用内的搜索引擎,也可能是小众的搜索引擎。网络服务器会将用户和系统的互动存储在一个日志文件中,通常这些日志文件放在服务器端。

搜索日志分析一般包含三个步骤:数据收集、数据准备、数据分析。数据收集指在给定的时间期限内收集互动数据;数据准备指对日志文件进行清洗以便于分析;数据分析指对准备好的数据进行分析。接下来,我们分别对这三个步骤进行简要说明。

(1)数据收集阶段。显然,收集什么数据是由研究问题决定的,因此研究者必须先构建自己的研究问题。不过,实际上大部分搜索日志的格式是标准化的,包含的字段也很类似。例如,搜索日志通常包含四个字段:用户标识,通常是用户的 IP 地址,有时候也用搜索引擎分配的匿名字符;日期,即服务器所记录的互动的日期;时间,即服务器记录的互动时间点;搜索 URL,即用户键入的查询词(如表 4-1 所示)。

(2)数据准备阶段。收集好数据之后就进入数据准备阶段。在这个阶段,日志数据被导入关系数据库。数据库中的每条记录有一个主键,每一个字段的数据会被检查。数据准备阶段还会计算标准的互动指标,以待进一步的分析。有些记录可能存在错误,因为记录数量庞大,一般采用排序方法将某个字段中不合规范的数据清除。有些搜索记录并不是来自个人,而是来自机构,如果我们研究关注的是个人,那么就需要将机构的记录清除,通常使用搜索次数作为切割划分的标准。有些记录不包含查询词,也需要去掉。还要去掉那些重复访问的记录。研究者经常对查询词感兴趣,所以数据准备阶段有时会为查询词建立专门的数据表,记录查询词出现的频率以及它的共现词。

[①] The Methodology of Search Log Analysis[M]//Jansen B J. Handbook of Research on Web Log Analysis. Hershey:IGI Global,2009:100-123.

[②] Wang P, Berry M W, Yang Y. Mining Longitudinal Web Queries:Trends and Patterns[J]. Journal of the American Society for Information Science and Technology,2003,54(8):743-758.

表 4-1　一个典型的搜索日志格式①

user identification	date	thetime	search_url
ce00160c04c415808 7704275d69fbecd	25/Apr/2004	04:08:50	Sphagnum Moss Harvesting+ New Jersey+Raking
38f04d74e6511375 87e9ba3f4flaf315	25/Apr/2004	04:08:50	emailanywhere
fabc953fe31996a08 77732a1a970250a	25/Apr/2004	04:08:54	Tailpiece
5010dbbd750256b f4a2c3c77fb7f95c4	25/Apr/2004	04:08:54	1'personalities AND gender AND education'1
25/Apr/2004	04:08:54	dmr panasonic	
89bf2acc4b64e4570b 89190f7694b301	25/Apr/2004	04:08:54	bawdy poems"
	"Mark Twain""	25/Apr/2004	
397e056655f01380 cf181835dfc39426		04:08:56	gay porn
a9560248d1d8d79 75ffc455fc921cdf6	25/Apr/2004	04:08:58	skin diagnostic
81347ea595323a15 b18c08ba5167fbe3	25/Apr/2004	04:08:59	Pink Floyd cd label cover scans
3c5c399d3d7097d3 d01aeea064305484	25/Apr/2004	04:09:00	freie stellen dangaard
9dafd20894b6d5f15 6846b56cd574f8d	25/Apr/2004	04:09:00	Moto.it
415154843dfe18f9 78ab6c63551f7c86	25/Apr/2004	04:09:00	Capablity Maturity Model VS
c03488704a64d981e 263e3e3e8cf1211ef	25/Apr/2004	04:09:01	ana cleonides paulo fontoura

（3）数据分析阶段。数据分析通常在三个层次上进行：词汇（term）级、查询（query）级和会话（session）级。词汇级的分析关注词汇频率、词汇总量、非重复词、高频词、词汇共现等方面。一个查询通常包含一个或者多个词，查询级数据分析关注初始查询、调整查询、等价查询、独特查询、重复查询、查询复杂性、查询失败率等方面。会话是指用户和系统的互动，会话级的分析关注会话持续时间、会话内单用户搜索次数等。会话级的分析还包含对点击率、文档查看时长等的分析。

事务日志分析是用户与系统互动的有力工具，能为我们提供对人类行为新的洞察。如果和其他传统方法结合，可以进一步提高分析的稳健性。

搜索引擎
行为研究

---

① The Methodology of Search Log Analysis[M]//Jansen B J. Handbook of Research on Web Log Analysis. Hershey:IGI Global,2009:100-123.

对于传播学者,这一工具为我们研究人们的线上行为以及人机互动提供了新的可能。

第五节 社会网络分析

社会网络分析(social network analysis)可能是当前最热门的分析方法之一,它的基本概念和方法已经为许多领域的研究者所熟悉。仅以知网为例,如果我们用"社会网络分析"作为主题词进行搜索,那么会得到近15000条结果,涵盖20个具体学科。大部分的文献发表在2005年之后,和各类社交媒体平台的涌现时间重叠。

网络分析聚焦于实体的结构关系,这些实体可以是个人、组织,也可以是国家。网络分析的任务一方面是测量和展示实体间的结构关系,另一方面是解释其成因以及后果。Knoke和Yang认为网络分析之所以重要,基于三个假设:首先,结构关系对于理解行为比理解性别、年龄等个体特征更重要;基于实体间关系的结构机制影响实体的信念和行为;结构是动态的,且为连接微观和宏观提供了工具。[1]

所谓社会网络是一组通过一个或者多个社会关系连接在一起的节点。现实中有各种各样的社会网络,例如,人与人之间的合作网络、基于朋友关系形成的网络、基于信息传播和交流形成的网络、基于通信工具形成的网络以及面对面接触形成的网络,等等。[2] 随着互联网技术的发展,各种社会化媒体不断涌现,形成了许多规模前所未有的社会网络,例如微博、推特、脸书等。

确定一个社会网络并不容易,有以下两个难点:其一,划定边界,即确定哪些节点包含在网络中;其二,确定节点间关系。对于第一个问题,Laumann等(1983)提出了三种方法:其一,基于位置的方法,这一方法把属于某个机构的成员或者拥有特定正式职位的成员当成网络节点,把其他人排除;其二,基于事件的方法,把参与到某个关键事件的人作为网络节点;其三,基于关系的方法,从一个小的节点集合开始,基于某种关系不断扩展,把新节点加入节点集合。[3]

确定了节点成员后必须确定节点间的关系。现实中的关系是多种多样的,如前面的合作、朋友、信息流动、通信、接触,或者其他任何可能的连接等。Borgatti等(2009)给出了一个涵盖广泛的四分类方法,他们确定的四类关系是:相似关系、社会关系、互动关系和流动关系。[4] 相似关系指两个节点共享某些共同的属性特征,如人口学特征、态度、地理位置等。社会关系包括血缘关系以及其他常见的关系,如朋友关系、情感关系(喜欢或不喜欢)、知晓关系等。互动关系是基于行为的,如互相说话、讨论、帮助等;流动关系基于节点之间的交换或者转移关系,如信息、资源的流动等。这些不同的关系有时会重叠在一起。

---

[1] 戴维·诺克,杨松.社会网络分析[M].2版.李兰,译.上海:上海人民出版社,格致出版社,2012.
[2] 吕琳媛,周涛.链路预测[M].北京:高等教育出版社,2013.
[3] Laumann E O, Marsden P V, Prensky D. The Boundary Specification Problem in Network Analysis[M]//Freeman L C, White D R, Romney A K. Research Methods in Social Network Analysis. Fairfax: George Mason University Press,1983,61-87.
[4] Borgatti S P, Mehra A, Brass D J, et al. Network Analysis in the Social Sciences[J]. Science,2009,323(5916):892-895.

一、网络的表示

网络的表示通常采用图论语言,图论这一数学分支可以追溯到欧拉对哥尼斯堡七桥问题的研究。图论本身是一门体系复杂的专门领域,不可能也没有必要对其进行全面的介绍,我们只关注那些网络分析所需要的最基本的概念。

图通常被定义为一个包含节点集合、边集合和关系的三元组。图一般可以记为 $G(V, E)$,其中 V 是节点的集合,E 是边的集合,边是节点的二元组。如果边有方向,图称为有向图;如果边没有方向,图称为无向图。有时边有权重,这时图称为加权图。

图可以用可视化的方法直观地表示。例如,对于哥尼斯堡七桥问题,两个小岛和河岸可以视为节点,连接岛与岛或者岛与河岸的桥可以视为边,图形化的表示方式如图 4-5 所示。

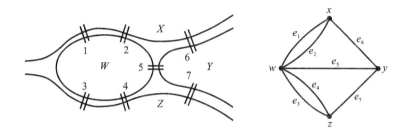

图 4-5　七桥问题图示①

图的另一种常见表示方法是邻接矩阵(也称为社会矩阵)。邻接矩阵中的值 1 表示节点之间有连接,值 0 表示两个节点之间没有连接。邻接矩阵给出了图的自然数学表示。在大型社交网络中,矩阵许多位置为 0,是一个稀疏矩阵,如图 4-6 所示。

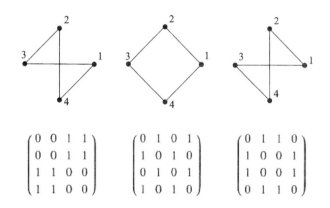

图 4-6　图的邻接矩阵表示②

图或者网络也可以直接用边列表来表示。这种表示简单易用,应用广泛,如图 4-7 所示。

---

① West D B. Introduction to Graph Theory[M]. Upper Saddle River:Prentice Hall,2001.
② https://mathworld.wolfram.com/AdjacencyMatrix.html

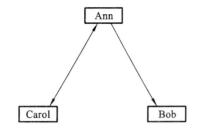

Vertex1	Vertex2
Ann	Bob
Ann	Carol
Carol	Ann

图 4-7 网络的边列表表示[1]

二、网络的测量

为了系统化地考察连接的模式，比较网络的差别，或者追踪网络的变化，研究者需要一些量化的网络指标。来自多个领域的研究者已经开发了很多测量方法。早期的测量主要对节点和边进行计数，后来的测量日趋复杂，出现了密度、中心性、结构洞等概念。不过这些测量大致可以分为宏观和微观两类：宏观关注作为整体的网络的描述，微观关注节点的各种特征测量。

常见的宏观指标有如下几个。①密度（density），它是节点间实际的边数与理论上最大的边数间比值。②中心化（centralization），它刻画网络以一个节点或者几个节点为中心的程度。中心度越高的网络倾向于是等级化的，少数人扮演中心角色。③平均最短路径（average shortest path length），表示网络中所有节点之间测地线（geodesic）长的平均值。所谓测地线就是两个节点之间边数最少的一条道路。此外，还有网络直径（diameter）、聚类系数（clustering coefficient）、同配性系数（assortativity coefficient）等。[2]

节点中心性（centrality）是微观指标中最重要的一类，也常常是我们最关心的，因为它试图测量节点的重要性。"重要性"并不容易测量，有时候我们认为重要的人有很多连接，但是实际上有些人非常重要但是连接很少。因此，研究者们从各种角度开发出了一系列的测量节点中心性的方式。我们对常见的几种进行介绍。

1. 度中心性（degree centrality）

度中心性就是一个节点所拥有的连接数量。它是对节点重要性最简单、粗糙的一种测量，但是应用广泛。所谓度，就是以节点为起点或者终点的边的数量。在有向网络中，度可以进一步分为入度和出度，度中心性因此也可分为入度中心性和出度中心性。数学化的表示如下：

$$C_d(v_i) = d_i$$

其中，d_i 是节点 v_i 的度，C_d 表示节点的度中心性。出度中心性和入度中心性可分别表示为：

$$C_d(v_i) = d_i^{out}, \quad C_d(v_i) = d_i^{in}$$

2. 紧密中心性（closeness centrality）

紧密中心性背后的直觉是中心节点能更快地抵达其他节点。形式上，这些中心节点到其他节点的平均最短路径最小。节点中心性就定义为这个平均路径的倒数。其数学化的表示如下：

---

[1] Hansen D, Shneiderman B, Smith M A. Analyzing Social Media Networks with NodeXL: Insights from a Connected World[M]. Cambridge: Morgan Kaufmann publishers, 2010.

[2] 汪小帆,李翔,陈关荣. 复杂网络理论及其应用[M]. 北京:清华大学出版社,2006.

$$C_c(v_i) = \frac{1}{\frac{1}{n-1}\sum_{j,i\neq j}^{n} g(v_i,v_j)} = \frac{n-1}{\sum_{j,i\neq j}^{n} g(v_i,v_j)}$$

其中,$g(v_i,v_j)$表示节点v_i到节点v_j的最短距离。

3. 介数中心性(betweenness centrality)

节点的介数表示网络中经过该节点的最短路径的数量。节点介数越大,它在节点联络中的重要性就越大。其数学化的表示如下:

$$C_b(v_i) = \sum_{v_s \neq v_i \neq v_t, s<t} \frac{\sigma_{st}(v_i)}{\sigma_{st}}$$

其中,v_s和v_t表示任何两个不同于v_i的节点,σ_{st}表示节点v_s和节点v_t之间最短路径的总数,$\sigma_{st}(v_i)$表示这些最短路径中经过节点v_i的路径数量。

此外,还有特征向量中心性(eigenvector centrality)、卡茨中心性(Katz centrality)、压力中心性(stress centrality)等中心性测量方法。[1]

三、社区发现[2]

社区(community)结构是社会网络的典型特征之一。社区有时也叫群落、社团、凝聚子群等。很难给社区下精确的定义,但它具有这样的特征:它是网络的一个子集,它的内部节点之间联系紧密,但是和社区外的其他节点联系较为稀疏,如图4-8所示。社区发现算法的目标就是试图尽可能合理地划分出网络中的社区。

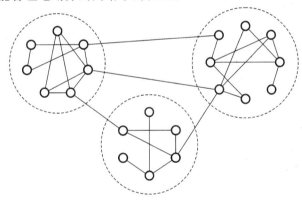

图4-8 一个具有社区结构的小型网络[3]

社区发现算法的研究已经取得了丰硕的成果。根据不同的技术路线,这些社区发现算法可以划分为很多不同的类别。常见的有:传统方法,如图分割法(graph partitioning)、层次聚类法(hierarchical clustering)、谱聚类(spectral clustering)等;分裂式(divisive)算法,如 GN 算法;基于模块(modularity-based)的方法,如模块度最大化算法(modularity optimization);动力学算法,如随机游走法(random walk)、网络同步法(synchronization)等。[4]

---

[1] Guzman J, Deckro R F, Robbins M J, et al. An Analytical Comparison of Social Network Measures[J]. IEEE Transactions on Computational Social Systems, 2014, 1(1):35-45.

[2] Fortunato S. Community Detection in Graphs[J]. Physics Reports, 2010, 486(3-5):75-174.

[3] Newman M E J. Detecting Community Structure in Networks[J]. The European Physical Journal B, 2004, 38(2):321-330.

[4] Fortunato S. Community Detection in Graphs[J]. Physics Reports, 2010, 486(3-5):75-174.

层次聚类法在社会科学中较为常用,我们对其进行进一步介绍。如我们前文对文本聚类算法的介绍,聚类通常有凝聚式(agglomerative)和分裂式(divisive)两种,前者自下而上,后者自上而下。凝聚式聚类更加常用。给定 N 个对象及其 $N \times N$ 维的相似矩阵 D(或者叫距离矩阵),凝聚式层次聚类的基本过程如下。

(1) 把每个对象当成一簇,得到 N 个簇,每个簇只包含一个节点。令簇间距离等于对象间距离。

(2) 找到距离最近的两个簇,将其合并为一个簇。

(3) 重新计算新簇和其他旧簇的距离。

(4) 重复(2)、(3),直到所有 N 个对象合并到一个簇。

层次聚类的过程和结果可以用图 4-9 的树状图(dendrogram)表示。从上述过程可以看到,簇间距离的计算很关键,而簇间距离的度量有多种方式(最小距离、最大距离、平均距离),我们在文本聚类部分已经做过介绍。当采用最小距离作为簇间距离的度量时,算法也叫单连接(single-linkage)聚类;采用最大距离时叫全连接(complete-linkage)聚类;采用平均距离时叫平均连接(average-linkage)聚类。

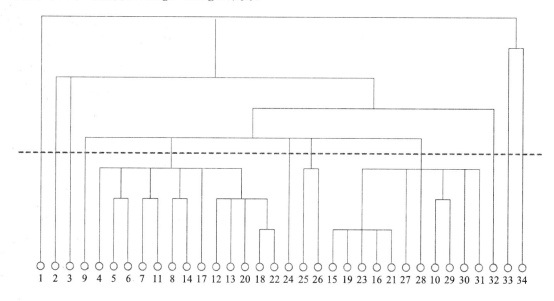

图 4-9 凝聚式层次聚类过程[1]

但是,如果我们要聚类的对象是图中的节点,那么这个"距离"(或者相似性)究竟是指什么呢?在社区分析中,节点的相似性是用结构等价性来定义的。我们称图中的两个节点是结构等价的,如果两个节点和其他所有节点拥有相同的关系模式,例如,在一个朋友网络中,如果两个人有相同的朋友,那么他们就是结构等价的。

前文讲到图可以用邻接矩阵表示,对于结构等价的节点,它们在邻接矩阵的对应行(或列)中有相等的值。因此,可以用欧几里得距离度量结构等价性,度量结构等价性的距离可以表示为:

---

[1] Boccaletti S,Latora V,Moreno Y,et al. Complex Networks:Structure and Dynamics[J]. Physics Reports,2006, 424(4-5):175-308.

$$D_{ij} = \sqrt{\sum_{k=1, k \neq i,j}^{N}(a_{ik} - a_{jk})^2}$$

其中，i 和 j 表示两个节点，a_{ik} 是节点 i 在邻接矩阵中 k 列的值，a_{jk} 是节点 j 在邻接矩阵中 k 列的值。因此，如果 i 和 j 是结构等价的，即 $a_{ik}=a_{jk}$，那么显然有 $D_{ij}=0$。另外，容易验证：对于任意 i 和 j，$D_{ij} \geq 0$；对于任意 i，有 $D_{ii}=0$；对于任意 i 和 j，有 $D_{ij}=D_{ji}$。

第六节 语义网络分析

语义网络分析可以视为网络思维在内容分析中的应用。网络的两个基本构件是节点和边，节点可以是各种实体，边表示各种关系。而在语义网络中，节点不再是实体，而是一个概念或者子句。语义网络中，节点之间的边表示不同的意义，而在一般网络中，边是同质化的。语义网络方法背后的理论假设是，节点的意义取决于节点和其他节点的连接方式。在内容分析中使用语义网络方法的目的是回答那些文本中没有明说却暗含的问题的答案。

语义网络的思想可能起源于 20 世纪 60 年代开始的文化人类学的一些研究，这些研究试图以关系图表示人的认知结构和思维模式。随后，其又受到因果推断模型、图论、传播网络、社会网络等研究的影响。同时，语义网络也是人工智能研究中的概念，它被视为知识表示（knowledge representation）和自然语言处理（natural language processing）的一种方法。[①]

语义网络是从一组二元关系陈述或者命题中构建出来的。例如，"小王打了小李"，"小王"和"小李"两个概念被"打了"连接起来；"李雷和韩梅梅离婚了"，"李雷"和"韩梅梅"通过"离婚了"连接起来。通过类似的陈述或者命题，网络可以不断扩展。

在语义网络分析中，研究者还要清楚概念之间连接关系的属性。有些关系是双向的，例如，"A 和 B 离婚"和"B 和 A 离婚"意义是相同的；有些关系是单向的，例如"A 是 B 的父亲"显然和"B 是 A 的父亲"意义不同；有些关系是可以迭代扩充的，例如"A 是 B 的父亲"，"B 是 C 的父亲"等；有些关系是单向且可传递的，例如，从属关系，如果 A 从属于 B，B 从属于 C，那么 A 从属于 C。

在语义网络中，某些概念节点如果去掉，语义网络可能分裂为几个小网络，也有些节点去掉后并不会对语义网络产生太大影响。概念节点的重要性是不同的。内容分析中采用语义网络分析的动机之一，就是因为语义网络保存了文本单元之间的关系，虽然这些文本单元位于文本不同位置，但是形成了一个互相联系的网络。这个网络可能帮助我们发现某些概念的重要性，为我们理解文本提供新的洞察。

我们介绍 Carley（1997）的一个研究以帮助了解语义网络的应用。[②] Carley 通过形式自由的访谈，从 MIT（麻省理工学院）的一群本科生中间收集了他们的谈话记录数据。谈话主要是关于指导教师的选择（tutor selection）。Carley 关注在讨论指导老师和选择指导老师

[①] Krippendorff K. Content Analysis: An Introduction to Its Methodology[M]. Los Angeles: Sage Publications, 2018.

[②] Network Text Analysis: The Network Position of Concepts[M]//Carley K M. Text Analysis for the Social Sciences. New York: Routledge, 2020: 79-100.

时,他们使用什么样的语言,以及这些语言是怎样被用于催生共识的。

Carley首先从数据中构建了一个社会词表(social vocabulary),这个词表包含210个概念。这些概念主要是名词和基于名词的短语。这个词表并非学生谈话使用的所有词汇,而主要是谈论"指导教师"时所需要的词汇。有了词表就可以建立社会概念网络(socioconceptual network),也就是我们谈到的语义网络。建立网络的过程在Carley(1988)中有详细说明。简单而言,如果两个概念作为主语和宾语出现在同一个句子中,或者在段落中逻辑上前后相连,那么就在两个概念间建立一个连接。Carley还将关系强度区分为三种类别:定义性的(definitives)、逻辑连接的(logical connectives)、简单连接的(simple connectives),它们的主要区别是这个关系(陈述)在成员中的共识程度不同,定义性的陈述共识最高,简单连接的陈述共识最低。最后的语言网络共包含210个概念和1214个关系。

为了刻画网络中概念节点的意义特征,Carley又设计了五个指标:意象度(imageability),即节点链出(箭头向外)的关系数量;唤起度(evokability),即节点链入(箭头向内)的关系数量;密度(density),即意象度和唤起度的和;传导度(conductivity),即意向度和唤起度的积;强度(intensity),即所有含节点概念的陈述在所有陈述中的占比。

Carley又基于密度、传导度和强度三个维度构建了一个概念的分类体系。分类体系共包含八个类别,每一个类别都反映了概念在网络中的位置,及其在传播中的潜在角色。这八个类别是:普通概念(ordinary concepts),原型(prototypes),时髦话(buzzwords),仿真陈述(factoids),占位文字(placeholders),刻板印象(stereotypes),象征(emblems),符号(symbol)。这些概念的定义较为烦琐抽象,具体可参阅Carley(1997)。

经过一系列的工作,在对MIT学生谈话记录的研究中,Carley发现,学生使用的大部分的概念归属于仿真陈述,其次是普通概念和刻板印象。图4-10呈现了围绕"hacker"一词的局部语义网络,箭头表明了"暗示"的方向,箭头上的数字表示关系的强度(共识的强度)。通过这个局部网络可以看到,学生们对一个人何时是"hacker"的共识程度非常高(向内的箭头和带着数字5的边),而对一个"hacker"会做什么共识较少(向外箭头和带数字1的边)。这一结果的意义是,学生们对一个候选人是否是"hacker"可能很快会达成共识,但是对于这个人是否会是一个好的"tutor"则说不清楚。

语义网络分析的应用还有待进一步挖掘,目前系统论述此方法的材料也不多,国内的更加少见。一些比较常见的参考材料有:Krippendorff(2018)[1],Carley(1997)[2],Carley(1988)[3],Carley(1994)[4],Kleinnijenhuis等(1997)[5],Drieger(2013)[6],Schultz等(2012)[7]。

---

[1] Krippendorff K. Content Analysis: An Introduction to Its Methodology[M]. Los Angeles: Sage Publications, 2018.

[2] Network Text Analysis: The Network Position of Concepts[M]//Carley K M. Text Analysis for the Social Sciences. New York: Routledge, 2020: 79-100.

[3] Carley K. Formalizing the Social Expert's Knowledge[J]. Sociological Methods & Research, 1988, 17(2): 165-232.

[4] Carley K. Extracting Culture through Textual Analysis[J]. Poetics, 1994, 22(4): 291-312.

[5] Reasoning in Economic Discourse: An Application of the Network Approach to the Dutch Press[M]//Kleinnijenhuis J, De Ridder J A, Rietberg E M. Text Analysis for the Social Sciences. New York: Routledge, 2020: 191-208.

[6] Drieger P. Semantic Network Analysis as a Method for Visual Text Analytics[J]. Procedia-Social and Behavioral Sciences, 2013, 79: 4-17.

[7] Schultz F, Kleinnijenhuis J, Oegema D, et al. Strategic Framing in the BP Crisis: A Semantic Network Analysis of Associative Frames[J]. Public Relations Review, 2012, 38(1): 97-107.

第四章 计算传播研究方法

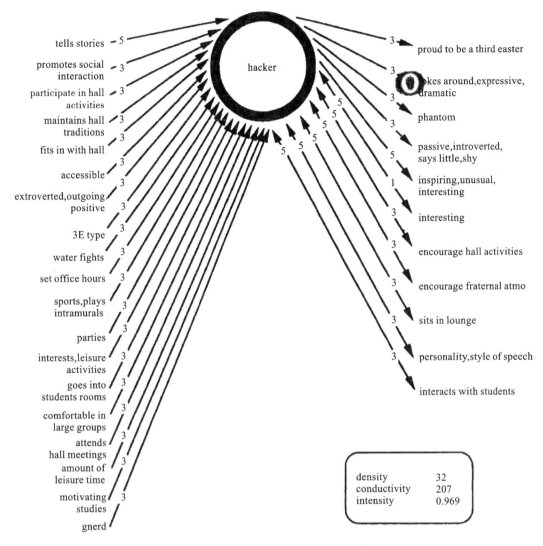

图 4-10 概念"hacker"的局部语义网络

语义网络
分析案例

第五章 计算传播研究工具

本教材在编写时对国内新闻传播院校计算传播课程教学中存在的问题进行了梳理，梳理过程中发现了一个普遍存在的"症结"，即新闻传播院校大部分学生为文科生，没有数据、编程等方面的基础，在计算传播的学习中能够掌握基本的理论知识，但是很难进行实际练习与操作。而另一方面，目前大部分计算传播相关的教材与读物，在研究方法、工具部分的内容设置对于普通文科生来说均有一定的难度。本教材编写者基于这一点，充分考虑文科同学的知识结构、基础背景等，在本章"计算传播研究工具"部分并没有选择需要一定数据、编程基础才能驾驭的内容，而是选择了大量文科生亟需的入门内容，希望由此帮助更多普通文科生初步接触、掌握计算传播所需要的基本工具，为后续不断深入学习计算传播创造条件。

第一节 计算传播研究工具

一、计算传播的常用工具[①]

目前主流的数据分析语言有 Python、R、Matlab 这三种。三种语言均可以进行数据分析。表 5-1 从语言学习难易程度、使用场景、第三方支持、流行领域和软件成本五方面比较了 Python、R、Matlab 这三种数据分析语言。

与 R 和 Matlab 相比，Python 是一门更易学、更严谨的程序设计语言，也正在逐渐成为数据科学领域的主流语言。Python 数据分析主要包含以下五个方面的优势。

（1）语法简单精练。对于初学者来说，比起其他编程语言，Python 更容易上手。

---

① 王仁武. Python 与数据科学[M]. 上海：华东师范大学出版社，2016.

表 5-1　Python、R、Matlab 三种语言的比较

	Python	R	Matlab
语言学习难易程度	接口统一，学习曲线平缓	接口众多，学习曲线陡峭	自由度大，学习曲线较为平缓
使用场景	数据分析、机器学习、矩阵运算、科学数据可视化、数字图像处理、Web 应用、网络爬虫、系统运维等	统计分析、机器学习、科学数据可视化等	矩阵运算、数值分析、科学数据可视化、机器学习、符号计算、数字图像处理、数字信号处理、仿真模拟等
第三方支持	拥有大量的第三方库，能够简便地调用 C、C++、Fortran、Java 等其他程序语言	拥有大量的包，能够调用 C、C++、Fortran、Java 等其他程序语言	拥有大量专业的工具箱，在新版本中加入了对 C、C++、Java 的支持
流行领域	工业界＞学术界	工业界≈学术界	工业界＜学术界
软件成本	开源免费	开源免费	商业收费

（2）有很多功能强大的库。结合在编程方面的强大实力，可以只使用 Python 这一种语言去构建以数据为中心的应用程序。

（3）功能强大。从特性观点来看，Python 是一个混合体。丰富的工具集使它介于传统的脚本语言和系统语言之间。Python 不仅具备所有脚本语言简单和易用的特点，而且提供了编译语言所具有的高级软件工程工具。

（4）不仅适用于研究和原型构建，而且适用于生产系统构建。研究人员和工程技术人员使用同一种编程工具，会给企业带来显著的组织效益，并降低企业的运营成本。

（5）Python 是一门胶水语言。Python 程序能够以多种方式轻易地与其他语言的组件"粘接"在一起。例如，Python 的 C 语言 API 可以帮助 Python 程序灵活地调用 C 程序，这意味着用户可以根据需要给 Python 程序添加功能，或者在其他环境系统中使用 Python。

二、Python 的基本概念[①]

Python 是由荷兰人 Guido van Rossum（吉多·范罗苏姆）在 20 世纪 90 年代开发出来的，他当初只是为了自娱自乐尝试编写一种替代 ABC 这类编程语言的脚本语言，没想到受到大家的喜欢，一直发展至今，后来引入了对多平台的支持。Python 语法相对简单，符合人的思维习惯，通过集成环境或解释器直接执行源程序。它可以运行在 Windows、Linux 等操作系统平台上，具有丰富的功能库以处理各种工作，它最强大之处就在于它丰富实用的第三方库，使得编写程序的速度非常快。

Python 是美国大学计算机科学系入门课程最受欢迎的编程语言。美国大学计算机科学系 Top10 中有 8 家，Top39 中有 24 家在入门课程中教授 Python。三家最大的 MOOC 网

---

① 王仁武. Python 与数据科学[M]. 上海：华东师范大学出版社，2016.

络课程服务商 edX、Coursera 和 Udacity 也全都提供了 Python 编程语言入门课程。Top39 中最流行的入门课程编程语言分别是 Python、Java、Matlab、C++、C、Scheme 和 Scratch。

我们还可以从增长速度看出开发人员有多么喜欢 Python。PYPL 人气指数通过分析用户在 Google 中搜索各种编程语言教程的数量来推断编程语言的受欢迎程度/人气，特定语言教程的搜索量越多，则认为该语言越受欢迎。PYPL 指数是一种先行指标，其原始数据来自 Google 趋势，如果按过去 5 年中份额增长量来算，Python 则是增长速度最快的语言。

严格意义上来说，Python 是一种脚本语言。编程语言多种多样，但是有开源和闭源之分，Python 就是一个开放核心源代码的编程语言，用它编写代码的效率非常高，代码编写后非常易读，非常适合用于多人参与的项目。它支持面向对象的编程方式，同样也可以面向过程编程，非常灵活。它不但免费，而且可以任意复制分发。Python 是开源语言，人们很容易获得它的源程序，阅读并修改它。近年来，Python 在编程领域的占有率上升很快，应用也日渐广泛，可以用于系统编程、图形处理、数学处理、文本处理、数据库编程、网络编程、多媒体编程等方面。

同时，Python 是一种功能强大而完善的通用语言，也是一种直译式计算机程序设计语言。该语言借鉴了脚本和解释性语言的易用性，能够高效地完成各种复杂的高层次任务。

三、Python 环境的构建

（1）Python 的 Anaconda 发行版。

Anaconda 是一个开源的 Python 发行版本，其包含了 conda、Python、Spyder 等 180 多个科学包及其依赖项。另外，Anaconda 还包括一定数量的安装好的第三方函数库，如 numpy、pandas 等，可以管理环境，能够创建、访问、共享、移除环境，用于隔离不同项目所需要的不同版本的工具包。

（2）在 Windows 系统中安装 Anaconda。

①下载。

可以从官网下载 Anaconda 的安装程序，也可以在清华大学开源软件镜像站下载，后者因为服务器在国内，所以下载速度相对快些。无论是 Windows、Linux 还是 macOS 系统，都可以找到对应的安装软件。如果电脑操作系统是 64 位的就选 64 位版本，如图 5-1 所示。

②安装

如图 5-2 至图 5-7 所示。

（3）安装第三方数据库。

官方数据库下载速度慢，可以通过替换 Anaconda 库源的办法来解决。①

①win+R->cmd 打开终端，如图 5-8 所示。

②键入以下命令修改 Anoconda 默认仓库地址：

conda config--add channels https://mirrors.tuna.tsinghua.edu.cn/anaconda/pkgs/free/

conda config--add channels https://mirrors.tuna.tsinghua.edu.cn/anaconda/pkgs/main/

---

① https://blog.csdn.net/Briliantly/article/details/80768177

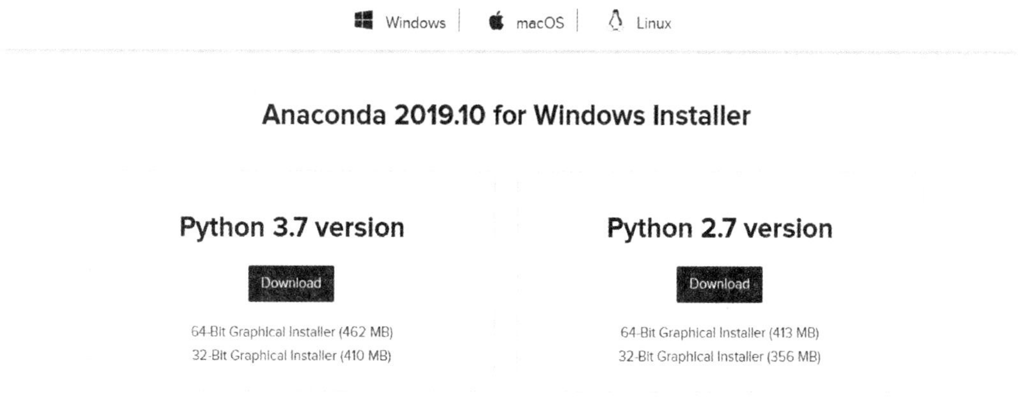

图 5-1　官网下载界面

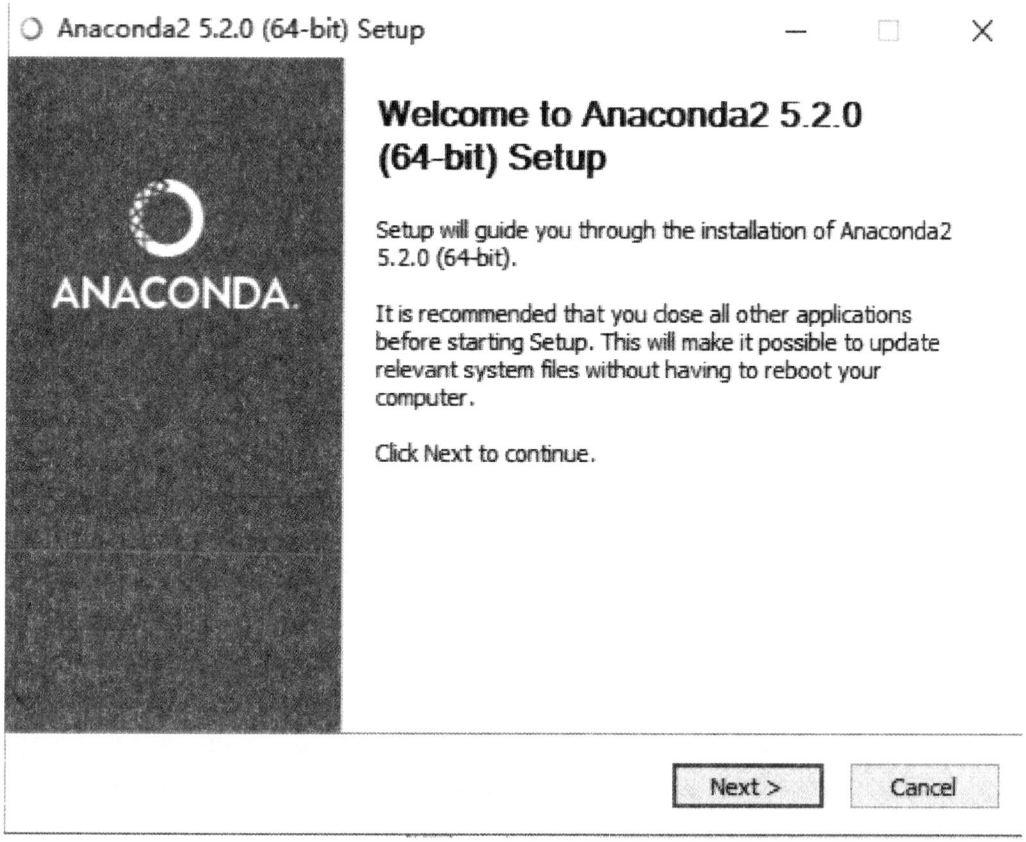

图 5-2　Anaconda 安装(1)

conda config--set show_channel_urls yes

③在 cmd 界面输入"pip install '第三房库名'"即可安装,如图 5-9 所示。

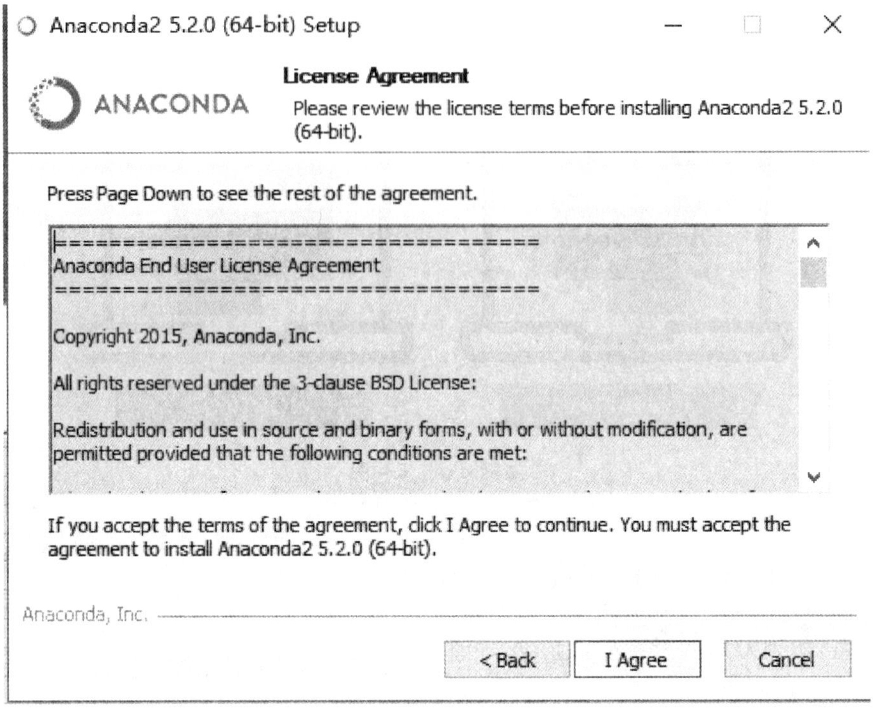

图 5-3　Anaconda 安装（2）

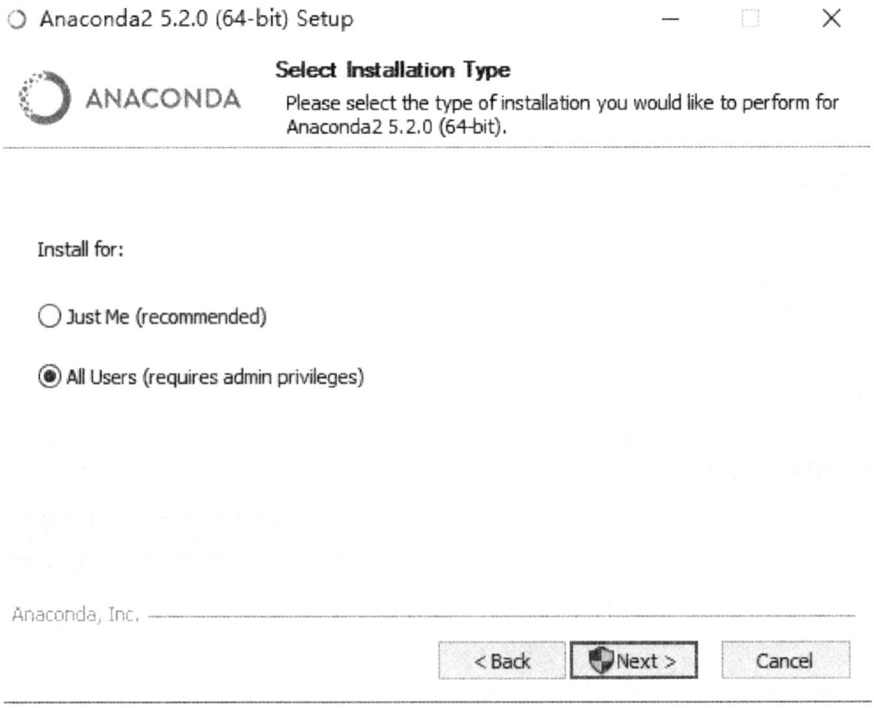

图 5-4　Anaconda 安装（3）

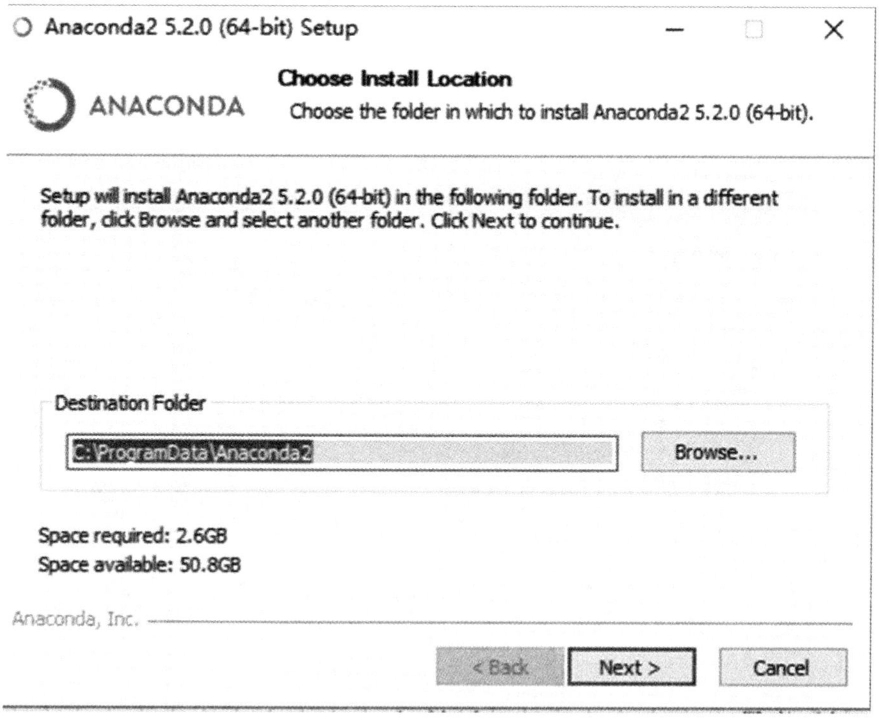

图 5-5 Anaconda 安装(4)

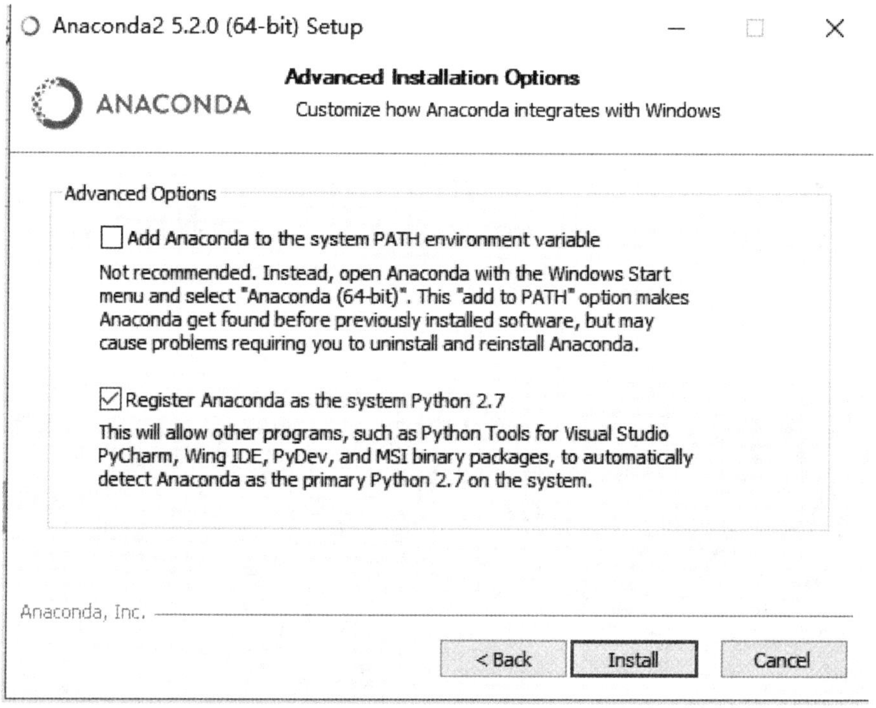

图 5-6 Anaconda 安装(5)

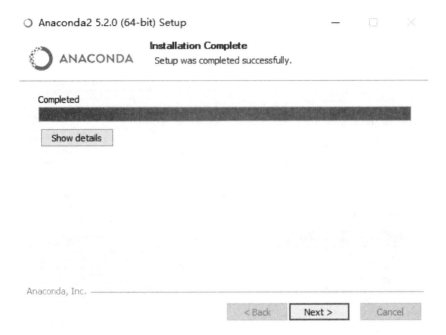

图 5-7　Anaconda 安装（6）

图 5-8　第三方库安装（1）

图 5-9　第三方库安装（2）

第二节 Python 基础知识

Python 是一种面向生态、直译式的计算机编程语言，也是一种功能强大的通用型语言，至今已经具有二十多年的发展历史，成熟且稳定。值得一提的是，它的语法非常简洁和清晰，与其他计算机程序设计语言最大的不同在于，其采用缩进来定义语句块。它包含了一组完善且容易理解的标准库，能够轻松完成很多常见的任务，功能非常强大，而且它有着众多的公共资源可以供我们调用。总的来说，Python 语言使用方便，不需要进行复杂的编译，用途也非常广泛，可以进行各种软件的开发，用于网站搭建、图形界面设计、网络编程、数据库编程、图形图像处理、科学计算、手机编程等。Python 目前在国际上也非常流行，例如谷歌在很多项目中使用 Python 作为网络应用的后端语言，包括 Google Groups、Gmail、Google Maps 等，美国宇航局也从 1994 年开始把 Python 作为主要开发语言，微软公司也已经开始提供 Python 语言的软件，国内的豆瓣与知乎等著名网站也是基于 Python 开发的。除此之外，还有很多游戏也是基于 Python 开发的。根据上述的简单介绍，我们可以看到 Python 这个非常灵活的语言正在得到越来越多的重视。本节将逐一介绍 Python 的基础概念和操作。[①]

一、Python 基础概念

(1) 常量。

一个字面意义上的常量的例子是键入文档的引述或关注点的摘要，其可将文本框放置在文档中的任何位置。使用"文本框工具"选项卡可更改重要引述文本框的格式。

如同 15、1.823、10.25E-3 这样的数，或者如同"How are you""It's a square!"这样的字符串，它们具备字面的意义，程序按照它们的字面意义使用它们。如数 2 总是代表它自己，而不会是别的什么东西——它是一个常量，因为不能改变它的值。因此，所有这些都被称为字面意义上的常量。Python 中逻辑常量为 True(真)和 False(假)。

(2) 编码。

所谓文件编码指的是 Python 源码的编码格式，一般用 notepad++ 能看到源码的编码格式。源码的编码格式会影响在源码中定义的字符串，假设源码的编码格式为 utf-8，那么其中定义的字符串的编码格式就是 utf-8。若想将格式转换为 gb2312，则必须先解码(decode)成系统缺省编码，然后再编码(encode)。

(3) 转义符。

如果要在一个字符串中输入一个单引号(')，例如，输入字符串'What's your name'。如果直接按表面字符输入，Python 会弄不明白这个字符串从何处开始，在何处结束，因为这里的单引号都被认为是字符串的标识符，但又不成对。所以，要使单引号作为单引号呈现而

[①] 王仁武.Python 与数据科学[M].上海：华东师范大学出版社，2016.

不是作为字符串的标识符,可以通过添加"\"来完成,如'What\'s your name?'。第2个单引号前有一个"\",这就表示它是单引号,而不是字符串的标识符。这里的"\"就是转义符。

另一个表示这种字符串的方法是"What's your name?",即用双引号。类似地,要在使用双引号标识符的字符串中使用双引号本身的时候,也需要借助转义符(见表5-2)。

表5-2 转义字符列表

转义字符	描述
\(在行尾时)	续行符
\\	反斜杠符号
\'	单引号
\"	双引号
\a	响铃
\b	退格(Backspace)
\e	转义
\000	空
\n	换行
\v	纵向制表符
\t	横向制表符
\r	回车
\f	换页
\oyy	八进制数
\xyy	十进制数
\other	其他的字符以普通格式输出

转义字符\可以转义很多字符,比如\n表示换行,\t表示制表符,字符\本身也要转义,所以\\表示的字符就是\,可以在Python的交互式命令行用print打印字符串:

```
In:
print('I\'m learning\nPython.')
print('\\\n\\')

Out:
I'm learning
Python.
\
\
```

如果字符串里面有很多字符都需要转义,就需要加很多"\"。为了简化,Python还允许用"r"表示内部的字符串默认不转义:

```
In:
print('\\\t\\')
```

```
print(r'\\\t\\')
```

Out:
\   \
\\\t\\

（4）整数和浮点数。

在 Python 中包含两种类型的数：整数和浮点数。

①整数。

Python 可以处理任意大小的整数，当然包括负整数。整数在程序中的表示方法和数学上的写法一模一样，例如 1,100,−8080,0,等等。

计算机由于使用二进制，所以有时候用十六进制表示整数比较方便，十六进制用 0x 前缀和 0—9,a—f 表示，例如 0xff00,0xa5b4c3d2,等等。

In:
```
#加法
n1=123
n2=456
print(n1+n2)
```

Out:
579

In:
```
#获取可表示的二进制最短位数
n1=4#00000100
ret=n1.bit_length()
print(ret)
```

Out:
3

②浮点数。

浮点数也就是小数，之所以称为浮点数，是因为按照科学计数法表示时，其小数点位置是可变的，比如 1.23×10^9 和 12.3×10^8 是相等的。浮点数可以用数学写法，如 1.23,3.14,−9.01,等等。但是对于很大或很小的浮点数，就必须用科学计数法表示，把 10 用 e 替代，1.23×10^9 可以表示为 1.23e9,或者 12.3e8,0.000012 可以写成 1.2e−5,等等。

整数和浮点数在计算机内部存储的方式是不同的，整数运算永远是精确的，而浮点数运算则可能会有误差。

（5）字符串。

字符串是以"或""括起来的任意文本，比如'abc',"xyz"等。请注意，"或""本身只是一种标识符，不是字符串的一部分，因此，字符串'abc'只有 a,b,c 这 3 个字符。如果'本身也是字符串中的一个字符,那就可以用""将该字符串括起来,比如"I'm OK"包含的字符是I,',m,空格,O,K这6个字符。如果字符串内部既包含'又包含",可以用转义字符\来标识,比如:'I\'m\"OK\"!'表示的字符串内容是I'm"OK"!

字符串基本操作如下:

```
In:
a1='alex'
ret1=a1.capitalize()   #首字母变大写
print(ret1)

Out:
Alex

In:
ret2=a1.center(20,'*')   #长度为20,alex居中,空白处用"*"填充
print(ret2)

Out:
********alex********

In:
a2="alex is alpha"
ret3=a2.count("al")   #统计子序列的个数
print(ret3)
print(a2[0:6])   #取出字符串a2第1到第6个字符

Out:
2
alex i

In:
temp="hello"
ret5=temp.endswith('lo')   #字符串是否以'lo'结尾
print(ret5)

Out:
True

In:
ret6=temp.endswith('e',0,2)   #'e'是否在第1个和第3个字符之间
```

```
print(ret6)
```

Out:
True

In:
```
content="hello\t999"
print(content)
print(content.expandtabs(1))
#该方法返回字符串中的tab符号('\t')转为空格后生成的新字符串。
```

Out:
hello	999
hello 999

In:
```
s="alex"
print(len(s))   #获取字符串的长度
```

Out:
4

In:
```
#对字符串切片
print(s[0:2])   #打印字符串第1到2个字符
s2="I love China."
print(len(s2))
print(s2)
print(s2[-6:-1])   #从后往前
print(s2[::-1])   #反向
```

Out:
al
13
I love China.
China
.anihC evol I

In:

```
#循环打印
S="I love SH."
start=0
while start<len(S):
    temp2=S[start]
    start+=1
    print(temp2,"\n")

Out:
I

l

o

v

e

 

S

H

.
```

（6）布尔值。

布尔值和布尔代数的表示完全一致，一个布尔值只有 True、False 两种值。

（7）空值。

空值是 Python 里一个特殊的值，用 None 表示。None 不能理解为 0，因为 0 是有意义的数值，而 None 是一个特殊的空值。

（8）变量及其命名规范。

变量的概念基本上和初中代数方程变量的概念是一致的，只是在计算机程序中，变量不仅可以是数字，而且可以是任意数据类型。变量在程序中用一个变量名表示，变量名必须是大小写英文字母、数字和_的组合，且不能用数字开头，比如 a=1，变量 a 是一个整数；t_007 = 'T007'，变量 t_007 是一个字符串；Answer = True，变量 Answer 是一个布尔值。在 Python 中，等号是赋值语句，可以把任意数据类型赋值给变量，同一个变量可以被反复赋值，而且可以是不同类型的变量，例如：

```
a=123   #a是整数
print(a)
a='ABC'   #a变为字符串
print(a)
```

这种变量类型不固定的语言称为动态语言，与之对应的是静态语言。静态语言在定义变量时必须指定变量类型，如果赋值的时候类型不匹配，就会报错。和静态语言相比，动态语言更为灵活。

除变量外，使用标识符的例子还有函数、类名等。在命名标识符的时候，要遵循以下规则。

①第一个字符必须是字母表中的字母(大写或小写)或者下划线('_')。

②其他部分可以由字母(大写或小写)、下划线('_')或数字(0~9)组成。

③Python 标识符对大小写是敏感的。例如,name 和 Name 被认为是两个标识符。

在实践中,变量名通常全部小写,由下划线连接各个单词,如:color="WHITE",this_is_a_variable=1。变量名不应带有类型信息,因为 Python 是动态类型语言。如 iValue、names_list、dict_obj 等都是不好的命名。

(9) 行与缩进。

Python 最具特色的就是使用缩进来表示代码块,不需要使用大括号({})。用四个空格或者 Tab 进行缩进。①

```
#行与缩进
if True:
    print("True")
else:
    print("False")
```

(10) 注释。

Python 中单行注释以"#"开头,示例如下:

```
#第一个注释
print("Hello Python!")   #第二个注释
```

(11) 多行语句。

Python 通常是一行写完一条语句,但如果语句很长,我们可以使用反斜杠(\)来实现多行语句。例如:

```
total= item_one+\
        item_two+\
        item_three
```

在[ ]、{ }或( )中的多行语句,不需要使用反斜杠(\),例如:

```
total=['item_one','item_two','item_three',
        'item_four','item_five']
```

(12) 引号。

Python 接收单引号(')、双引号(")或三引号(''')来表示字符串,引号的开始与结束必须使用相同类型的引号。

```
word='word'
sentence="这是一个句子。"
paragraph1="""这是一个段落。
包含了多个语句"""
paragraph2='''单三引号,
也有同样的效果。'''
```

---

① 在 Anaconda 的 Spyder 的编辑窗口中,代码块会自动缩进。

二、输入和输出

（1）input 输入。

name=input("请输入你的名字:")
print("你好,"+name)

（2）print 输出。

用 print 加上字符串,就可以在屏幕上输出指定的文字。

In:
print('hello,world')

Out:
hello,world

print 语句也可以同时输出多个字符串,字符串之间用","隔开,就可以连成一串输出。print 会依次打印每个字符串,遇到逗号",",会输出一个空格,因此,输出的字符串是这样拼起来的：

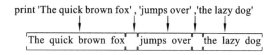

print 也可以打印整数,或者计算结果：

In:
print(300)
print(100+200)

Out:
300
300

因此,我们可以把计算 100＋200 的结果打印得更漂亮一点：

In:
print('100+200=',100+200)

Out:
100+200=300

三、运算符及其字符串的运算

（1）运算符。

Python 中包含数学中的多种运算法则,详细见表 5-3。

表 5-3 Python 的运算符

运算符	名称	说明	例子
+	加	两个对象相加	3+5 得到 8。'a'+'b' 得到 'ab'
-	减	得到负数或是一个数减去另一个数	-5.2 得到一个负数。50-24 得到 26
*	乘	两个数相乘或是返回一个被重复若干次的字符串	2*3 得到 6。'la'*3 得到 'lalala'
**	幂	返回幂运算的值	3**4 得到 81
/	除	一个数除以另一个数	4/3 得到 1。4.0/3 或 4/3.0 得到 1.333333……
//	取整数	返回商的整数部分	4//3.0 得到 1.0
%	取余	返回除法的余数	8%3 得到 2。-25.5%2.25 得到 1.5
<	小于	比较前数是否小于后数。所有比较运算符返回 1 表示真，返回 0 表示假。这分别与逻辑常量 True 和 False 等价	5<3 返回 0 而 3<5 返回 1
>	大于	比较前数是否大于后数	5>3 返回 1
<=	小于等于	比较前数是否小于等于后数	x=3;y=5;x<=y 返回 1
>=	大于等于	比较前数是否大于等于后数	x=4;y=3;x>=y 返回 1
==	等于	比较对象是否相等	x=2;y=2;x==y 返回 1
!=	不等于	比较对象是否不相等	x=3;y=2;x!=y 返回 1

(2) 运算符优先级。

表 5-4 给出了 Python 的运算符优先级，从最低的优先级(最松散的结合)到最高的优先级(最紧密的结合)排列。这意味着在一个表达式中，如果没有括号，Python 会首先调用表中优先级较高的运算符，然后再调用优先级较低的运算符。建议使用圆括号来对运算符和操作数进行分组，以便能够明确地指出运算的先后顺序，使程序尽可能易读。

表 5-4 运算符优先级

运算符	描述
or	布尔"或"
and	布尔"与"
not	布尔"非"

(3) 计算顺序。

默认地，运算符优先级决定了哪个运算符在别的运算符之前被调用。具有相同优先级的运算符按照从左向右的顺序调用。通常可以使用圆括号改变计算次序，例如，在表达式 12+3*4 中乘法先进行运算，而表达式 (12+3)*4 中，加法先进行运算。

(4) 字符串的运算。

字符串是程序中经常使用的元素，字符串的运算也很多，包括连接两个字符串，取一个字符串中的一部分,字符的大小写转换,字符串与数值的转换等。

①字符串连接。

Python 中可使用＋进行字符串的连接操作。其实在实际应用中需要重复连接同一字符串的时候是很少的,更多的操作是几个字符串的连接,当有这样的需求时,使用＋操作符其实是最快的方式。

```
s0="Python"
s1='C++'
s2=s0+" "+s1
```

则 S2 的值为:Python C++

②取部分字符串。

操作"<字符串名>[<起始位置>:<终止位置>:<步长>]"

得到从起始位置开始,以步长为间隔,到终止位置前一个字符结束的字符串。<起始位置>可省略,表示起始位置为 0。<终止位置>可省略,表示终止位置为末尾。<步长>省略表示步长为 1。例如:

```
f='abcdefghijklmnopqrstuvwxyz'
f[5]          #的值为'f'
f[0:10:2]     #值为'acegi'
f[:10:2]      #值为'acegi'
f[0:10]       #值为'abcdefghij'
f[:10]        #值为'abcdefghij'
f[10:]        #值为'klmnopqrstuvwxyz'
len(f)        #值为 26
```

③其他的字符串处理函数。

其他的字符串处理函数还有:

```
ord('a')      #返回字符 a 的 ASCII 的十进制值
chr(97)       #返回整数 97 对应的字符
```

④库中的字符串处理函数。

上面的字符串处理函数可以直接使用,而要使用字符串的大小写转换、查找等功能,需要引入 string 库,方法是在程序开头写"import string",例如:

```
import string
f='abcdefghijklmnopqrstuvwxyz'   #定义一个字符串
f.upper()                #转换为大写,不改变 f
f.find('f')              #返回 f 的索引值(即在字符串中从 0 开始的序号)
f.replace('b','boy')     #返回 b 被 boy 替换的字符串,不改变 f
```

四、序列和基本语句

序列类型是指容器内的元素从 0 开始的索引顺序访问,一次可以访问一个或者多个元素。之前提到过的字符串和下面要提的列表、元组,我们可以统称为序列。

序列有着相同的访问模式:它的每一个元素都可以通过指定一个偏移量的方式得到,而要想一次得到多个元素,我们可以使用切片,下标偏移量从0开始,总元素数减1结束。

(1) 列表。

列表是 Python 中最基本的数据结构,列表是最常用的 Python 数据类型,列表的元素不需要具有相同的类型。列表中的每个元素都分配一个数字——它的位置或索引,第一个元素的索引是0,第二个元素的索引是1,以此类推。

列表是对象的有序集合。列表的内容可以修改,列表的长度可变。

列表的定义如下:

<列表名称>[列表项>]

其中多个列表项用逗号隔开,它们的类型可以相同,也可以不同,还可以是其他列表。例如:

```
date=[2011,2,9,9,54]
day=['sun','mon','tue','wed','thi','fri','sat']
today=[2011,2,9,"wed"]
data=[date,day]
```

均是合法的列表。使用时,通过<列表名>[索引号]的形式应用,索引号从0开始,即0是第1项元素的索引号。例如 date[0] 的值是 2011,day[1] 得到 "mon",data[1][3] 得到 "wed"。下列程序:

```
In:
date=[2011,2,9,9,54]
day=['sun','mon','tue','wed','thi','fri','sat']
today=[2011,2,9,"wed"]
data=[date,day]
print(date[0])
print(day[1])
print(data[1][3])
print(data)

Out:
2011
mon
wed
[[2011,2,9,9,54],['sun','mon','tue','wed','thi','fri','sat']]
```

① 创建一个列表。

只要把逗号分隔的不同的数据项使用方括号括起来即可。如下所示:

```
In:
list1=['physics','chemistry',1997,2000];
list2=[1,2,3,4,5];
list3=["a","b","c","d"];
print('list1=',list1)
```

```
print('list2=',list2)
print('list3=',list3)
```

Out:
```
list1=['physics','chemistry',1997,2000]
list2=[1,2,3,4,5]
list3=['a','b','c','d']
```

与字符串的索引一样,列表索引从 0 开始。列表可以进行截取、组合等。

②访问列表中的值。

使用下标索引来访问列表中的值,同样也可以使用方括号的形式截取字符,如下所示:

In:
```
list4=['physics','chemistry',1997,2000];
list5=[1,2,3,4,5,6,7];
print("list4[0]:",list4[0])
print("list5[1:5]:",list5[1:5])
```

Out:
```
list4[0]:physics
list5[1:5]:[2,3,4,5]
```

③更新列表。

你可以对列表的数据项进行修改或更新,也可以直接改变列表位置上的值,如下所示:

In:
```
list6=['physics','chemistry',1997,2000];
print("Value available at index 2:")
print(list6[2])
list6[2]=2001;
print("New value available at index 2:")
print(list6[2])
```

Out:
```
Value available at index 2:
1997
New value available at index 2:
2001
```

④删除列表元素。

可以使用 del 语句来删除列表的元素,如下所示:

In:
```
list7=['physics','chemistry',1997,2000]
print(list7)
```

```
del list7[2]
print("After deleting value at index 2:")
print(list7)
```

Out:
['physics','chemistry',1997,2000]
After deleting value at index 2:
['physics','chemistry',2000]

⑤Python 列表脚本操作符。

列表对"＋"和"＊"的操作符与字符串相似。＋号用于组合列表,＊号用于重复列表,如表 5-5 所示。

表 5-5 Python 列表脚本操作符

Python 表达式	结　果	描　述
len([1,2,3])	3	长度
[1,2,3]+[4,5,6]	[1,2,3,4,5,6]	组合
['Hi']＊4	['Hi','Hi','Hi','Hi']	重复
3 in[1,2,3]	True	元素是否存在于列表中

⑥Python 列表截取。

Python 的列表截取,如下所示:

In:
```
L=['a','b','c']
print("L[2]=",L[2])     #读取第 3 个元素
print("L[-2]=",L[-2])   #读取倒数第二个元素
print("L[1:]=",L[1:])   #从第二个元素开始截取列表
```

Out:
L[2]=c
L[-2]=b
L[1:]=['b','c']

⑦Python 列表操作的函数和方法。

列表操作包含的函数如表 5-6 所示。

表 5-6 Python 列表操作的函数

函　数　名	描　述
cmp(list1,list2)	比较两个列表的元素
len(list)	返回列表元素个数
max(list)	返回列表元素最大值

续表

函 数 名	描 述
min(list)	返回列表元素最小值
list(seq)	将元组转化为列表

列表操作包含的方法如表5-7所示。

表5-7 列表操作包含方法

列表操作方法	描 述
list.append(obj)	在列表末尾添加新的对象
list.count(obj)	统计某个元素在列表中出现的次数
list.extend(seq)	在列表末尾一次性追加另一个序列中的多个值（用新列表扩展原来的列表）
list.index(obj)	从列表中找出某个值的第一个匹配项的索引位置
list.insert(index,obj)	将对象插入列表
list.pop(obj=list[-1])	移除列表中的一个元素（默认最后一个元素），并且返回该元素的值
list.remove(obj)	移除列表中某个值的第一个匹配项
list.reverse()	反向排列列表中的元素
list.sort([func])	对原列表进行排序

(2) 元组。

元组和列表类似，只不过元组和字符串一样是不可变的，即不能修改元组。元组通过圆括号中用逗号分隔的项目定义。当一组数据在使用中无须修改时，可使用元组。元组的使用与列表相同，只是不能修改、删除、增加其元素。例如：

```
garden = (" Bird of Paradise"," rose"," tulip"," lotus"," olive","Sunflower")
print('Number of flowers in the garden is',len(garden))   #输出花的种数
i=2
print('flower',i,'is',garden[i-1])   #输出第二朵花的名称
garden=('Phlox','Peach Blossom',garden)   #给原来的garden增添种类
i=1
print("new garden=",garden)   #输出新garden的内容
print('Number of flowers in the new garden is',len(garden))   #输出新garden花的种数
print('flower',i,'is',garden[i-1])   #输出第一朵花的名称


Number of flowers in the garden is 6
flower 2 is rose
new garden=('Phlox','Peach Blossom',('Bird of Paradise','rose','tulip','lotus','olive','Sunflower'))
Number of flowers in the new garden is 3
```

flower 1 is Phlox

元组的运算如表 5-8 所示。

表 5-8　元组的运算

运算格式/举例	说明/结果
T1()	空元组
T2=(2011)	有一项元素的元组
T3=(2011,2,9,19,54)	有 5 项整数的元组,索引号为 0—4
T4=('sun',('mon','tue','wed'))	嵌套的元组
T3[i],T4[i][j]	索引,T3[1]=2,T4[1][1]='tue'
T3[i:j]	分片,取 i 到 j−1 的项
len(T3)	求元组的长度
T3+T4	合并元组
T3*3	重复元组,T3 重复 3 次
for x in T3	循环,x 取 T3 中每个成员执行循环体
19 in T3	19 是否是 T3 的成员

元组与列表的最大不同:一是定义时用圆括号,二是内容不能修改。

(3) 字典。

字典是无序的对象的集合,通过键进行操作。类似于通讯录通过姓名来查找电话、地址等信息,而姓名就是键。字典要求一定没有同名的对象。

字典的定义如下:

<字典名>={键 1:值 1,键 2:值 2,键 3:值 3,…}

其中,键 1,键 2,键 3 不相同,值可以是任何类型的数据,可以是列表或元组。注意,字典定义中使用的是大括号,项通过逗号隔开,每个项有键部分和值部分,键和值之间用冒号隔开。只可使用简单的对象作为键,而且不能改变,但可以用可变的对象作为字典的值。

例如:

```
address1={'zhang':'larry@wall.org',
'wang':'wang@wall.org',
'lily':'lily@ruby-lang.org',
'sam':'sam@hotmail.com'
}
print('mail of zhang',address1['zhang'])
address2={'zhang':['larry@wall.org','shaanxi'],
'wang':['wang@wall.org','beijing'],
'lily':['lily@ruby-lang.org','shanghai'],
'sam':['sam@hotmail.com','hubei']
}
print('mail of lily',address2['lily'][0])
```

```
print('province of lily',address2['lily'][0])
```

Out:
mail of zhang larry@wall.org
mail of lily lily@ruby-lang.org
province of lily lily@ruby-lang.org

字典的运算如表 5-9 所示。

表 5-9 字典的运算

运算格式/举例	说明/结果
d1={}	空字典
d2={'class':'jianhuan','year':'2011'}	有两项元素的字典
d3={'xjtu':{'class':'huagong','year':'2011'}}	嵌套的字典
d2['class'],d3['xjtu']['class']	按键使用字典
d2.keys()	获得键的列表
d2.values()	获得值的列表
len(d2)	求字典的长度
d2['year']=2020	添加或改变字典的值
del d2['year']	删除键

① 创建字典。

Python 字典是另一种可变容器模型,且可存储任意类型对象,如字符串、数字、元组等其他容器模型。

```
d1={}    #空字典
d2={'class':'jianhuan','year':'2011'}   #创建有两项元素的字典
```

每个键与值用冒号(:)隔开,每项元素用逗号分隔,整体放在花括号({})中。键必须独一无二,但值则不必如此。值可以取任何数据类型,但必须是不可变的,如字符串、数或元组。

② 访问字典的值。

把相应的键放入熟悉的方括弧,如下实例:

In:
```
print("d1:",d1)                        #输出空字典
print("d2['class']:",d2['class'])      #输出字典某个键的值
```

Out:
d1:{}
d2['class']:jianhuan

③ 修改字典。

向字典添加新内容的方法是增加新的键/值对,修改或删除已有键/值对,如下所示:

In:

```
print("d2['year']=",d2['year'])    #输出修改前的'year'
d2['year']=2020                    #修改
print("d2new[year]:",d2['year'])   #输出修改后的'year'
print("d2new:",d2)                 #输出修改前的d2
```

Out:
d2['year']=2011
d2new[year]:2020
d2new:{'class':'jianhuan','year':2020}

④删除字典元素。

删除一个字典用del命令，如下所示：

In:
```
print(d2)              #输出新字典
del d2['year']         #删除字典的键
print("d2new:",d2)     #输出删除后的字典
```

Out:
{'class':'jianhuan','year':2020}
d2new-:{'class':'jianhuan'}

清空字典只需一项操作，如下所示：
```
d2.clear()    #清空字典所有条目
del d2        #删除字典
```

⑤字典的特性。

字典值可以没有限制地取任何Python对象，既可以是标准的对象，又可以是用户定义的对象，但键不行。以下两个重要的点需要记住。

A. 同一个键不允许出现两次。创建时如果同一个键被赋值两次，则后一个值会被存储。

B. 键必须不可变，可以用数、字符串或元组充当，用列表就不行。

⑥字典内置函数和方法。

Python字典包含的内置函数如表5-10所示。

表5-10　字典内置函数

字典内置函数	描　　述
cmp(dict1,dict2)	比较两个字典元素
len(dict)	计算字典元素个数，即键的总数
str(dict)	输出字典可打印的字符串
type(variable)	返回输入的变量类型，如果变量是字典就返回字典类型

Python字典包含的内置方法如表5-11所示。

表 5-11　字典内置方法

字典内置方法	描　　述
radiansdict.clear()	删除字典内所有元素
radiansdict.copy()	返回一个字典的复本
radiansdict.fromkeys	创建一个新字典,以序列 seq 中的元素作字典的键,val 为字典所有键对应的初始值
radiansdict.get(key,default=None)	返回指定键的值,若值不在字典中则返回 default 值
radiansdict.has_key(key)	如果键在字典里则返回 True,否则返回 False
radiansdict.items()	以列表返回可遍历的(键,值)元组数组
radiansdict.keys()	以列表返回一个字典所有的键
radiansdict.setdefault(key,default=None)	和 get()类似,但如果键不已经存在于字典中,将会添加键并将值设为 default
radiansdict.update(dict2)	把字典 dict2 的键/值对更新到 dict 里
radiansdict.values()	以列表返回字典中的所有值

(4) 基本语句。

对于 Python 程序中的执行语句,默认是按照书写顺序依次执行的,这时我们说这样的语句是顺序结构的。但是,仅有顺序结构是不够的,因为有时候我们需要根据特定的情况,有选择地执行某些语句,这时我们就需要一种选择结构的语句。另外,有时候我们还可以在给定条件下重复执行某些语句,这时我们称这些语句是循环结构的。有了这三种基本的结构,我们就能够构建任意复杂的程序了。下面将主要介绍 Python 的一些入门语句,主要包括 if 语句、while 语句、for 语句的使用,其风格和 C 语言、Java 的类似。

①条件选择语句。

Python 的 if 语句的功能跟其他语言的非常相似,都是用来判定语句是否满足给出的条件,然后根据判断的结果(即真或假)决定是否执行给出的操作。if 语句是一种单选结构,它选择的是做与不做。它由三部分组成:关键字 if 本身、测试条件真假的表达式(我们简称为条件表达式)和表达式结果为真(即表达式的值为非零)时要执行的代码。if 语句的语法形式如下所示:if 语句用来检验一个条件,如果条件为真,我们运行一块语句(称为 if-块),否则我们处理另外一块语句(称为 else-块)。else 从句是可选的。

具体格式如下:
if<条件>:
　<if 块>
else:
　<else 块>

if 语句的语句体只有当条件表达式的值为真,即非零时,才会执行;否则的话,程序就会直接跳过这个语句体,去执行紧跟在这个语句体之后的语句。我们这里的语句体,既可以包含多条语句,也可以只由一条语句组成。但是语句体由多条语句组成时,要有统一的缩进形式,否则就会出现逻辑错误,即语法检查没错,但是结果却非预期。

②while 循环语句。

在 Python 语言中,除了顺序结构和选择结构之外,还有一种常见的结构:循环结构。所谓循环结构,就是在给定的条件为真的情况下,重复执行某些操作。具体而言,Python 语言中的循环结构包含两种语句,分别是 while 语句和 for 语句。这两种语句是编程的基本元素,例如当我们需要用户输入十个整数时,如果不使用循环结构的话,则需要输入十条语句,但是使用循环结构的话,我们只需要一条语句。由此可见,循环结构能够给我们的开发工作带来极大的便利。

Python 的 while 语句的功能是,当给定的条件表达式为真时,重复执行循环体(即内嵌的语句),直到条件为假时才退出循环,并执行循环体后面的语句。while 语句的语法形式如下所示:

while<条件>:
    <循环体>

举例:

while i<10:
    print i
    i=i+1

在循环中,条件后有一个冒号,循环体要使用缩进的格式。while 语句的功能是当条件成立(为真)时,执行循环体,然后再次检验条件,如果成立,再次执行循环体,直到条件不再成立,然后执行后面的程序。

③for 循环。

for 是用来循环的,是从某个对象那里依次将元素读取出来。

for<循环变量>in<序列>:
    <循环体>

它在一序列的对象上递归,即逐一使用队列中的每个项目,对每个项目执行一次循环体。应用中常用的格式是:

for<循环变量>in rang(N1,N2,N3):
<循环体>

其中,N1 表示起始值,N2 表示终止值,N3 表示步长。<循环变量>依次取从 N1 开始,间隔 N3,到 N2-1 终止的数值,执行<循环体>。例如:

for i in range(1,10,3):
    print(i)
print('The for loop is over')

Out:
1
4
7
The for loop is over

在这个程序中,打印了一个序列的数,而这个序列是使用内建的 range 函数生成的。例如,range(1,5)给出序列[1,2,3,4]。默认地,range 的步长为 1。range(1,10,3)给出[1,4,7]。range 向上延伸到第二个数,但不包含第二个数。for 循环在这个范围内递归——for i in range(1,10,3)等价于 for i in[1,4,7],这就如同把序列中的每个数(或对象)赋值给 i,然后依次对 i 的值执行这个程序块。

④使用 dict。

Python 内置了字典 dict,其在其他语言中也称为 map,使用键-值(key-value)存储,具有极快的查找速度。

举个例子,假设要根据同学的名字查找对应的成绩,如果用 list 实现,需要两个 list:

names=['Michael','Bob','Tracy']

scores=[95,75,85]

给定一个名字,要查找对应的成绩,就先要在 names 中找到对应的位置,再从 scores 取出对应的成绩,list 越长,耗时越长。如果用 dict 实现,只需要一个"名字""成绩"的对照表,直接根据名字查找成绩,无论这个表有多长,查找速度都不会变慢。

用 Python 写一个 dict 如下:

In:
d={'Michael':95,'Bob':75,'Tracy':85}
d['Michael']

Out:
95

五、函数[①]

很多时候,Python 程序中的语句都会组织成函数的形式。函数就是完成特定功能的一个语句组,这组语句可以作为一个单位使用。我们给它取一个名字,就可以通过函数名在程序的不同地方多次执行该函数(这通常叫作函数调用),却不需要重复编写这些语句。另外,每次使用函数时可以提供不同的参数作为输入,以便对不同的数据进行处理;函数处理后,还可以将相应的结果反馈给我们。

有些函数是用户自己编写的,通常我们称之为自定义函数。此外,系统也自带了一些函数。还有一些第三方编写的函数,如其他程序员编写的一些函数,我们称为预定义的 Python 函数。对于这些现成的函数用户,可以直接拿来使用。

(1)定义函数。

当我们自己定义一个函数时,通常使用 def 语句,其语法形式如下所示:

def<函数名>(<形参表>):
  <函数体>

其中,函数名可以是任何有效的 Python 标识符;参数列表是调用该函数时传递给它的值,可以由多个、一个或零个参数组成,当有多个参数时,各个参数由逗号分隔;圆括号是必不可少的,即使没有参数也不能没有它;函数体是函数每次被调用时执行的代码,可以由一

[①] 嵩天,礼欣,黄天羽.Python 语言程序设计基础[M].北京:高等教育出版社,2016.

个语句或多个语句组成,函数体一定要注意缩进。此外,如果忘记输入圆括号后面的冒号,就会导致语法错误。

这里介绍一下形式参数和实际参数,在定义函数时函数名后面圆括号中的变量名称叫作形式参数,或简称为形参;在调用函数时,函数名后面圆括号中的变量名称叫作实际参数,或简称为实参。请看下面的函数定义,这里定义的函数将传给它的数值增1,然后将增加后的值返回给调用者:

```
def add1(x):
    x=x+1
    return x
```

其中,return语句的作用是结束函数调用,并将结果返回给调用者。不过,对于函数来说,该语句是可选的,并且可以出现在函数体的任意位置;如果没有return语句,那么该函数就在函数体结束位置将控制权返回给调用方,这时相当于其他编程语言中的"过程"。在本例中,return语句是将变量x的值传递给调用者。

(2) 调用函数。

Python内置了很多有用的函数,我们可以直接调用。要调用一个函数,需要知道函数的名称和参数,比如求绝对值的函数abs,只有一个参数。我们可以直接从Python的官方网站查看文档,也可以在交互式命令行通过help(abs)查看abs函数的帮助信息。

调用函数:

```
In:
abs(100)
abs(-20)
abs(12.34)

Out:
100
20
12.34
```

如下所示:调用函数的时候,如果传入的参数数量不对,会报TypeError的错误,并且Python会明确地告诉你:abs()有且仅有1个参数,但给出了两个。如果传入的参数数量是对的,但参数类型不能被函数所接受,也会报TypeError的错误,并且给出错误信息:str是错误的参数类型:

```
In:
abs(1,2)

Out:
Traceback(most recent call last):
File"<stdin>",line 1,in<module>
TypeError:abs()takes exactly one argument(2 given)
```

```
In:
abs('a')


Out:
Traceback(most recent call last):
File"<stdin>",line 1,in<module>
TypeError:bad operand type for abs():'str'
```
而比较函数 cmp(x,y)就需要两个参数,如果 x<y,返回-1;如果 x==y,返回 0;如果 x>y,返回 1:

| In:
cmp(1,2)
Out:
-1 | In:
cmp(2,1)
Out:
1 | In:
cmp(3,3)
Out:
0 |

（3）数据类型转换。

Python 内置的常用函数还包括数据类型转换函数,比如 int()函数可以把其他数据类型转换为整数:

```
>>>int('123')
123
>>>int(12.34)
12
>>>float('12.34')
12.34
>>>str(1.23)
'1.23'
>>>unicode(100)
u'100'
>>>bool(1)
True
>>>bool('')
False
```

函数名其实就是指向一个函数对象的引用,完全可以把函数名赋给一个变量,相当于给这个函数起了一个"别名":

```
In:
a=abs    #变量 a 指向 abs 函数
a(-1)    #所以也可以通过 a 调用 abs 函数


Out:
1
```

(4) 自定义函数。

在 Python 中,定义一个函数要使用 def 语句,依次写出函数名、左括号、括号中的参数、右括号和冒号,然后,在缩进块中编写函数体,函数的返回值用 return 语句返回。我们以自定义一个求绝对值的 my_abs 函数为例:

```
def my_abs(x):
    if x>=0:
        return x
    else:
        return-x
```

函数体内部的语句一旦执行到 return,函数就执行完毕,并将结果返回。如果没有 return 语句,函数执行完毕后也会返回结果,只是结果为 None。return None 可以简写为 return。

①空函数。

如果想定义一个什么事也不做的空函数,可以用 pass 语句:

```
def nop():
    pass
```

实际上 pass 可以用来作为占位符,比如现在还没想好怎么写函数的代码,就可以先放一个 pass,让代码能运行起来。pass 还可以用在其他语句里,比如:

```
if age>=18:
    pass
```

如果缺少了 pass,代码就会有语法错误。

②参数检查。

调用函数时,如果参数个数不对,Python 解释器会自动检查出来,并抛出 TypeError:

```
In:
my_abs(1,2)


Out:
Traceback(most recent call last):
    File"<stdin>",line 1,in<module>
TypeError:my_abs()takes exactly 1 argument(2 given)
```

但是如果参数类型不对,Python 解释器就无法帮我们检查。试试 my_abs 和内置函数 abs 的差别:

```
In:
my_abs('A')    #参数类型错误


Out:
'A'            #正常输出


In:
```

```
abs('A')        #参数类型错误
```

```
Out:
Traceback(most recent call last):
File"<stdin>",line 1,in<module>
TypeError:bad operand type for abs():'str'    #报错
```

当传入了不恰当的参数时,内置函数 abs 会检查出参数错误,而我们定义的 my_abs 没有参数检查,所以,这个函数定义不够完善。

让我们修改一下 my_abs 的定义,对参数类型做检查,只允许传入整数和浮点数类型的参数。数据类型检查可以用内置函数 isinstance 实现:

```
def my_abs(x):
    if not isinstance(x,(int,float)):   #检验 x 是否为整数/浮点数
        raise TypeError('bad operand type')
    if x>=0:
        return x
    else:
        return-x
```

添加了参数检查后,如果传入错误的参数类型,函数就可以抛出一个错误:

```
In:
my_abs('A')
```

```
Out:
Traceback(most recent call last):
File"<stdin>",line 1,in<module>
File"<stdin>",line 3,in my_abs
TypeError:bad operand type
```

③返回多个值。

函数可以返回多个值,比如在游戏中经常需要从同一个点移动到另一个点,如果给出坐标、位移和角度,就可以计算出新的坐标:

```
import math
def move(x,y,step,angle=0):
    nx=x+step*math.cos(angle)
    ny=y-step*math.sin(angle)
    return nx,ny
```

这样我们就可以同时获得返回值:

```
In:
x,y=move(100,100,60,math.pi/6)
print(x,y)
```

151.96152422770.0

但其实这只是一种假象,Python 函数返回的仍然是单一值:

In:
r=move(100,100,60,math.pi/6)
print(r)

Out:
(151.96152422706632,70.0)

原来返回值是一个 tuple,但是,在语法上,返回一个 tuple 可以省略括号,而多个变量可以同时接收一个 tuple,按位置赋给对应的值,所以,Python 的函数返回多值其实就是返回一个 tuple,但写起来更方便。

(5) 函数的参数。

定义函数的时候,我们把参数的名字和位置确定下来,函数的接口定义就完成了。对于函数的调用者来说,只需要知道如何传递正确的参数,以及函数将返回什么样的值,函数内部的复杂逻辑被封装起来,调用者无须了解。Python 的函数定义非常简单,但灵活度却非常大。除了正常定义的必选参数外,还可以使用默认参数、可变参数和关键字参数,使得函数定义出来的接口,不但能处理复杂的参数,而且可以简化调用者的代码。

(6) 常用函数。

Python 中常用函数如表 5-12 所示。

表 5-12　Python 常用函数表

函数(<表达式>)	获得表达式的数据类型
int('34')	转换为整数
int('1101',2)	将二进制字符串转换为十进制整数
float('43.4')	转换为浮点数
str(34)	转换为字符串
bin(43)	将十进制整数转换为二进制数
math.log10(10)	以 10 为底的对数
math.sin(math.pi/2)	正弦函数
math.pi	常数 pi,3.141592653589793
math.exp(8)	e 的 8 次幂
math.pow(32,4)	32 的 4 次幂
math.sqrt(2)	2 的平方根
math.cos(math.pi/3)	余弦函数
math.fabs(−32.90)	求绝对值
math.factorial(n)	求 n 的阶乘

(7) 局部变量和全局变量。

在 Python 中的任何变量都有其特定的作用域,比如在一个函数中定义的变量一般只能在该函数内部使用,这些只能在程序的特定部分使用的变量我们称之为局部变量;比如在一个文件顶部定义的变量可以供该文件中的任何函数调用,这些可以为整个程序所使用的变量称为全局变量。

上面是从空间的角度来考察变量的局部性和全局性的。如果从时间的角度来看,不妨简单地认为在程序运行的整个过程中,全局变量一直占据着内存,并且它的值可以供所有函数访问;而局部变量则是只有在其所在函数被调用时才给它分配内存,当函数返回时,其所占内存就会被释放,所以它只能供其所在的函数访问——换句话说,当某个函数退出时,其局部变量原先所占的内存将被分配给其他函数的局部变量。

下面提供一个例子来了解局部变量和全局变量,代码如下所示:

```
globalInt=9
def myAdd():
   localInt=3
   return globalInt+localInt
print(myAdd())
print(globalInt)
print(localInt)
```

上述代码中,我们定义了一个全局变量 globalInt,该变量将在整个程序中有效;然后定义了一个函数 myAdd(),并在这个函数中定义了一个局部变量 localInt,该局部变量只能在函数 myAdd()中有效。代码的最后部分,我们先打印了函数的返回值,然后分别打印全局变量 globalInt 和局部变量 localInt 的值。代码结果为:

```
Out:
12
9
Traceback(most recent call last):
File"C:\Python27\test\example",line13,in<module>
   print localInt
NameError:name'localInt'is not defined
```

代码的执行结果表明,函数 myAdd()既可以访问其内部自己定义的局部变量 localInt,也可以使用在其外部定义的全局变量 globalInt,所以调用该函数时返回的结果为 12。然后打印了全局变量 globalInt 的值,其为 9,这说明它全局可用。最后打印局部变量 localInt 时遇到了错误,错误提示说 localInt 没有定义,这是因为局部变量 localInt 只能在定义它的函数 myAdd()中有效,或者说可见,而超出函数范围之外的代码是看不到它的,根据先定义后使用的原则,Python 解释器会认为该程序使用了未定义的变量名。

第三节 常用 Python 第三方库举要

一、numpy 数据计算基础[①]

(1) numpy 概述。

Python 标准库中提供了一个 array 类型,用于保存数组类型数据,然而这个类型不支持多维数据,处理函数也不够丰富,不适合数值运算。因此,Python 语言的第三方库 numpy 得到了迅速发展,至今,numpy 已经成为科学计算事实上的标准库。

numpy 库处理的最基础的数据类型是由同种元素构成的多维数组(ndarray),简称"数组"。数组中所有元素的类型必须相同,数组中元素可以用整数索引,序号从 0 开始。多维数组类型的维度(dimensions)叫作轴(axes),轴的个数叫作秩(rank)。一维数组的秩为 1,二维数组的秩为 2,二维数组相当于由两个一维数组构成。

由于 numpy 库中函数较多且命名容易与常用命名混淆,建议采用如下方式引用 numpy 库:

import numpy as np

其中,as 保留字与 import 一起使用能够改变后续代码中库的命名空间,有助于提高代码可读性。简单地说,在程序的后续部分中,np 将代替 numpy。

(2) numpy 库解析。

①函数。

numpy 库常用的数组创建函数共 7 个,如表 5-13 所示。

表 5-13 numpy 库常用的数组创建函数

函数	描述
np.array([x,y,z],dtype=int)	从 Python 列表和元组创建数组
np.arange(x,y,i)	创建一个由 x 到 y,以 i 为步长的数组
np.linspace(x,y,n)	创建一个由 x 到 y,等分成 n 个元素的数组
np.indices((m,n))	创建一个 m 行 n 列的矩阵
np.random.rand(m,n)	创建一个 m 行 n 列的随机数组
np.ones((m,n),dtype)	创建一个 m 行 n 列全为 1 的数组,dtype 是数据类型
np.empty((m,n),dtype)	创建一个 m 行 n 列全为 0 的数组,dtype 是数据类型

②属性。

创建一个简单的数组后,可以查看 ndarray 类的基本属性,如表 5-14 所示。

[①] 嵩天,礼欣,黄天羽.Python 语言程序设计基础[M].北京:高等教育出版社,2016.

表 5-14　ndarray 类的库常用属性

属　　性	描　　述
ndarray.ndim	数组轴的个数,也称作秩
ndarray.shape	数组在每个维度上整数元组的长度
ndarray.size	数组元素的总个数
ndarray.dtype	数组元素的数据类型,dtype 类型可以用于创建数组
ndarray.itemsize	数组中每个元素的字节大小
ndarray.data	包含实际数组元素的缓冲区地址
ndarray.flat	数组元素的迭代器

例如:

```
In:
import numpy as np
a= np.ones((4,5))
print(a)
```

Out: [[1.1.1.1.1.] [1.1.1.1.1.] [1.1.1.1.1.] [1.1.1.1.1.]]	In: a.ndim Out: 2	In: a.shape Out: (4,5)	In: a.dtype Out: dtype('float64')

③方法。

数组在 numpy 中被当作对象,可以采用<a>.<b>()方式对其进行一些操作。表5-15给出了改变数组基础形态的操作方法,例如改变和调换数组维度等。其中,np.flatten()函数用于数组降维,相当于平铺数组中的数据,该功能在矩阵运算及图像处理中用处很大。

表 5-15　ndarray 类的形态操作方法

方　　法	描　　述
ndarray.reshape(n,m)	不改变数组 ndarray,返回一个维度为(n,m)的数组
ndarray.resize(new_shape)	与 reshape()作用相同,直接修改数组 ndarray
ndarray.swapaxes(ax1,ax2)	将数组 n 个维度中任意两个维度进行调换
ndarray.flatten()	对数组进行降维,返回一个折叠后的一维数组
ndarray.revel()	作用同 np.flatten(),但是返回数组的一个视图

例如:

```
In:
a=np.random.rand(4,3)    #生成 4×3 的数组,用随机数填充
a[1]    #获取第一行数据

Out:
```

array([0.40801359,0.24016152,0.95975328])

In:
a[:3]

Out:
array([[0.70355112,0.44710768,0.12174265],
       [0.40801359,0.24016152,0.95975328],
       [0.2070701,0.58094812,0.88411471]])

In:
a[-4:-2:2]

Out:
array([[0.70355112,0.44710768,0.12174265]])

④算数运算函数。

numpy库提供了一批运算函数。表5-16列出了numpy库的算术运算函数,共8个。这些函数中,输出参数y可选,如果没有指定,函数建立并返回一个新的数组保存计算结果;如果指定了参数,函数则将结果保存到参数中。例如,两个数组相加可以简单地写为a+b,而np.add(a,b,a)则表示a+=b。

表 5-16 numpy 库的算术运算函数

函　　数	描　　述
np.add(x1,x2[,y])	y=x1+x2
np.subtract(x1,x2[,y])	y=x1-x2
np.multiply(x1,x2[,y])	y=x1*x2
np.divide(x1,x2[,y])	y=x1/x2
np floor_divide(x1,x2[,y])	y=x1//x2,返回值取整
np.negative(x[,y])	y=-x
np.power(x1,x2[,y])	y=x1**x2
np.remainder(x1,x2[,y])	y=x1%x2

⑤比较运算符。

numpy库的比较运算函数共7个,如表5-17所示。

表 5-17 numpy 库的比较运算函数

函　　数	符号描述
np.equal(x1,x2[,y])	y=x1==x2
np.not_equal(x1,x2[,y])	y=x1!=x2
np.less(x1,x2,[,y])	y=x1<x2

续表

函　　数	符　号　描　述
np.less_equal(x1,x2,[,y])	y=x1<=x2
np.greater(x1,x2,[,y])	y=x1>x2
np.greater_equal(x1,x2,[,y])	y=x1>=x2
np.where(condition[,x,y])①	根据给出的条件判断输出 x 还是 y

例：
>>>import numpy as np
>>>np.less([1,2],[2,2])
array([True,False],dtype=bool)

⑥数学运算函数。

numpy 还有一些其他有趣而操作方便的函数，如表 5-18 所示。

表 5-18　numpy 库的数学运算函数

函　　数	符　号　描　述
np.abs(x)	计算基于元素的整数、浮点数或复数的绝对值
np.sqrt(x)	计算每个元素的平方根
np.squre(x)	计算每个元素的平方
np.sign(x)	提取每个元素的符号：1(+)、0、-1(-)
np.ceil(x)	计算大于或等于每个元素的最小值
np.floor(x)	计算小于或等于每个元素的最大值
np.rint(x[,out])	取每个元素为最近的整数，保留数据类型
np.exp(x[,out])	计算每个元素的指数值
np.log(x),np.log10(x),np.log2(x)	计算自然对数(基于 e 的对数)，基于 10、2 的对数

例：
>>>import numpy as np
>>>np.abs(-88.9)
88.900000000000006

numpy 库还包括三角运算函数、傅里叶变换、随机和概率分布、基本数值统计、位运算、矩阵运算等非常丰富的功能，读者在使用时可以到官方网站查询。

⑦运算规则。

实数的算术运算是最为常见的运算规则，类似地，矩阵也有算术运算。一个完备的运算体系包括运算基本单位和运算规则。在 numpy 中，运算基本单位是数组，运算规则与实数一样，包括算术运算、比较运算、统计运算、三角函数运算、随机运算等。numpy 库的广泛使用与完备的运算体系密切相关。

---

①　where()函数是三元表达式 x if condition else y 的矢量版。

(3) 应用实例。

为了结合 Python 的列表、元组和字典展现 numpy 库的科学计算功能,通过关注复旦大学、上海交通大学、同济大学和华东师范大学的官方微信公众号,获取它们 2019 年 10 月 27 日至 2019 年 11 月 2 日一周的公众号运营数据。2019 年 11 月 5 日 7:45 对其推送时间、阅读量、在看量进行逐条记录并写入 Python 文件 WXU4.py。

```
import numpy as np
Udata={'复旦大学':[['15:28',4759,24],['23:36',(3985,2208,408),(30,17,2)],#定义字典
                 ['23:17',(20000,1732,701),(155,30,3)],
                 ['21:19',4547,31],['8:24',66000,1017],
                 ['9:33',(6628,4318),(51,34)],
                 ['23:48',(3788,9139,19000),(16,246,60)]],
        '上海交通大学':[['12:06',17000,82],['12:15',27000,276],
                    ['11:15',15000,75],['11:44',14000,178],
                    ['09:17',23000,465],['10:57',17000,106],
                    ['11:40',27000,169]],
        '同济大学':[['19:00',7451,93],
                 ['22:50',5793,89],
                 ['22:04',15000,318],
                 ['20:46',7760,87],
                 ['22:33',3029,37],
                 ['22:20',18000,224],
                 ['17:55',7930,80]],
        '华东师范大学':[['12:51',7951,54],
                   ['19:38',5921,75],
                   ['20:09',12000,153],
                   ['21:20',9598,52],
                   ['23:38',6479,45],
                   ['21:15',17000,187],
                   ['14:25',17000,130]],
        }

def getDayData(dayD):#处理一天的数据
    s=dayD[0].split(':')
    S=np.array(s)
    dayD[0]=int(S[0])+int(S[1])/60
    dayD[1]=np.sum(dayD[1])
    dayD[2]=np.sum(dayD[2])
    return dayD
```

```
def getU(x):#处理一所高校一周内数据
    UList=[]
    for i in range(7):
        if len(x[i])>0:
            x[i]=getDayData(x[i])
            UList.append(x[i])
        else:
            continue
    return UList

Dict_nd={}
for p in Udata.keys():
    U=np.array(getU(Udata[p]))
    Dict_nd[p]=np.vstack((U,np.max(U,axis=0),
        np.mean(U,axis=0),np.min(U,axis=0),
        np.std(U,axis=0)))
    Dict_nd[p]=np.round(100*Dict_nd[p])/100
    print(p,':')
    timeList=['2019-10-27','2019-10-28','2019-10-29','2019-10-30',
              '2019-10-31','2019-11-01','2019-11-02',
              '最大值:','平均值:','最小值:','标准偏差:']
    print('发布时间阅读量在看'.rjust(25,''))
    for i in range(7):
        print(timeList[i].ljust(12,''),[p for p in Dict_nd[p][i,:]])
    for i in range(7,11):
        print(timeList[i].ljust(9,''),[p for p in Dict_nd[p][i,:]])
    for i in range(11,11):
        print(timeList[i].ljust(5,''),[p for p in Dict_nd[p][i,:]])
print()
```

部分输出结果：

复旦大学：

发布时间阅读量在看

2019-10-27   [15.47,4759.0,24.0]

2019-10-28   [23.6,6601.0,49.0]

2019-10-29   [23.28,22433.0,188.0]

2019-10-30   [21.32,4547.0,31.0]

2019-10-31   [8.4,66000.0,1017.0]

2019-11-01   [9.55,10946.0,85.0]

2019-11-02   [23.8,31927.0,322.0]

最大值： [23.8,66000.0,1017.0]
平均值： [17.92,21030.43,245.14]
最小值： [8.4,4547.0,24.0]
标准偏差：[6.25,20665.13,330.33]
……………………

二、matplotlib 数据可视化基础[①]

（1）matplotlib 库的引用与显示。

①引用。

matplotlib.pyplot 是 matplotlib 的子库，引用方式如下：

import matplotlib.pyplot as plt

②显示中文。

为了正确显示中文字体，请用以下代码更改默认设置，其中'SimHei'表示黑体字。字体是计算机显示字符的方式，均由人工设计，并采用字体库方式部署在计算机中。西文和中文字体都有很多种类，常用的除'SimHei'外，还有'SimSun'、'FangSong'、'KaiTi'等分别表示宋体、仿宋和楷体。

import matplotlib

matplotlib.rcParams['font.family']='SimHei'

matplotlib.rcParams['font.sans-serif']=['SimHei']

③正常显示正负号的负号（-）。

plt.rcParams['axes.unicode_minus']=False　　#用来正常显示负号

（2）matplotlib.pyplot 库简析。

使用 plt 代替 matplotlib.pyplot。plt 子库提供了一批操作和绘图函数，每个函数代表对图像进行的一个操作，比如创建绘图区域、添加标注或者修改坐标轴等。这些函数采用 plt.<b>()形式调用，其中<b>是具体函数名称。

①绘制区域。

plt 子库中包含了 4 个与绘图区域有关的函数，如表 5-19 所示。

表 5-19　plt 库的绘图区域函数

函数	描述
plt.figure(figsize=None,facecolor=None)	创建一个全局绘图区域
plt.axes(rect,axisbg='w')	创建一个坐标系风格的子绘图区域
plt.subplot(nrows,ncols,plot_number)	在全局绘图区域中创建一个子绘图区域
plt.subplots_adjust()	调整子绘图区域的布局

使用 figure 函数创建一个全局绘图区域，并且使它成为当前的绘图对象，figsize 参数可以指定绘图区域的宽度和高度，单位为英寸。鉴于 figure 函数参数较多，这里采用指定参数名称的方式输入参数。

[①]　嵩天，礼欣，黄天羽.Python 语言程序设计基础[M].北京:高等教育出版社,2016.

```
plt.figure(figsize=(8,4))
```
绘制图像之前也可不调用 figure 函数创建全局绘图区域,此时,plt 子库会自动创建一个默认的绘图区域。显示绘图区域的代码如下:
```
plt.figure(figsize=(8,4))
plt.show()
```
subplot 用于在全局绘图区域内创建子绘图区域,其参数表示将全局绘图区域分成 nrows 行和 ncols 列,并根据先行后列的计数方式在 plot_number 位置生成一个坐标系,实例代码如下。其中,全局绘图区域被分割成 3×2 的网格,在第 4 个位置绘制了一个坐标系。
```
plt.subplot(324)
plt.show()
```
axes 默认创建一个 subplot(111)坐标系,参数 rec=[left,bottom,width,height]中 4 个变量的范围都为[0,1],表示坐标系与全局绘图区域的关系;axisbg 指背景色,默认为 white。

②读取和显示。

plt 子库提供了一组与读取和显示相关的函数,用于在绘图区域中增加显示内容及读入数据,如表 5-20 所示。

表 5-20 plt 库的读取和显示函数

函 数	描 述
plt.legend()	在绘图区域中放置绘图标签(也称图注)
plt.show()	显示创建的绘图对象
plt.matshow()	在窗口显示数组矩阵
plt.imshow()	在 axes 上显示图像
plt.imsave()	保存数组为图像文件
plt.imread()	从图像文件中读取数组

③基础图表。

pyplot 模块提供了 17 个用于绘制"基础图表"的常用函数,如表 5-21 所示。

表 5-21 plt 库的基础图表函数

操 作	描 述
plt.polt(x,y,label,color,width)	根据 x、y 数组绘制直、曲线
plt.boxplot(data,notch,position)	绘制一个箱型图(Box-plot)
plt.bar(left,height,width,bottom)	绘制一个条形图
plt.barh(bottom,width,height,left)	绘制一个横向条形图
plt.polar(theta,r)	绘制极坐标图
plt.pie(data,explode)	绘制饼图
plt.psd(x,NFFT=256,pad_to,Fs)	绘制功率谱密度图
plt.specgram(x,NFFT=256,pad_to,F)	绘制谱图
plt.cohere(x,y,NFFT=256,Fs)	绘制 X-Y 的相关性函数

续表

操　作	描　述
plt.scatter()	绘制散点图(x,y是长度相同的序列)
plt.step(x,y,where)	绘制步阶图
plt.hist(x,bins,normed)	绘制直方图
plt.contour(X,Y,Z,N)	绘制等值线
plt.vlines()	绘制垂直线
plt.stem(x,y,linefmt,markerfmt,basefmt)	绘制曲线每个点到水平轴线的垂线
plt.plot_date()	绘制数据日期
plt.plotfile()	绘制数据后写入文件

　　plot 函数是用于绘制直线的最基础的函数,调用方式很灵活,x 和 y 可以是 numpy 计算出的数组,并用关键字参数指定各种属性。其中,label 表示设置标签并在图例(legend)中显示,color 表示曲线的颜色,linewidth 表示曲线的宽度。在字符串前后添加"$"符号,matplotlib 会使用其内置的 latex 引擎绘制数学公式。

　　④坐标轴设置。

　　plt 库有两个坐标体系:图像坐标和数据坐标。图像坐标将图像所在区域左下视为原点,将 x 方向和 y 方向长度设定为 1。整体绘图区域有一个图像坐标,每个 axes 和 subplot 函数产生的子图也有属于自己的图像坐标。axes 函数参数 rect 表示当前产生的子区域相对于整个绘图区域的图像坐标。数据坐标以当前绘图区域的坐标轴为参考,显示每个数据点的相对位置,这与坐标系里面标记数据点一致。表 5-22 给出了与 plt 库的坐标轴设置相关的函数。

表 5-22　plt 库的坐标设置函数

函　数	描　述
plt.axis('v','off','equal','scaled','tight',,image')	获取设置轴属性的快捷方法
plt.xlim(xmin,xmax)	设置当前 x 轴取值范围
plt.ylim(ymin,ymax)	设置当前 y 轴取值范围
plt.xscale()	设置 x 轴缩放
plt.yscale()	设置 y 轴缩放
plt.autoscale()	自动缩放轴视图的数据
plt.text(x,y,s,fontdic,withdash)	为 axes 图轴添加注释
plt.thetagrids(angles,labels,fmt,frac)	设置极坐标网格 theta 的位置
plt.grid(on/off)	打开或者关闭坐标网格

　　⑤标签设置。

　　plt 库给出了 13 个设置坐标系标签的相关函数,如表 5-23 所示。

表 5-23　plt 库的标签设置函数

函　　数	描　　述
plt.figlegend(handles,label,loc)	为全局绘图区域放置图注
plt.legend()	为当前坐标图放置图注
plt.xlabel(s)	设置当前 x 轴的标签
plt.ylabel(s)	设置当前 y 轴的标签
plt.xticks(array,'a','b','c')	设置当前 x 轴刻度位置的标签和值
plt.yticks(array,'a','b','c')	设置当前 y 轴刻度位置的标签和值
plt.clabel(cs,v)	为等值线图设置标签
plt.get_figlabels()	返回当前绘图区域的标签列表
plt.figtext(x,y,s,fontdic)	为全局绘图区域添加文字
plt.title()	设置标题
plt.suptitle()	为当前绘图区域添加中心标题
plt.text(x,y,s,fontdic,withdash)	为坐标图轴添加注释
pltannotate(note,xy,xytext,xycoords,textcoords,arrowprops)	用箭头在指定数据点创建一个注释或一段文本

(3) 常见图形绘制举要。

① 折线图。

排列在工作表的列或行中的数据可以绘制到折线图中。折线图可以显示随时间(根据常用比例设置)而变化的连续数据,因此非常适合用于显示在相等时间间隔下数据的趋势。

在折线图中,类别数据沿水平轴均匀分布,值数据沿垂直轴均匀分布。

② 柱形图。

柱形图,又称长条图、柱状统计图,亦称条图、条状图、棒形图,是一种以长方形的长度为变量的统计图表。长条图用来比较两个或以上的价值(不同时间或者不同条件),只有一个变量,通常利用于较小的数据集分析。长条图亦可横向排列,或用多维方式表达。

Python 程序:

```
import numpy as np
import pandas as pd
import matplotlib.pyplot as plt

plt.rcParams['font.sans-serif']=['SimHei']
plt.rcParams['axes.unicode_minus']=False

CmediaI_Data = pd.read_csv('..\writeBook/CmediaI.txt',sep=',',encoding='gbk')
Data=CmediaI_Data.values[:,1:]
y1=Data[0,:]
```

```
y2=Data[1,:]
y3=Data[2,:]
x=np.arange(2012,2019)

fig=plt.figure(figsize=(7,5))
ax1=fig.add_subplot(221)
ax1.bar(x,y1)
ax1.set_ylim([8000,23000])
ax1.set_ylabel('产值(亿元)')
ax1.set_xlabel('年份')
#plt.legend(r'left',loc='best')
ax2=ax1.twinx()
ax2.plot(x,y2,'k--',x,y3,'ms-')
#plt.legend(r'right',loc='best')
ax2.set_ylim([5,30])
ax2.set_ylabel('增长率(%)')
```
运行结果如图 5-10 所示。

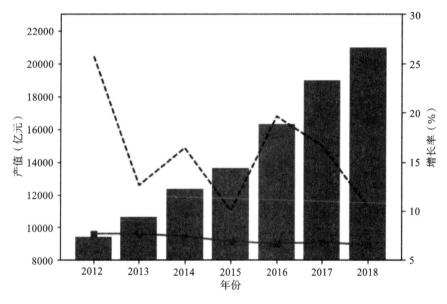

图 5-10 折线图和柱状图

③散点图。

散点图是用两组数据构成多个坐标点，考察坐标点的分布，判断两变量之间是否存在某种关联或总结坐标点的分布模式。散点图将序列显示为一组点。值由点在图表中的位置表示。类别由图表中的不同标记表示。散点图通常用于比较跨类别的聚合数据。

Python 代码如下：

```
import numpy as np
import matplotlib.pyplot as plt
```

```python
#保持正常显示中文和"-"的两个语句
plt.rcParams['font.sans-serif']=['FangSong']
plt.rcParams['axes.unicode_minus']=False

d=np.array([9216,26954,56246,87202,124133,165195,189814])/10000
#定义一个列表。列表中的元素可以为各种数据类型
timeY=['2013年','2014年','2015年','2016年','2017年','2018年','2019年6月']

fig1=plt.figure(figsize=(4,3))    #指定图形的宽、高
timeX=np.hstack((np.arange(6),5.5))
plt.scatter(timeX,d,alpha=0.8,\
            s=30*d,c=timeX,cmap='viridis')    #alpha为透明度参数
plt.xticks(timeX,timeY)    #对x轴进行重新标注
plt.xlim((-0.5,6.2))
plt.ylim((0,22))    #设置y轴范围
plt.xlabel('年份',fontsize=15)    #对x轴进行命名,并规定字体大小
plt.ylabel("粉丝量(万)",fontsize=12)
plt.xticks(rotation=36,fontsize=12)    #对x轴标签进行旋转
plt.title('粉丝增长的散点图')
plt.show()    #显示图形
plt.close()
fig1.savefig('粉丝数.png',dpi=300)
```

散点图代码运行结果如图 5-11 所示。

④ 饼图。

饼图常用于统计学模块,仅排列在工作表的一列或一行中的数据可以绘制到饼图中。饼图显示一个数据系列中各项的大小与各项总和的比例。饼图中的数据点显示为整个饼图的百分比。

Python 代码如下:

```python
import numpy as np
import matplotlib.pyplot as plt

plt.rcParams['font.sans-serif']=['SimHei']
plt.rcParams['axes.unicode_minus']=False

labels=['电视剧','新闻/时事','综艺','生活服务','专题',
        '青年','电影','体育','法制']
sizes=np.array([[28.1,31.8],[10.5,13.3],[5.6,11.2],[13.3,7.1],
        [8.7,6.2],[4.6,5.5],[3.1,4.7],[2.5,4.2],[1.5,1.3]])
```

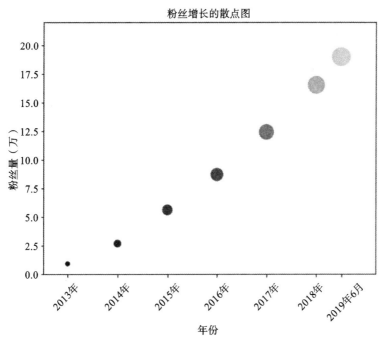

图 5-11 散点图

```
colors=['grey','blue','yellowgreen','gold','green',
        'lightskyblue','lightcoral','m','k']
explode= (0.1,0.1,0.13,0.13,0.13,0.13,0.13,0.13,0.35)

fig=plt.figure(figsize=(9,7))
fig.add_subplot(221)
plt.pie(sizes[:,0],explode=explode,labels=labels,
        colors=colors,autopct='%1.1f%%',shadow=True,
        startangle=90)
plt.axis('equal')
fig.add_subplot(222)
plt.pie(sizes[:,1],explode=explode,labels=labels,
        colors=colors,autopct='%1.1f%%',shadow=True,
        startangle=90)
plt.axis('equal')
plt.show()
```

饼图代码运行结果如图 5-12 所示。

⑤箱图。

箱图又称为箱须图、盒须图、盒式图或箱线图，是一种用于显示一组数据分散情况的统计图，因形状如箱子而得名。它在各种领域经常被使用，常见于品质管理。它主要用于反映原始数据分布的特征，还可以进行多组数据分布特征的比较。箱图具有以下特点。

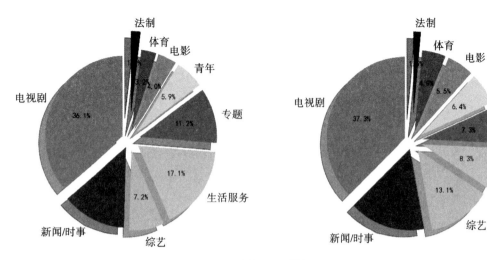

图 5-12　饼图

A. 标出水平的中位线，指明数据的位置。
B. 箱体扩展到四分位范围，用来衡量数据的分布。
C. 一系列的虚线从中间的箱体或横或纵伸展，表明数据的尾部分布。
Python 代码如下：

```
import numpy as np
import matplotlib.pyplot as plt

plt.rcParams['font.sans-serif']=['FangSong']
plt.rcParams['axes.unicode_minus']=False


#2019年10月21日至11月2日:官网微信阅读量统计
uNameList=['复旦大学','上海交通大学','同济大学','华东师范大学']
Data=np.array([[14222,40611,5871,4736,7775,4184,4759,
                6601,22433,4547,66000,10946,31927],
               [16000,19000,53000,12000,16000,51000,
                17000,27000,15000,14000,23000,17000,27000],
               [13000,20000,9638,13000,8730,#2019/10/26同济大学无微信推送
                7451,5793,15000,7760,3029,18000,7930],
               [6869,4421,60000,6610,13000,9001,
                7951,5921,12000,9598,6479,17000,17000]])

fig=plt.figure(figsize=(8,5))    #指定图形的宽、高
ax=fig.add_subplot(221)
ax.boxplot(Data)
ax.set_xticklabels(uNameList,fontsize='8')
```

```
plt.ylabel('阅读量')
fig.savefig('box1.png',dpi=300)
plt.show()
```
箱图代码运行结果如图 5-13 所示。

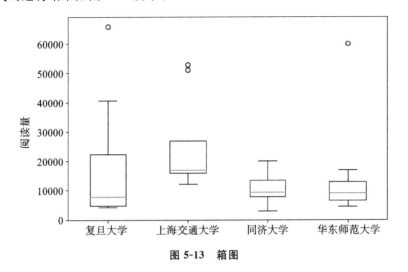

图 5-13　箱图

⑥雷达图。

雷达图是根据多个离散属性比较对象的最直观的工具,使用 matplotlib.pyplot()绘制圆形多级雷达图,可展示对象多属性的差异。

根据《新媒体蓝皮书:中国新媒体发展报告(2018)》[1],2018 年全国舆情事件媒介平台文章数量比例分布如下:微信(29%)、APP(25%)、新闻(26%)、微博(11%)、论坛(5%)、博客(3%)和报刊(1)%。绘制它们的多级雷达图,即在一组同心圆上填充不规则七边形,其每个顶点到圆心的距离代表各自数量权重。

Python 代码如下:

```
import numpy as np
import matplotlib.pyplot as plt

plt.rcParams['font.sans-serif']=['SimHei']
plt.rcParams['axes.unicode_minus']=False

plt.figure(figsize=(6,5))
labels=np.array(['微信','APP','新闻','微博','论坛','博客','报刊'])
nAttr=labels.size
data=np.array([29,25,26,11,5,3,1])    #数据值
angles=np.linspace(0,2*np.pi,nAttr,endpoint=False)
data=np.concatenate((data,[data[0]]))
```

---

[1] 唐绪军.新媒体蓝皮书:中国新媒体发展报告(2018)[M].北京:社会科学文献出版社,2018.

```
angles=np.concatenate((angles,[angles[0]]))
fig=plt.figure(facecolor="white")
plt.subplot(111,polar=True)
plt.plot(angles,data,'bo-',color='g',linewidth=2)    #多边形
plt.fill(angles,data,facecolor='b',alpha=0.45)
plt.thetagrids(angles*180/np.pi,labels,fontsize=12)
#plt.figtext(0.52,0.01,'文本数权重的雷达图',ha='center',fontsize=12)
plt.grid(True)
plt.savefig('dota_radar.png',dpi=300)
plt.show()
```

雷达图代码运行结果如图 5-14 所示。

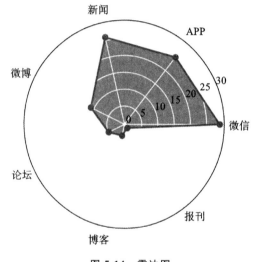

图 5-14 雷达图

由于实例包含 7 个媒介(属性),程序须设置属性标签,并预设一组文本数量比例数据。

np.linspaces 函数设定起点为 0,末值为 2π,返回一个两端点间数值平均分布的长为 nAttr 的数组 angles,它表示从一个属性点到下一个属性点笔画需要旋转的角度,取决于属性 nAttr 的大小,也就是雷达图的多边形边数。

np.concatenate 函数用于将数据和角度的数组首尾闭合起来,便于调用 plot 函数绘制图形。

建立基本绘图对象后,使用 subplot()函数建立极坐标系的子分区。polar 参数指定了绘制类型为极坐标,这是 subplot 除默认正方形坐标系外唯一支持的内置坐标图。建立极坐标后,使用 plot 函数依照 data 提供的数据画出不规则七边形,然后使用 fill 函数填充半透明颜色。thetagrids()函数为极坐标设置标签,这里把标签安放在七角形的顶点上,需要将角度数据和文字一起作为参数传给 thetagrids()函数。

⑦频率直方图。

频率直方图亦称频率分布直方图,是统计学中表示频率分布的图形。在直角坐标系中,横轴表示随机变量的取值,横轴上的每个小区间对应一个组的组距,作为小矩形的底边;纵

轴表示频率与组距的比值,并用它作小矩形的高,以这种小矩形构成的一组图称为频率直方图。这里继续引用numpy部分的实例,在其Python程序中导入必要的模块,利用循环语句,分别绘制四高校微信推送数、阅读量和在看量的频率直方图。

Python代码如下:

```python
import matplotlib.pyplot as plt
plt.rcParams['font.sans-serif']=['SimHei']
plt.rcParams['axes.unicode_minus']=False

plt.figure(figsize=(8,6))
for j in range(3):
    plt.subplot(2,2,j+1)    #对作图窗口进行分割
    A=[]
    for i in Dict_R:
        A.append(Dict_nd[i][:7,j])
    B=np.vstack(A).reshape(28,1)
    colors=['gray','c','g']    #灰色、青色、绿色
    plt.hist(B,6,edgecolor='k',color=colors[j],rwidth=0.70)
    plt.rc('grid',color='w',linestyle='solid')
    if j==0:
        plt.xlabel('时间(24h制)')
        plt.xlim([8,24])
        plt.ylabel('频数')
    elif j==1:
        plt.xlabel('阅读量')
    else:
        plt.xlabel('在看量')
        plt.ylabel('频数')
plt.savefig('频率直方.png',dpi=300)
```

频率直方图代码运行结果如图5-15所示。

三、pandas统计分析基础[①]

pandas是在numpy基础上建立的新程序库,提供了一种高效的DataFrame数据结构。DataFrame本质上是一种带行标签和列标签、支持相同类型数据和缺失值的多维数组。它不仅为带各种标签的数据提供了便利的存储界面,而且实现了许多强大的操作,这些操作对数据库框架和电子表格程序的用户来说非常熟悉。尤其是它的Series和DataFrame对象,为数据科学家处理那些消耗大量时间的"数据清理"(data munging)任务提供了捷径。如果从底层视角观察pandas对象,可以把它们看成增强版的numpy结构化数组,行列都不再只

---

① 杰克·万托布拉斯. Python数据科学手册[M]. 陶俊杰,陈小莉,译. 北京:人民邮电出版社,2018.

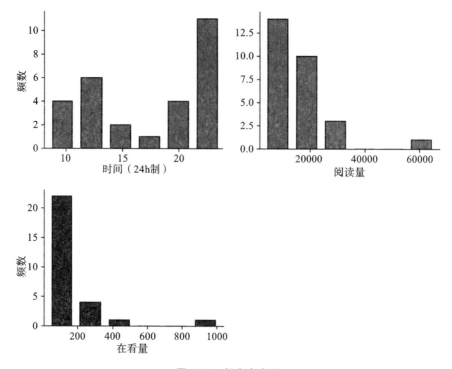

图 5-15 频率直方图

是简单的整数索引,还可以带上标签。pandas 有三个基本数据结构:Series、DataFrame 和 Index。使用前首先导入标准 numpy 和 pandas。

(1) pandas 的 Series 对象。

①定义。

pandas 的 Series 对象是由索引数据构成的一维数组。可以用一个数组创建 Series 对象,例如:

```
import numpy as np
import pandas as pd
data1=pd.Series([0.25,0.5,0.3,1.0,100])
```

```
In:
data1

Out:
0      0.25
1      0.50
2      0.30
3      1.00
4    100.00
dtype:float64
```

从上面的结果可知,Series 对象将一组数据和一组索引绑定在一起,通过 values 属性和

index 属性获取数据。

values 属性返回的结果与 numpy 数组类似：

In:
data1.values

Out:
array([0.25,0.5,0.3,1.,100.])

index 属性返回的结果是一个类型为 pd.Index 的类数组对象：

In:
data1.index

Out:
RangeIndex(start=0,stop=4,step=1)

和 numpy 数组一样，数据可以通过 Python 中的索引标签获取：

In:
data1[1]

Out[5]:0.5

In[6]:data1[:4]

Out[6]:
0   0.25
1   0.50
2   0.30
3   1.00
dtype:float64

②Series 的特点与创建。

Series 的特点与创建如表 5-24 所示。

③Series 数据选择方法。

```
import pandas as pd
data_1=pd.Series(['复旦大学','上海交通大学','同济大学','华东师范大学'],
            index=['FD','JD','TJ','HSD'])
data_2=pd.Series(['a','b','c','d'],index=[1,3,5,7])
```

Series 数据选择方法与实例如表 5-25 所示。

表 5-24 Series 的特点与创建

特点与创建	实　　例

Series 是通用的 numpy 数组：
numpy 数组通过隐式定义的整数索引获取数值，而 pandas 的 Series 对象用一种显式定义的索引与数值关联。显示索引的定义让 Series 对象拥有了更强的能力。
#可以用字符串定义索引
data2=pd.Series([0.25,0.5,0.3,1.0,100],
　　　　　index=['a','b','c','d','e'])
#也可以使用不连续或不按顺序的索引
data3=pd.Series([0.25,0.5,0.3,1.0,100],
　　　　　index=[2,3,5,1,0])
	In:
	data2
	Out:
	a　　0.25
	b　　0.50
	c　　0.30
	d　　1.00
	e　　100.00
	dtype:float64
	
	In:
	data3
	Out:
	2　　0.25
	3　　0.50
	5　　0.30
	1　　1.00
	0　　100.00
	dtype:float64

Series 是特殊的 Python 字典： 字典是一种将任意键映射到一组任意值的数据结构，而 Series 对象其实是一种将类型键映射到一组类型值的数据结构。 aPhD_student_dict={'姓名':'LJS', 　　　　　　　　'学院':'传播学院', 　　　　　　　　'大学':'上海大学', 　　　　　　　　'城市':'上海', 　　　　　　　　'国籍':'中国'} aPhD_student=pd.Series(aPhD_student_dict) 类型至关重要： 就像 numpy 数组背后特定类型的经过编译的代码使得它在某些操上比普通的 Python 列表更加高效一样，pandas Series 的类型信息使得它在某些操作上，比 Python 的字典更高效。	In: aPhD_student Out: 姓名　　LJS 学院　　传播学院 大学　　上海大学 城市　　上海 国籍　　中国 dtype:object In: aPhD_student['大学'] Out: '上海大学' In: aPhD_student['大学':'城市'] Out: 大学　　上海大学 城市　　上海 dtype:object

续表

特点与创建	实　例
创建 Series 对象： pandas.Series(data,index=index) 　其中,index 是一个可选参数,data 参数支持多种数据类型。 　data 可以是列表或 numpy 数组,这时 index 默认值为整数序列： >>>S1=pd.Series([2,4,6]) 　data 也可以是 一个标量,创建 Series 对象时会重复填充到每个索引上： S2=pd.Series(5,index=[100,200,300]) 　data 还可以是一个字典,index 默认是排序的字典键： S3=pd.Series({2:'a',1:'b',3:'c'}) 　每一种形式都可以通过量式指定索引筛选需要的结果： S4=pd.Series({2:'a',1:'b',3:'c'},index=[3,2]) 　这里需要注意的是,Series 对象只会保留显式定义的键值对。	In: S1 Out: 0　2 1　4 2　6 dtype:int64 In: S2 Out: 100　5 200　5 300　5 dtype:int64 In: S3 Out: 2　a 1　b 3　c dtype:object In: S4 Out: 3　c 2　a dtype:object

表 5-25 Series 数据选择方法与实例

方　　法	实　　例
将 Series 看作字典： 　和字典一样，Series 对象提供了键值对的映射； 　可用 Python 字典的表达式和方法来检测键/索引和值； 　可用字典语法调整数据(通过增加新的索引值扩展 Series)。	In: data_1 Out: FD　复旦大学 JD　上海交通大学 TJ　同济大学 HSD　华东师范大学 dtype:object In: data_1['HSD'] Out: '华东师范大学' In: 'TJ'in data_1 Out: True In: list(data1.keys()) Out: [0,1,2,3,4] In: list(data1.items()) Out: [(0,0.25),(1,0.5),(2,0.3),(3,1.0),(4,100.0)]
将 Series 看作一维数组： 　Series 不仅有着和字典一样的接口，而且具备和 numpy 数组一样的数组数据选择功能，包括索引、掩码等操作。	In: data_1['FD':'TJ'] Out: FD　复旦大学 JD　上海交通大学 TJ　同济大学 dtype:object

方 法	实 例
将 Series 看作一维数组： Series 不仅有着和字典一样的接口，而且还具备和 numpy 数组一样的数组数据选择功能，包括索引、掩码等操作。	In: data_1[0:3] Out: FD　复旦大学 JD　上海交通大学 TJ　同济大学 dtype:object In: data_1[(data_1=='华东师范大学')] Out: HSD　华东师范大学 dtype:object In: data_1[['TJ','JD']] Out: TJ　同济大学 JD　上海交通大学 dtype:object
索引器 loc、iloc、ix： loc 属性表示取值和切片是显式的； iloc 属性表示取值和切片都是 Python 形式的隐式索引； ix 属性等价于标准的 Python 列表取值方法。	In: data_2 Out: 1　a 3　b 5　c 7　d dtype:object In: data_2[1] Out: 'a'

续表

方　法	实　例
索引器 loc、iloc、ix: loc 属性表示取值和切片是显式的; iloc 属性表示取值和切片都是 Python 形式的①隐式索引; ix 属性等价于标准的 Python 列表取值方法。	In: data_2[1:3] Out: 3　b 5　c dtype:object In: data_2.loc[1] Out: 'a' In: data_2.loc[1:3] Out: 1　a 3　b dtype:object In: data_2.iloc[1] Out: 'b' In: data_2.iloc[1:3] Out: 3　b 5　c dtype:object

(2) pandas 的 DataFrame 对象。

pandas 的另一个基础数据结构是 DataFrame,它既可作为一个通用的 numpy 数组,也可看作特殊的 Python 字典。

①特点与创建。

```
import pandas as pd
area_dict={'California':423967,'Texas':695662,'New York':141297,
```

---

① 从 0 开始,左闭右开区间。

```
            'Florida':170312,'Illinois':149995}
area=pd.Series(area_dict)
population_dict={'California':38332521,'Texas':26448193,'New York':196511277,
            'Florida':19552860,'Illinois':12882135}
population=pd.Series(population_dict)
states=pd.DataFrame({'population':population,'area':area})
```

A. DataFrame 是通用的 numpy 数组。

DataFrame 可以看作一种既有灵活的行索引，又有灵活的列名的二维数组。就像把二维数组看成是有序排列的一维数组一样，DataFrame 也可以看成是有序排列的若干 Series 对象。这里的"排列"指的是它们拥有共同的索引。

用一个字典创建一个包含这些信息的二维对象，例如：

```
In:
states
```

```
Out:
             Population   area
California   38332521     423967
Texas        26448193     695662
New York     19651127     141297
Florida      19552860     170312
Illinois     12882135     149995
```

DataFrame 也有一个 index 属性可以获取索引标签：

```
In:
states.index
```

```
Out:
Index(['california','Florida','Illinois','New York','Texas'],dtype='object')
```

另外，DataFrame 还有一个 columns 属性，是存放列标签的 Index 对象：

```
In:
states.columns
```

```
Out:
Index(['area','population'],dtype='object')
```

因此，DataFrame 可以看作一种通用的 numpy 二维数组，它的行与列都可以通过索引获取。

B. DataFrame 是特殊的字典。

可以把 DataFrame 看成一种特殊的字典。字典是一个键映射一个值，而 DataFrame 是一列映射一个 Series 的数据。例如：

In:
states['area']

Out:
California   423967
Texas   695662
New York   141297
Florida   170312
Illinois   149995
Name:area,dtype:int64.

C. 创建 DataFrame 对象的方式。

创建 DataFrame 对象的方式如表 5-26 所示。

表 5-26　创建 DataFrame 对象的方式

方　式	实　例
导入 numpy、pandas	import numpy as np import pandas as pd
通过单个 Series 对象创建	pd.DataFrame(population,columns=['population']
字典列表	data=[{'a':i,'b':2* i* * 2}for i in range(3)] data=pd.DataFrame(data)
Series 对象字典	states=pd.DataFrame({'population':population, 'area':area})
numpy 二维数组	N2=pd.DataFrame(np.random.rand(3,2), columns=['foo','bar'], index=['a','b','c'])
numpy 结构化数组	A=np.zeros(3,dtype=['A','i8','B','f8']) pd.DataFrame(A)

②DataFrame 数据选择方法。

DataFrame 具有二维或结构化数组和一个共享索引的若干 Series 对象构成的字典之二重性。因此，就像 Series 一样，既可将 DataFrame 看作字典，又可将其看作二维数组，进行数据选择，如表 5-27 所示。

表 5-27　DataFrame 获取数据方式

获取数据方式	实　例
通过列名 (dictionary-style) 或属性 (atrribute-style) 查看数据	data['area']或 data.area,但不推荐后者； 可利用 DataFrame 中已有的列生成新列： data['density']=data['population']/data['area']

续表

获取数据方式	实例
可将 DataFrame 当成一个增强版的二维数组,用 values 属性按行查看数组数据	data.values; data.values[0]; dataT;　　　　　　　　　　#可对 DataFrame 转置 data.iloc[:3,:2];　　　　　　　#Python 列表 data.loc[:'Illinols',:'population'] data.ix[:3,:'population']　　　#可实现混合效果 data.iloc[0,2]=90　　　　　　#调整数据
推荐方法	In: states Out: 　　　　　population　area　　density California　38332521　423967　90.413926 Texas　　　26448193　695662　38.018740 New York　19651127　141297　139.076746 Florida　　 19552860　170312　114.806121 Illinois　　12882135　149995　85.883763 In: states[states['density']>100] Out: 　　　　　population　area　　density New York　19651127　141297　139.076746 Florida　　 19552860　170312　114.806121

③合并数据集:Concat 与 Append(见图 5-16)。

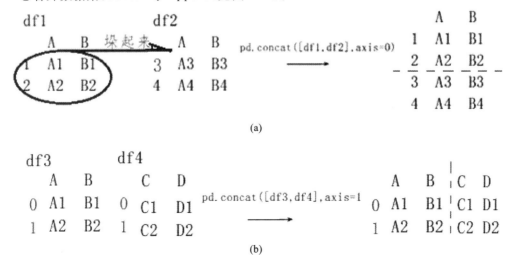

图 5-16　合并数据集

(3) pandas 方法。

① reindex。

pandas 参数如表 5-28 所示。

表 5-28 pandas 参数

参数	描述
index	用作索引的新序列。既可以是 index 实例，也可以是其他序列型的 Python 数据结构。index 会被完全使用，就像没有任何复制一样
method	插值（填充）方式
fill_value	在重新索引的过程中，需要引入缺失值时使用的代替值
limit	前向或后向填充时的最大填充量
level	在 MultiIndex 的指定级别上匹配简单索引，否则选择其子集
copy	默认为 True，无论如何复制；如果为 False，则新旧相等不复制

A. Series 的 reindex 方法。

obj=pd.Series(list('东华大师'),index=list('badc'))

reindex 会根据新索引进行重新排列，若索引值不存在，则引入省缺值：

obj1=pd.Series(list('东华大师'),index=list('badce'))

若要给 NaN 一个新值，可进行下述操作：

obj2=obj.reindex(index=list('abcde'),fill_value='在上海市')

In: obj	In: obj1	In: obj2
Out: b 东 a 华 d 大 c 师 dtype:object	Out: a 华 b 东 c 师 d 大 e NaN dtype:object	Out: a 华 b 东 c 师 d 大 e 在上海市 dtype:object

对有序序列进行插值：

Obj=pd.Series(['red','yellow','blue'],index=[0,2,4])

In:
Obj.reindex(range(6),method='ffill')

Out:
0   red
1   red
2   yellow

```
3    yellow
4    blue
5    blue
dtype:object
```

B. DataFrame 的 reindex 方法。

reindex 可以修改（行）索引、列，或两个都修改。如果仅传入一个序列，则会重新索引行：

```
frame=pd.DataFrame(np.arange(9).reshape((3,3)),
                   index=['a','b','c'],
                   columns=['US','UK','CN'])
```

In:
frame

Out:
US UK CN
a 0 1 2
b 3 4 5
c 6 7 8

In:
frame.reindex(index=list('abcd'))   #若索引值不存在，则引入省缺值

Out:
US UK CN
a 0.0 1.0 2.0
b 3.0 4.0 5.0
c 6.0 7.0 8.0
d NaN NaN NaN

In:
frame.reindex(columns=states)   #使用 columns 关键字即可重新索引列

Out:
UK HK CN
a 1 NaN 2
b 4 NaN 5
c 7 NaN 8

可以同时对行和列进行索引，但插值只能按照行应用：

```
frame.reindex(index=['a','b','c','e'],method='ffill',columns=
states)
```

利用 ix 索引功能，可将重新索引任务变得更加简洁：

```
frame.ix[['a','b','c','e'],states]
```

②drop 方法。

由于需要执行一些数据整理和集合操作，drop 方法返回的是一个在指定轴上删除了指定值的新对象。

A. 删除 Series 的指定值，生成新的 Series，原 Series 不变：

```
S=pd.Series(list('华东师范大学'),index=list('hdsfdx'))
s=S.drop(index=['f','x'])
```

In: S	In: s
Out: h 华 d 东 s 师 f 范 d 大 x 学 dtype:object	Out: h 华 d 东 s 师 d 大 dtype:object

B. 删除 DataFrame 任意轴上的索引值：

In: frame	In: frame.drop('a',axis=0)	In: frame.drop(['UK',"CN"],axis=1)
Out: 　　US UK CN a　0　1　2 b　3　4　5 c　6　7　8	Out: 　　US UK CN b　3　4　5 c　6　7　8	Out: 　　US a　0 b　3 c　6

(4) DataFrame 和 Series 间的计算。

①行传播。

DataFrame 和 Series 之间的算术运算也是有明确规定的，与不同形状的数组之间的运算一样具有广播效应。默认情况下，DataFrame 和 Series 之间的算术运算会将 Series 的索引匹配到 DataFrame 的列，然后沿着行向下传播(行传播)，例如：

```
frame=pd.DataFrame(np.arange(9).reshape((3,3)),
                    index=['a','b','c'],
                    columns=['US','UK','CN'])
```

In: frame Out: US UK CN a 0 1 2 b 3 4 5 c 6 7 8	In: s=frame.ix['a'] Out: US 0 UK 1 CN 2 Name:a,dtype:int32	In: frame-s Out: US UK CN a 0 0 0 b 3 3 3 c 6 6 6

② 列传播。

如果进行行匹配,且在列上广播(列传播),则必须使用算术运算方法:

In[50]:frame Out[50]: US UK CN a 0 1 2 b 3 4 5 c 6 7 8	In[56]:s1=frame['CN'] In[57]:s1 Out[57]: a 2 b 5 c 8 Name:CN,dtype:int32	In[58]: frame.sub(s1,axis=0) Out[58]: US UK CN a -2 -1 0 b -2 -1 0 c -2 -1 0

③ 算术方法。

算术方法如表 5-29 所示。

表 5-29 算数方法

方 法	描 述
add	用于加法(+)的运算
sub	用于减法(-)的运算
div	用于除法(/)的运算
mul	用于乘法(*)的运算

(5) 函数应用和映射。

① numpy 中 ufuncs(元素级数组方法)。

```
import numpy as np
import pandas as pd

frame=pd.DataFrame(np.arange(9).reshape((3,3)),
                index=['a','b','c'],
                columns=['US','UK','CN'])
N=np.exp(frame)
```

```
               US            UK              CN
a        1.000000      2.718282        7.389056
b       20.085537     54.598150      148.413159
c      403.428793   1096.633158     2980.957987
```

②DataFrame 的 apply 方法。

In[50]:frame Out[50]: 　　US UK CN a　0　1　2 b　3　4　5 c　6　7　8	In[59]:f=lambda x:x.max()-x.min() In[60]:frame.apply(f) Out[60]: US 6 UK 6 CN 6 dtype:int64	In[61]:frame.apply(f,axis=1) Out[61]: a 2 b 2 c 2 dtype:int64

(6) 排序。

①Series。

obj=pd.Series([1.2,3.7,2.1,8.7],index=list('dbac'))		
In[64]:obj Out[64]: d 1.2 b 3.7 a 2.1 c 8.7 dtype:float64	In[65]:obj.sort_index() Out[65]: a 2.1 b 3.7 c 8.7 d 1.2 dtype:float64	In[67]:obj.sort_values Out[67]: < bound method Series.sort_values of d 1.2 b 3.7 a 2.1 c 8.7 dtype:float64>

②DataFrame。

```
frame=pd.DataFrame(np.arange(9).reshape((3,3)),
                   index=['a','b','c'],
                   columns=['US','UK','CN'])
```

| In[69]:frame
Out[69]:
　　US UK CN
a　0　1　2
b　3　4　5
c　6　7　8 | In[70]:frame.sort_
index(axis=1)
Out[70]:
　　CN UK US
a　2　1　0
b　5　4　3
c　8　7　6 | In[71]: frame.sort_
values(by='CN',axis=0,
ascending=False)　#降序
Out[71]:
　　US UK CN
c　6　7　8
b　3　4　5
a　0　1　2 |

(7) 数学和统计方法。

①函数。

函数的方法如表 5-30 所示。

表 5-30　函数的方法

方　　法	描　　述
count	非 NA 值的数量
describe	对 Series 或各 DataFrame 列进行汇总统计
min、max	计算最小值、最大值
argmin、argmax	计算能够获取到最小值、最大值的索引位置(整数)
idxmin、idxmax	计算能够获取到最小值和最大值的索引值
quantile	计算样本的分位数(0 到 1)
sum	值的总和
mean	值的平均数
median	值的算术中位数(50%分位数)
mad	根据平均值计算平均绝对离差
var	样本值的方差
std	样本值的标准差
skvew	样本值的偏度(三阶矩)
kurt	样本值的峰值(四阶矩)
cumsum	样本值的累积和
cummax、cummin	样本值的累积最大值、累积最小值
cumprod	样本值的累积乘积
diff	计算一阶差分
pct_change	计算百分数变化

②函数中常见的选项。

函数中常见的选项如表 5-31 所示。

表 5-31　函数中常见的选项

选项	描述
axis	简约的轴。DataFrame 的行用 0,列用 1
skipna	排除缺失值,默认值为 True
level	如果轴是层次化索引的(MultiIndex),则根据 level 分组

(8) 文件读写①

①CSV。

A. 读文件。

CSV 文件根据其定义也是一种文本文件。在数据读取过程中可以使用文本文件的函数对 CSV 文件进行读取。同时,如果文本文件是字符分隔文件,也可以使用读取文件的函数读取。pandas 提供 read_csv 函数来读取 CSV 文件。

read_csv 函数的常用参数及语法如下:

```
pandas.read_csv(filepath,sep=',',header='infer',names=None,
index_col=None,dtype=None,encoding=utf-8,
engine=None,nrows=None)
```

读文件命令参数如表 5-32 所示。

表 5-32　读文件命令参数

参数	描述
filepath	接收 string。代表文件路径。无默认
sep	接收 string。代表分隔符,默认为","
header	接收 int 或 sequence。表示将某行数据作为列名。默认为 infer,表示自动识别
names	接收 array。表示列名。默认为 None
index_col	接收 int、sequence 或 False。表示索引列的位置,取值为 sequence 则代表多重索引。默认为 None
dtype	接收 dict。代表写入的数据类型(列名为 key,数据格式为 values)。默认为 None
engine	接收 c 或者 python。代表数据解析引擎。默认为 c
nrows	接收 int。表示读取前 n 行。默认为 None

read_csv 函数中的 sep 参数指定文本的分隔符,如果分隔符指定错误,在读取数据的时候,每一行数据将连成一片。header 参数是用来指定列名的,如果值是 None,则会添加一个默认的列名。encoding 代表文件的编码格式,常用的编码有 UTF-8、UTF-16、GBK、GB2312、GB18030 等。如果编码指定错误,则数据将无法读取,IPython 解释器会报解析错误。

B. 文件存储。

文本文件的存储和读取类似,对于结构化数据,可以通过 pandas 中的 to_csv 函数实现

---

① 嵩天,礼欣,黄天羽.Python 语言程序设计基础[M].北京:高等教育出版社,2016.

以 CSV 文件格式存储。to_csv 函数的语法和常用参数如表 5-33 所示。

表 5-33 to_csv 函数的语法和常用参数

参 数	说 明
path_or_buf	接收 string。代表文件路径。无默认
sep	接收 string。代表分隔符,默认为","
na_rep	接收 string。代表缺失值,默认为""
columns	接收 list。代表写出的列名。默认为 None
hearder	接收 boolean。代表是否将列名写出。默认为 True
index	接收 boolean。代表是否将行名(索引)写出。默认为 True
index_label	接收 sequence。表示索引名。默认为 None
mode	接收特定 string。代表数据写入模式。默认为 w
encoding	接收特定 string。代表存储文件的编码格式。默认为 None

②Excel。

Excel 是微软公司的办公软件 Microsoft Office 的组件之一,它可以对数据进行统计分析等操作。其文件保存依照程序版本的不同分为两种:Microsoft Office Excel 2007 之前的版本(不包括 2007)默认保存的文件扩展名为 xls;Microsoft Office Excel 2007 之后的版本默认保存的文件扩展名为 xlsx。

A. 读取。

pandas 提供了 read_excel 函数来读取"xls""xlsx"两种 Excel 文件,其语法和常用参数如下:

pandas.read_excel(io,sheetname=0,header=0,index_col=None,
names=None,dtype=None)

read_excel 函数常用参数如表 5-34 所示。

表 5-34 read_excel 函数常用参数

参 数	描 述
io	接收 string。表示文件路径。无默认
sheetname	接收 string、int。代表 Excel 表内数据的分表位置。默认为 0
header	接收 int 或 sequence。表示将某行数据作为列名,取值为 int 的时候,代表将该列作为列名。取值为 sequence,则代表多重列索引。默认为 infer,表示自动识别
names	接收 array。表示列名。默认为 None
index_col	接收 int、sequence 或者 False。表示索引列的位置,取值为 sequence 代表多重索引。默认为 None
dtype	接收 dict。代表写入的数据类型(列名为 key,数据格式为 values)。默认为 None

B. 存储。

将文件存储为 Excel 文件,可以使用 to_excel 函数。其使用语法和常用参数如下:

DataFrame.to_excel(excel_writer=None,sheetname='None',na_rep="",

```
header=True,index=True,index_label=None,mode='w',
encoding=None)
```

to_excel 函数和 to_csv 函数的常用参数基本一致,区别之处在于,to_excel 函数指定存储文件的文件路径参数名称为 excel_writer,并且没有 sep 参数;to_excel 函数增加了一个 sheetnames 参数,用来指定存储的 Excel Sheet 的名称,默认为 Sheet1。

(9) 应用实例。

①灰色关联分析。

对于某个事物的描述既有已知信息又有未知信息,灰色系统理论把"已知信息"称为"白","未知信息"称为"黑",并将该事物表征为灰色系统。某一新闻信息传播现象亦可以当成一个灰色系统。灰色关联分析是对灰色系统中不同事物之间的相关关系进行分析。这和在数理统计中应用相关系数来分析不同事物之间的相关关系没有什么不同。①

将某一事物的发展特征数列记为参考数列 $x_0(n\text{ 维})$,称该事物为参考事物。有多个事物的发展与该事物相关,将多个事物的发展特征数列(对比数列)记为 $x_i(i=1,2,\cdots,m)(n\text{ 维})$,它们与参考数列之间的相互关系表示为:

$$r_i(k) = \frac{\min\limits_{i}\min\limits_{k}|x_0(k)-x_i(k)| + 0.5\max\limits_{i}\max\limits_{k}|x_0(k)-x_i(k)|}{|x_0(k)-x_i(k)| + 0.5\max\limits_{i}\max\limits_{k}|x_0(k)-x_i(k)|},$$

$$i=1,2,\cdots,m; k=1,2,\cdots,n$$

$r_i(k)$ 称为 x_i 对 x_0 在 k 时刻的关联系数。

$$\zeta_i = \sum_{k=1}^{n} r_i(k) \cdot w_i(k)$$

$$w_i(k) = \frac{r_i(k)}{\sum\limits_{k=1}^{n} r_i(k)}$$

$\zeta_i(k)$ 称为 x_i 对 x_0 在 k 时刻的加权关联度②,$w_i(k)$ 为加权系数。

②Python 代码。

```
#-*-coding:utf-8-*-
"""
Created on Fri Nov  8 09:09:18 2019
fileName:gra.py
@author:Li Jingshu
"""
import pandas as pd

fileName='../灰色关联分析/baokan.xlsx'
x0=pd.read_excel(fileName)
```

---

① 邓聚龙.灰色系统理论教程[M].武汉:华中理工大学出版社,1990.
② 邱慧,罗芳,贾川.基于灰色加权关联度的城市轨道站点布设方案评价[J].洛阳理工学院学报(自然科学版),2015,25(3):29-32+36.

```
x=x0.iloc[:,1:].T

#通过列传播进行均值化处理,第一步,计算 GDP 和三次产业产值的均值
x_mean=x.mean(axis=1)

#第二步,通过循环语句实现均值化
h=x.index.size
for i in range(h):
    x.iloc[i,:]=x.iloc[i,:]/x_mean[i]

Mmax=max(x.max(axis=0)-x.min(axis=0))

#定义一个函数求灰色关联度
def getGRA(x,y,Mmax):
    t=x-y
    r1=0.5*Mmax/(abs(t)+0.5*Mmax)
    r=r1.sum(axis=1)/r1.columns.size
    return r
R=pd.DataFrame()
for i in range(h):
    r=getGRA(x,x.iloc[i,:],Mmax)
    R=R.append(r,ignore_index=True)
result=R.reindex(columns=x.index)
print(result)
```

③问题简析。

A. 输出结果。

	报刊总收入	报纸广告收入	报纸发行收入	期刊广告收入	期刊发行收入
报刊总收入	1.000000	0.757029	0.850015	0.806131	0.593164
报纸广告收入	0.757029	1.000000	0.786284	0.665988	0.511054
报纸发行收入	0.850015	0.786284	1.000000	0.716500	0.535266
期刊广告收入	0.806131	0.665988	0.716500	1.000000	0.665406
期刊发行收入	0.593164	0.511054	0.535266	0.665406	1.000000

B. 结果简析。

根据上述输出结果,报刊总收入与其他四种收入的关联度分别为 0.757029、0.850015、0.806131、0.593164,可分析得出:总收入与报纸发行收入的关联度最大。同理,报纸广告收入与报纸发行收入关联度最大。

第四节 文件与数据格式化

一、文件概述[①]

文件是一个存储在辅助存储器上的数据序列,可以包含任何数据内容。概念上,文件是数据的集合和抽象,类似地,函数是程序的集合和抽象。用文件形式组织和表达数据更有效,也更为灵活。文件包括两种类型:文本文件和二进制文件。

文本文件一般由单一特定编码的字符组成,如 UTF-8 编码,内容容易统一展示和阅读。大部分文本文件都可以通过文本编辑软件或文字处理软件创建、修改和阅读。由于文本文件存在编码,它可以被看作存储在磁盘上的长字符串,例如一个 txt 格式的文本文件。

二进制文件直接由比特 0 和比特 1 组成,没有统一字符编码,文件内部数据的组织格式与文件用途有关。二进制是信息按照非字符的特定格式形成的文件,例如,png 格式的图片文件、avi 格式的视频文件。二进制文件和文本文件最主要的区别在于是否有统一的字符编码。二进制文件由于没有统一的字符编码,只能被当作字节流,而不能被看作字符串。

无论文件是创建为文本文件还是二进制文件,都可以用文本文件方式和二进制文件方式打开,但打开后的操作不同。首先,用文本编辑器生成一个包含"中国是个伟大的国家!"的 txt 格式文本文件,命名为 7.txt,如图 5-17 所示。

图 5-17 准备"7.txt"文本文件

分别用文本文件方式和二进制文件方式读入该文件,并打印输出效果。
#理解文本文件和二进制文件的区别
textFile=open("7.txt","rt")   #t 表示文本文件方式

[①] 嵩天,礼欣,黄天羽.Python 语言程序设计基础[M].北京:高等教育出版社,2016.

```
print(textFile.readline())
textFile.close()
binFile=open("7.txt","rb")    #b表示二进制文件方式
print(binFile.readline())
binFile.close()

Out:
中国是个伟大的国家!
b'\xd6\xd0\xb9\xfa\xca\xc7\xb8\xf6\xce\xb0\xb4\xf3\xb5\xc4\xb9\xfa\xbc\xd2'
```

可以看到,采用文本方式读入文件,文件经过编码形成字符串,打印出有含义的字符;采用二进制方式打开文件,文件被解析为字节(Byte)流。由于存在编码,字符串中的一个字符由两个字节表示。

二、文件的打开与关闭[①]

Python对文本文件和二进制文件采用统一的操作步骤,即"打开—操作—关闭"。操作系统中的文件默认处于存储状态,首先需要将其打开,使得当前程序有权操作这个文件,打开不存在的文件可以创建文件。打开后的文件处于占用状态,此时,另一个进程不能操作这个文件。可以通过一组方法读取文件的内容或向文件写入内容,此时,文件作为一个数据对象存在,采用<a>.<b>(0)方式进行操作。操作之后需要将文件关闭,关闭将释放对文件的控制使文件恢复存储状态,此时,另一个进程将能够操作这个文件。如图5-18所示。

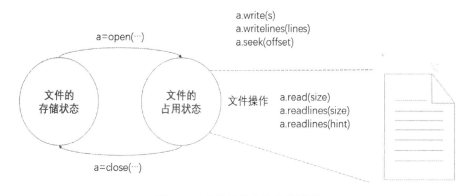

图5-18　文件的状态和操作过程

Python通过解释器内置的open()函数打开一个文件,并实现该文件与一个程序变量的关联,open()函数格式如下:

<变量名>=open(<文件名>,<打开模式>)

open()函数有两个参数:文件名和打开模式。文件名可以是文件的实际名字,也可以是包含完整路径的名字。打开模式用于控制使用何种方式打开文件,open()函数提供7种基

[①]　嵩天,礼欣,黄天羽.Python语言程序设计基础[M].北京:高等教育出版社,2016.

本的打开模式，如表 5-35 所示。

表 5-35　文件的打开模式

文件的打开模式	含　　义
'r'	只读模式，如果文件不存在，返回异常 FileNotFoundedError，默认值
'w'	覆盖写模式，文件不存在则创建，存在则完全覆盖
'x'	创建写模式，文件不存在则创建，存在则返回异常 FileExistsError
'a'	追加写模式，文件不存在则创建，存在则在文件后面追加内容
'b'	二进制文件模式
't'	文本文件模式，默认值
'+'	与 r/w/x/a 一同使用，在原功能基础上增加同时读写功能

打开模式使用字符串方式表示，根据字符串定义，采用单引号或者双引号均可。上述打开模式中，'r'、'w'、'x'、'a'可以和'b'、't'、'+'组合使用，形成既表达读写又表达文件模式的命令。例如，open()函数默认采用'rt'（文本只读）模式，读入程序所在目录中 5.txt 文件：

```
textfile=open('5.txt','r')
```

或

```
textfile=open('5.txt')
```

读取一个二进制文件，如一张图片、一段视频或者一段音乐，需要使用文件打开模式'rb'。例如，打开一个名为"music.mp3"的音频文件：

```
binfile=open('music.mp3','rb')
```

文件使用结束后要用 close()方法关闭，释放文件的使用授权，该方法的使用方式如下：
<变量名>.close()

三、文件的读写[1]

当文件被打开后，根据打开方式不同可以对文件进行相应的读写操作。注意，当文件以文本文件方式打开时，读写按照字符串方式进行，采用当前计算机使用的编码或指定编码；当文件以二进制文件方式打开时，读写按照字节流方式进行。Python 提供了 4 个常用的文件内容读取方法，如表 5-36 所示。

表 5-36　文件内容读取方法

操 作 方 法	含　　义
<file>.readall()	读入整个文件内容，返回一个字符串或字节流
<file>.read(size=-1)	从文件中读入整个文件内容，如果给出参数，读入前 size 长度的字符串或字节流
<file>.readline(size=-1)	从文件中读入一行内容，如果给出参数，读入该行前 size 长度的字符串或字节流

---

[1] 嵩天，礼欣，黄天羽.Python 语言程序设计基础[M].北京：高等教育出版社，2016.

操作方法	含义
<file>.readlines(hint=-1)	从文件中读入所有行，以每行为元素形成一个列表，如果给出参数，读入 hint 行

*：字符串或字节流取决于文件打开模式，如果是文本方式打开，返回字符串，否则返回字节流。下同。

用户输入文件路径，以文本文件方式读入文件内容并逐行打印，代码如下：

```
fname=input("请输入要打开的文件:")
fo=open(fname,"r")
for line in fo.readlines():
    print(line)
fo.close()
```

Out:
请输入要打开的文件:7.txt
中国是个伟大的国家

中国是个伟大的国家 2

中国是个伟大的国家 3

中国是个伟大的国家 4

中国是个伟大的国家 5

中国是个伟大的国家 6

中国是个伟大的国家 7

具体如图 5-19 所示。

程序首先提示用户输入一个文件名，然后打开文件并赋值给文件对象变量 fo。文件的全部内容通过 fo.readlines()读入一个列表中，列表的每个元素是文件一行的内容，然后通过 for 函数操作遍历列表，处理每行内容。

上述代码尽管完成了要求，但存在一些缺点：当读入文件非常大时，一次性将内容读取到列表中会占用很多内存，影响程序执行速度。一个合理的方法是逐行将内容读入内存，并逐行处理。这可以通过一个简单的方法解决。Python 将文件本身作为一个行序列，遍历文件的所有行可以直接这样完成：

```
fname=input("请输入要打开的文件:")
fo=open(fname,"r")
for line in fo:
    print(line)
```

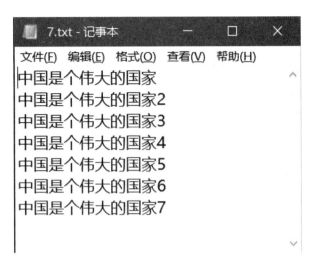

图 5-19 7.txt 文本内容

```
fo.close()
```

如果程序需要逐行处理文件内容,建议采用上述代码中第 2~5 行组成的格式,如下所示:

```
fo=open(fname,"r")
for line in fo:
    #处理一行数据
fo.close()
```

Python 提供了 3 个与文件内容写入有关的方法,如表 5-37 所示。

表 5-37 文件内容写入方法

方法	含义
<file>.write(s)	向文件写入一个字符串或字节流
<file>.writelines(lines)	将一个元素全为字符串的列表写入文件
<file>.seek(offset)	改变当前文件操作指针的位置,即 offset 的值: 0——文件开头;1——当前位置;2——文件结尾

向文件写入一个列表类型,并打印输出结果,代码如下:

In:
```
fname=input("请输入要写入的文件:")
fo=open(fname,"w+")
ls=["唐诗","宋词","元曲"]
fo.writelines(ls)
for line in fo:
    print(line)
fo.close()
```

Out:

请输入要写入的文件:x8.txt
具体如图 5-20 所示。

图 5-20　生成的文本文件

列表 ls 内容被写入文件,但为何第 5 至第 7 行代码没有将这些内容打印出来呢？这是因为文件写入内容后,当前文件操作指针在写入内容的后面,第 5 至第 7 行代码从指针开始向后读入并打印内容,被写入的内容却在指针前面,因此未能被打印出来。为此,可以在写入文件后增加一条代码 fo.seek(0)将文件操作指针返回到文件开始,即可显示写入的内容,代码如下:

In:
```
fname=input("请输入要写入的文件:")
fo=open(fname,"w+")
ls=["唐诗","宋词","元曲"]
fo.writelines(ls)
fo.seek(0)
for line in fo:
    print(line)
fo.close()
```

Out:
请输入要写入的文件:x8.txt
唐诗宋词元曲

可能会有读者认为 fo.writelines(ls)写入后的内容与预期不符,因为 writelines()正如其名,该函数似乎应该把每个元素写入文件的单独一行,即每次写入列表元素后应该换行,但实际上却没有。fo.writelines()并不在列表后面增加换行符,只是将列表内容直接排列输出。

第五节　应用案例分析

面对传播技术人工智能化的大趋势,计算传播学研究的手段创新要立足发现和解决传播学的问题。Python语言具有很好的计算生态,其丰富的第三方库之于计算传播学是易于"实现"的第一工具。无论是数据爬取及结构化处理、数据导向探索、数据新闻,还是文本分析、文本挖掘;无论是传播过程研究,还是传播内容和传播行为研究,Python都是不可或缺的。本章前面简单介绍了其基本知识,从边学边实践的角度来看,对该语言的初级掌握是必要的。本章还对Python的三个模块,即numpy、motplotlib和pandas进行了介绍,尽管都是入门级,但前两者或许是应用的必要,至于后者,掌握其Series和DataFrame两个对象的使用,用来读写文件或许是Python学习进阶之起点。给出综合使用它们的实例之目的,在于小试"牛刀",激发学生兴趣。强化一点计算思维,对于计算传播学的学习大有裨益。当然,通过前两个模块的学习,举一反三地学习诸如Scikit-Learn、NLTK等,或许能更好地利用计算传播学解决传播学问题。接下来三个案例权作开启Python在计算传播学中应用的捷径。

一、网络爬虫

(1) 数据结构化处理与Python爬取新闻。

面对浩如烟海的大数据,获取的感兴趣的原始资料(raw data)往往是没有固定数据格式的,例如网页资料,可以通过ETL(extract,transformation,loading)工具——ETL Script将数据转化为结构化数据。关于结构化数据,2016年1月,哥伦比亚大学新闻学院数据新闻研究中心Tow Center发布的最新研究报告《自动化新闻指南》对其有一个直观的解释:自动化新闻需要高质量的数据,这些数据是结果化的、机器可读的、并遵循格式的。换句话说,这些数据必须可以在电子数据表中储存。① 这就需要网络爬虫(WebSpider)。

"网络爬虫,又称为网页蜘蛛,非常形象的一个名字。如果把整个互联网想象成类似于蜘蛛网一样的构造,那么这只爬虫,就是要在上边爬来爬去,以便捕获我们需要的资源。"② 本文利用Python语言设计爬虫的关键是:结合利用网络开发人员工具,找到所需网页,提出请求requests.get(URL)→利用BeautifulSoup()进行网页剖析→存为Excel文档或SQL(structured query language)文件。

(2) 准备工作。

在接下来这个例子中,我们将演示如何获取网页链接的各项新闻要素。

①在计算机安装numpy、pandas、requests、BeautifulSoup等第三方库。

②准备想要爬取的新闻的网址。

(3) 工作原理及操作方法。

网络爬虫应用一般分为两个步骤:①通过网页链接获取网页内容;②对获得的网页内容进行处理。这两个步骤分别使用不同的函数库:requests和BeautifulSoup。

Python代码如下:

```
#-*-coding:utf-8-*-
#导入必要的Python第三方库
import numpy as np
import pandas as pd
```

---

① 贾宸琰,姚源,钟旺.自动化新闻的可读性研究[J].青年记者,2017(21):40-42.
② 小甲鱼.零基础入门学习Python[M].北京:清华大学出版社,2016.

```python
import requests
from bs4 import BeautifulSoup

#下面是爬取腾讯新闻的Python函数
def getNewsDetail(url):
    result={}
    res=requests.get(url)
    res.encoding='gbk'
    soup=BeautifulSoup(res.text,'html.parser')
    result['title']=soup.select('.LEFT h1')[0].text
    artical='\n'.join([p.text for p in soup.select('.content-article p')[::]])
    result['text']=result['title']+'\n'+artical
    result['time']=soup.select('meta')[2]['content']
    result['source']=soup.select('script')[-12].text.split('"media":')[1].split(',')[0]
    return result
```

建立一个主函数实现对腾讯新闻的爬取。如果要爬取更多的网页,创建一个 url 列表,利用一个循环语句,将爬取的数据存为 Excel 文件,同时实现数据结构化处理:

```python
if __name__=="__main__":
    UrlList=['https://new.qq.com/omn/TWF20191/TWF2019111000227500.html',
            'https://new.qq.com/omn/20191110/20191110A01OIX00.html',
            'https://new.qq.com/omn/PEG20191/PEG2019110900318100.html',
            'https://new.qq.com/omn/20191109/20191109A067GY00.html',
            'https://new.qq.com/omn/20191109/20191109A0HVSP00.html',
            'https://new.qq.com/omn/TWF20191/TWF2019111000312600.html',
            'https://new.qq.com/omn/20191110/20191110A06GDM00.html']
    news_total=[]
    for i in range(len(UrlList)):
        newsary=getNewsDetail(UrlList[i])
        news_total.append(newsary)
    df=pd.DataFrame(news_total)
    print(df.head(10))
    df.to_excel('yangBen.xlsx')    #抓取结果存入"yangBen.xlsx"
```

(4) 运行结果及解读。

保存的 xlsx 文件内容如图 5-21 所示。

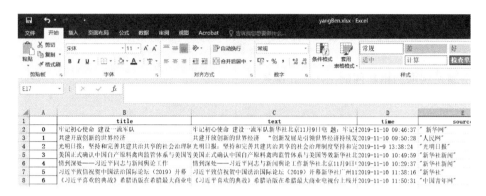

图 5-21　保存的 xlsx 文件

表格第 1 至 5 列分别对应所爬取新闻的编号、标题、内容、发布时间及来源。

二、词频与词云

(1) 计算文本词频及做出制作词云图。

词云图,也叫文字云,是对文本中出现频率较高的"关键词"予以视觉化的展现,词云图过滤掉大量的低频低质的文本信息,使得浏览者只要一眼扫过文本就可领略文本的主旨。

在 Python 中,可使用 jieba 对目标文本进行分词和计算词频,使用 wordcloud 制作分词结果词云图。

(2) 准备工作。

①在计算机中安装 jieba、wordcloud、imageio、requests、BeautifulSoup 等第三方库。

②准备一张白色背景的方块图形(或想让词云组成的形状图)。

③所要分析的文本(txt 文件)。

(3) 工作原理及操作方法。

对于文本数据的分析,词频很重要的度量指标。可以通过提取高频词和制作词云来把握文本内容以及进行文本分析。在此工作之前须安装必要的 Python 第三方数据库——jieba、wordcloud 等。

Python 代码如下:

```
# ! -*-coding:utf-8-*-
#引入第三方库
# import numpy as np
from imageio import imread
import re
import jieba
from wordcloud import WordCloud # ,STOPWORDS
import matplotlib.pyplot as plt


plt.rcParams['font.sans- serif']=['SimHei'] # 用来正常显示中文标签
plt.rcParams['axes.unicode_minus'] = False # 用来正常显示负号
# import matplotlib.pyplot as plt
```

```python
#打开存放项目名称的txt文件(须与.py文件在同一文件夹下)
with open('2006.txt','r', encoding='utf-8') as f:
    word=(f.read())
    f.close()

#当前目录下存好一张背景色为白色的图形
mask =imread("方块.jpg")

resultword=re.sub("[A-Za-z0-9\[\`\~ \! \@ \# \$ \^\&\* \(\)\= \|\
{\}\'\:\;\'\,\[\]\.\< \> \/\? \~ \。\@ \# \\\&\* \% ]","",word
wordlist_after_jieba = jieba.cut(resultword)
wl_space_split = " ".join(wordlist_after_jieba)

#创建停用词list
filepath ='stopwords.txt'
def stopwordslist(filepath):
    stopwords = [line.strip() for line in open(filepath,'r', encoding=
'utf-8').readlines()]

    return stopwords

sw = stopwordslist(filepath)
# 再增加一个停用词列表
stopwords2 = ['第一','太太','李逸平','秦畅','张世永','先生','北京']
sw = sw +stopwords2
# 增加新词
jieba.add_word('海德先生')
jieba.add_word('上海市')
#关键一步
my_wordcloud = WordCloud(scale=4,font_path = "msyh.ttc", mask=mask,
stopwords=sw,
                        background_color='white',
                        max_words = 50,
                        #max_font_size = 200,
                        random_state= 20)
my_wordcloud.generate(wl_space_split)
#显示词云
plt.imshow(my_wordcloud)
plt.axis('off')
```

```python
plt.show()
my_wordcloud.to_file("2006上海科技新闻词云新.png")

#保存生成的图片
my_wordcloud.to_file('test2.jpg')
#######################打印出高频词####################

ss='/'.join(wl_space_split.split())

wcdict ={}
for word in ss.split('/'):

    if len(word)==1:
        continue
    else:
        wcdict[word] = wcdict.get(word,0)+ 1

wcls=list(wcdict.items())
wcls.sort(key=lambda x:x[1],reverse=True)
# 再次去除要去除的词
sss = sw+['李逸平','秦畅','张世永','先生','北京']
for i in range(50):
    if wcls[i][0] not in sss:
        print(wcls[i])
```

（4）运行结果及解读。

运行结果如表 5-38 所示。

表 5-38　高频词 Top25

高频词									
创新	170	复旦	51	城市	36	国家	27	规划	22
上海	149	光华	51	海德	33	政府	27	产业	21
企业	90	自主	50	环境	31	市场	23	全国	20
科技	76	技术	48	海德先生	31	基础	22	投入	20
发展	70	公司	38	社会	28	能力	22	地区	20

上表所展示的是程序运行所得的前 25 个高频词及其词频。

三、模拟推荐系统[1]

（1）用 NMF 分解特征矩阵。

非负矩阵分解（non-negative matrix factorization，NMF）是一种基于协同的高效降维技

---

[1] Subramanian G. Python 数据科学指南[M].方延风,刘丹,译.北京:人民邮电出版社,2015.

术,顾名思义,它使矩阵分解后的所有分量均为非负值(要求纯加性的描述),并且同时实现非线性的维数约减,采用协同过滤算法的非负矩阵分解常常被用在推荐系统中。

假定我们的输入矩阵 A 是 $m \times n$ 维度的,NMF 将它分解成两个矩阵 A_{dash} 和 H。公式如下:

$$A = A_{dash} * H$$

我们要将矩阵 A 的维度降为 d,也就是将 $m \times n$ 矩阵分解为 $m \times d$ 矩阵,其中 d 远小于 n。

矩阵 A_{dash} 是 $m \times d$ 的,矩阵 H 是 $d \times n$,NMF 把它转化为一个优化问题,即最小化以下函数:

$$|A - A_{dash} * H|^2$$

NMF 解决了著名的 Neflix 挑战,若想详细了解,可访问链接①。

(2)准备工作。

为了解释 NMF,我们得准备一个模拟的推荐问题。在标准的推荐系统,如有着大群用户和大量项目(电影)的 MovieLens 或 Netflix 中,每个用户对一些电影做出了评价,我们将预测他们如何对尚未评价的电影进行评价。先假定这些用户还没观看过他们未评价的电影,我们的预测算法输出对这些电影的评价,然后推荐引擎推荐其中评价较高的影片给这些用户。

我们的模拟数据是一些电影,具体信息如表 5-39 所示。

表 5-39　10 部电影

电影 ID	电　影　名
1	《星球大战》 (Star Wars)
2	《黑客帝国》 (Matrix)
3	《盗梦空间》 (Inception)
4	《哈利波特》 (Harry Potter)
5	《霍比特人》 (The Hobbit)
6	《纳瓦隆大炮》 (Guns of Navarone)
7	《拯救大兵瑞恩》 (Saving Private Ryan)
8	《兵临城下》 (Enemy at the Gates)
9	《血染雪山堡》 (Where Eagles Dare)
10	《胜利大逃亡》 (Great Escape)

总共 10 部电影,通过它们的电影 ID 进行区别。然后 10 个用户对它们的评价情况如表 5-41 所示。

---

① Gábor Takács 等人在 2008 年 10 月 23～25 日瑞士洛桑举办的 ACM 推荐系统大会上发表的文章 *Matrix Factorization and Neighbor Based Algorithms for the Netflix Prize Problem*,第 267～274 页,发布链接为:http://dl.acm.org/citation.cfm?id=1454049。

表 5-41 用户打分

用户 ID	电影 ID									
	1	2	3	4	5	6	7	8	9	10
1	5.0	5.0	4.5	4.5	5.0	3.0	2.0	2.0	0.0	0.0
2	4.2	4.7	5.0	3.7	3.5	0.0	2.7	2.0	1.9	0.0
3	2.5	0.0	3.3	3.4	2.2	4.6	4.0	4.7	4.2	3.6
4	3.8	4.1	4.6	4.5	4.7	2.2	3.5	3.0	2.2	0.0
5	2.1	2.6	0.0	2.1	0.0	3.8	4.8	4.1	4.3	4.7
6	4.7	4.5	0.0	4.4	4.1	3.5	3.1	3.4	3.1	2.5
7	2.8	2.4	2.1	3.3	3.4	3.8	4.4	4.9	4.0	4.3
8	4.5	4.7	4.7	4.5	4.9	0.0	2.9	2.9	2.5	2.1
9	0.0	3.3	2.9	3.6	3.1	4.0	4.2	0.0	4.5	4.6
10	4.1	3.6	3.7	4.6	4.0	2.6	1.9	3.0	3.6	0.0

(3) 操作方法。

Python 程序如下：

```
#-*-conding:utf8-*-

#协同过滤算法的非负矩阵分解(non-negative matrix factorization,NMF)

import numpy as np
from collections import defaultdict
from sklearn.decomposition import NMF,LatentDirichletAllocation
import matplotlib.pyplot as plt

#在 Python 中加载评价矩阵
ratings=[
    [5,5.0,4.5,4.5,5.0,3.0,2,2,0,0],
    [4.2,4.7,5,3.7,3.5,0,2.7,2,1.9,0],
    [2.5,0,3.3,3.4,2.2,4.6,4,4.7,4.2,3.6],
    [3.8,4.1,4.6,4.5,4.7,2.2,3.5,3.0,2.2,0],
    [2.1,2.6,0,2.1,0,3.8,4.8,4.1,4.3,4.7],
    [4.7,4.5,0.0,4.4,4.1,3.5,3.1,3.4,3.1,2.5],
    [2.8,2.4,2.1,3.3,3.4,3.8,4.4,4.9,4.0,4.3],
    [4.5,4.7,4.7,4.5,4.9,0,2.9,2.9,2.5,2.1],
    [0,3.3,2.9,3.6,3.1,4,4.2,0,4.5,4.6],
    [4.1,3.6,3.7,4.6,4,2.6,1.9,3,3.6,0],
    ]
```

```
yangBen_dict={
    1:"S1",
    2:"S2",
    3:"S3",
    4:"S4",
    5:"S5",
    6:"S6",
    7:"S7",
    8:"S8",
    9:"S9",
    10:"S10"
    }
movie_dict={
    1:"Star Wars",
    2:"Matrix",
    3:"Inception",
    4:"Harry Potter",
    5:"The hobbit",
    6:"Guns of Navarone",
    7:"Saving Private Ryan",
    8:"Enemy at the gates",
    9:"Where eagles dare",
    10:"Great Escape"
    }

A=np.asmatrix(ratings,dtype=float)

#对数据进行非负矩阵转换
max_components=2
reconstruction_error=[]
nmf=None
nmf=NMF(n_components=max_components,random_state=1)
A_dash=nmf.fit_transform(A)
print(A_dash)

#检查降维的矩阵
for i in range(A_dash.shape[0]):
    print("User id=%d,comp1 score=%0.2f,comp2 score=\
%0.2f"%(i+1,A_dash[i][0],A_dash[i][1]))
```

```python
plt.figure(1)
#plt.subplot(2,2,1)
plt.title("User Concept Mapping")
x=A_dash[:,0]
y=A_dash[:,1]
plt.scatter(x,y)
plt.xlabel("Component1 Score")
plt.ylabel("Component2 Score")

for k in range(A_dash[:,0].shape[0]):
    plt.annotate(yangBen_dict[k+1],(A_dash[k,:][0],A_dash[k,:][1]))

#检查成分矩阵 F
F=nmf.components_
plt.figure(2)
#plt.subplot(2,2,4)
plt.title("Movie Concept Mapping")
x=F[0,:]
y=F[1,:]
plt.scatter(x,y)
plt.xlabel("Component1 Score")
plt.ylabel("Component2 Score")
for i in range(F[0,:].shape[0]):
    plt.annotate(movie_dict[i+1],(F[0,:][i],F[1,:][i]))
plt.show()

#数据重构
reconstructed_A=np.dot(A_dash,F)
np.set_printoptions(precision=1)
print(reconstructed_A)
```

(4) 工作原理。

从列表中将数据加载到 numpy 的矩阵 A, 然后通过变量 max_commponents 设置将其维度降到 2, 接着初始化一个 NMF 对象, 并设定它的成分数量, 最后应用算法来得到降维后的矩阵 A_{dash}。

输入矩阵 A 被转换为降维的矩阵 A_{dash}, 它的形态如下所示:

```
A_dash=nmf.fit_transform(A)
```

以上步骤是我们所必需的, scikit 库隐藏了其中许多细节, 我们来看看后台都发生了什么。形式上, NMF 把原始矩阵分解成两个矩阵, 它们相乘就得到原始矩阵的近似。

请看如下代码:

```
In:
A_dash.shape
```

```
Out:
(10,2)
```

原始矩阵有 10 个列,降维后的矩阵只有 2 个列,这就是降维后的空间。从数据投射的角度来看,我们可以认为算法已经将初始的 10 个电影划分成两类。单元格里的数值表示用户对每一类别的喜好程度。

我们将喜好程度进行打印输出,代码如下:

```
for i in range(A_dash.shape[0]:
print(User id =%d, comp1 score =%0.2f,
    comp 2 score=%0.2f (i+1, A_dash[i][0], A_dash[i][1]))
```

输出结果如下:

```
User id=1,comp1 score=2.13,comp2 score=0.00
User id=2,comp1 score=1.91,comp2 score=0.00
User id=3,comp1 score=0.76,comp2 score=2.05
User id=4,comp1 score=1.94,comp2 score=0.44
User id=5,comp1 score=0.29,comp2 score=2.35
User id=6,comp1 score=1.39,comp2 score=1.30
User id=7,comp1 score=0.99,comp2 score=2.02
User id=8,comp1 score=2.01,comp2 score=0.41
User id=9,comp1 score=0.80,comp2 score=1.78
User id=10,comp1 score=1.74,comp2 score=0.58
```

请看用户 1,上图的第 1 行表明用户 1 给分类 1 评价分数为 2.13,分类 2 分数为 0,这表明用户 1 更偏好分类 1。

我们把输入的数据集降到了二维,这样在图形里很容易观察到一些结果。

水平轴上表示成分 1,垂直轴表示成分 2,我们把多个用户的散点图绘制出来,如图 5-22 所示。

你会发现用户被分成了两组:对成分 1 的评分大于 1.5 的和小于 1.5 的。这样我们就在降维特征空间中将用户分到了两个簇里。

请看另一个矩阵 F。

```
F=nmf.components_
```

矩阵 F 有 2 行 10 列,每行代表了成分组成,每列代表一个电影的 ID。它的用途是表示用户对于不同类别电影的偏好程度。我们可以把这个矩阵的图形绘制出来。

在第一步里,我们声明了一个字典,现在用这个字典来为每个点标注电影名。

```
for i in range(F[0,:].shape[0]):
plt.annotate(movie_dict[i+1],(F[0,:][i],F[1,:][i]))
```

annotate 方法把字符串(用来注释)作为第一个参数,x 和 y 坐标作为一个元组。输出的图形如图 5-23 所示。

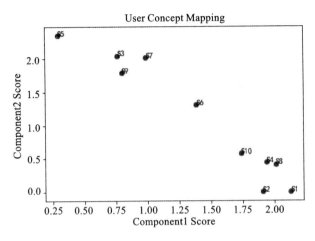

图 5-22　输出 1

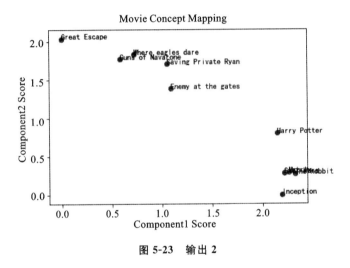

图 5-23　输出 2

据图可知有两个划分明显的组:所有的战争片在成分 1 里的得分都很低,而在成分 2 的得分都很高,而神幻类电影则与之相反。我们可以肯定地说,成分 2 由战争片组成,给成分 2 打高分的用户更偏好战争电影,类似的结论也适用于神幻电影。

这样,我们通过 NMF 发现了输入的电影矩阵中隐藏的特征。

(5) 运行结果及解读。

知道了如何将特征空间从十维降到二维,现在就可以把它应用到推荐引擎中。我们先把原始矩阵重构为两个矩阵。

```
reconstructed_A=np.dot(A_dash,F)
np.set_printoptions(precision=1)
print(reconstructed_A)
```

重构后的矩阵如图 5-24 所示。

在原始的矩阵中,第 5 行第 3 列对应的值为零,即 ID 为 5 的用户未看过 ID 为 3 的电影《霍比特人》。而在重新构建的矩阵中,第 5 行第 3 列的值为 0.6。这个模拟结果表明,ID 为 5 的用户对《霍比特人》的评分可能为 0.6,这有助于我们决定是否向还没有看过这部电影的

```
[[4.7 4.8 4.7 4.6 4.9 1.3 2.2 2.3 1.5 0. ]
 [4.2 4.3 4.2 4.1 4.4 1.1 2.  2.1 1.4 0. ]
 [2.2 2.3 1.7 3.3 2.3 4.1 4.3 3.7 4.3 4.2]
 [4.4 4.5 4.2 4.5 4.6 1.9 2.8 2.7 2.2 0.9]
 [1.3 1.3 0.6 2.5 1.3 4.3 4.3 3.6 4.5 4.8]
 [3.4 3.5 3.  4.  3.6 3.1 3.7 3.3 3.4 2.7]
 [2.7 2.8 2.2 3.7 2.8 4.1 4.5 3.9 4.4 4.1]
 [4.6 4.7 4.4 4.6 4.8 1.9 2.8 2.8 2.2 0.8]
 [2.2 2.3 1.7 3.1 2.3 3.6 3.9 3.3 3.9 3.6]
 [4.  4.1 3.8 4.2 4.2 2.  2.8 2.7 2.3 1.2]]
```

图 5-24　重构后的矩阵

观众推荐这部电影。

第六章

计算传播的伦理阐释

计算传播的驱动力来源于数据,计算传播的主要研究范畴是人类的传播行为,主要研究对象是人类的数字痕迹。参考拉斯韦尔的5W模式,计算传播的研究内容同样可以涵盖传播者行为研究、受众行为研究、传播内容研究、传播渠道研究以及传播效果研究。其研究特征主要是在大数据的支持下,样本量大、变量少,研究精度、准度都有明显提升。整体而言,计算传播的最大主张是依靠数据来说话。那么这样一种新兴的传播学研究领域是否涉及伦理问题?又如何通过伦理学视角对其进行解读呢?这将是本章节所要解答的问题。

第一节 计算传播的伦理关涉

一、什么是伦理?

要从伦理角度阐释计算传播,首先要做的是弄清楚到底什么是伦理以及伦理涉及哪些内容。

1. 在英语语境中的"伦理"与"道德"

英语中,伦理为"ethic",它有两种词性。在形容词词性下,ethic 主要指伦理学的,合乎道德规范的。在名词词性下,ethic 主要指伦理学和伦理观念。从词源上来追溯 ethic,其源自希腊文的"thos",本意指的是"风俗"与"习惯",后略加改动生成了"ethikee(伦理)"。在现代英文语境中,伦理一词的表达在概念上有所不同。在西方,"伦理"可以引申为人类建构的规范。moral 一词也同时具备形容词和名词两种词性。在形容词词性下,它主要指的是合乎道德的;在名词词性下,它主要指的是道德或者寓意。而"morality"则主要指向以下几点:第一,道德、美德、德行、品行;第二,教训、寓意、说教;第三,伦理学。① 两者的词源来自"mores",指的是传统风俗、习惯等。②

在英语语境中,虽然伦理和道德看似相互重叠,但是仔细区分,仍有着很多细节上的不同:首先,"ethic"无论是什么词性,更多地强调理性的方面,而"moral""morality"则更多强调性情的方面。其次,从层级上来看,道德(moral/morality)处于初级实践阶段,而伦理(ethic)则处于高级的理论阶段。再次,从应用范畴来看,伦理更多地应用于泛社会生活之中,道德则更多地应用于私人领域中。最后,道德指向个人生活中内在的主观的情性品格,具有主观性、情境性、个体性等特征,伦理则多运用于社会世界或公共生活中的职业语境,指向一种公共生活中外在的客观的理性规范,具有客观性、普遍性、习俗性等特征。③ 简而言之,相比于道德,伦理好似空中楼阁,离现实生活较远。相比于伦理,道德则更接地气,离现实生活与实践更近,联系更紧密。伦理是概念中的抽象的客观意志和同样抽象的个人主观意志的统一,道德更多地指向主观领域,具有"应然"旨趣。④

2. 汉语语境中的伦理与道德

谈起伦理,往往会有人将道德一词作为其同义词汇或者替代词汇。但实际上不同语境中伦理与道德尚存在细微差别。在汉语语境中,伦理是由"伦"与"理"构成的组合词。古代对"伦"的阐述有三种。第一,《说文解字》对其解释为"辈也";第二,《礼记·乐记》有言:"乐者,通伦理者也";第三,郑玄注伦理曰:"伦,犹类也;理分也"。⑤ 由此可见,伦理本义指代的是"人伦之理",简单理解就是指有血缘关系的亲属之间依据亲疏、辈分所制定的行为规范及礼仪关系。而"理",一般同伦理、道理相配使用,讲求的是一种规则。它同样有多种引申解释:第一,物质之"理"如"纹理";第二,人文之"理"如"道理""事理";第三,科学之"理"如"理科""物理";第四,使某事有序或合理之动作,如"管理""整理""处理"等。⑥ 根据《辞海》,现代汉语中伦理的定义为:处理人们相互关系应该遵循的道德和准则。⑦ 道德是由"道"与"德"组合而成。《辞海》中对"道"的主要定义有以下三点。第一,道德。《说文解字》对道解释为"所行道也",即四通八达的道路。第二,法则。《韩非子·解老》有言:"道者,万物之所然也,万理之所稽也。"引申为宇宙万物存在的"最高法则"。第三,宇宙万物的本原、本体。《老子》曰:"有物混成,先天地生,可以为天下母。吾不知其名,字之曰'道'。"⑧由上可知,道和理之间有着相同之处。而"德"主要有两种释义。第一,《卜辞》中"值"或"息"同"德",指从直从心,心性正直即为"德"。第二,"德"与"得"相通,《罐子·心术上》中说"德者,得也",⑨指的是有所"心得"。道德合用整体来说是"依靠社会舆论和人的内心信念来维持和调整人们相互关系的行为规范总和"。⑩

---

① 新英汉词典(增补本)[M].上海:上海译文出版社,2005.
② 尧新瑜."伦理"与"道德"概念的三重比较义[J].伦理学研究,2006(4):21-25.
③ 尧新瑜.伦理与道德概念的三重比较义[J].伦理学研究,2006(4):21-25.
④ 黑格尔.法哲学原理[M].范扬,张企泰译.北京:商务印书馆,1961.
⑤ 尧新瑜.伦理与道德概念的三重比较义[J].伦理学研究,2006(4):21-25.
⑥ 尧新瑜.伦理与道德概念的三重比较义[J].伦理学研究,2006(4):21-25.
⑦ 辞海(上)[M].上海:上海辞书出版社,2002.
⑧ 尧新瑜.伦理与道德概念的三重比较义[J].伦理学研究,2006(4):21-25.
⑨ 尧新瑜.伦理与道德概念的三重比较义[J].伦理学研究,2006(4):21-25.
⑩ 辞海(中)[M].上海:上海辞书出版社,2002.

根据以上梳理，在汉语中伦理与道德在意义上存在重叠部分。在日常用语中，一般情况下伦理更多地指向客观事物，具有普世性的规范；道德则更多用于指向主观性的层面。

3. 中西语境中的伦理与道德概念

中西语境中的伦理观念，最大的差别在于中国特殊的历史背景赋予了伦理一个关键因素——血缘关系。而在西方，伦理概念并没有强烈的血缘传统，就是单纯的指公共社会中的具有公正性的规则。其次，在汉语中伦理与道德在概念上虽有些重叠，但是主要是理与道相通，可以组成"道理"。而无论是伦与德，还是理与德之间都是有较大差异的。在英语语境中则不相同，"ethic"实际上同"理"比较接近。而在当下社会中，中西语境常用语往往都是以道德统称了道德和伦理。但具体来说，中西方对道德理解的差异在于：在汉语语境中，道德概念与意识形态有关；在西方，道德观念则与宗教主张相结合。在范畴中，汉语语境中的道德观念主要规范的是家庭单位成员；而英语语境中的道德观念偏向于规范个体单位。

总而言之，中西方的伦理与道德因各自发展历程的不同，打上了历史的烙印。但是在时代的发展过程中，这种中西烙印也在慢慢融会贯通。伦理逐渐成为一级概念，指代一种正误判断；道德则逐渐成为二级概念，指代一种具体的规范，如职业道德等。

二、计算传播的伦理关涉

梳理完伦理到底是什么，包含什么内容之后，需要思考的问题是计算传播是否关乎伦理，是如何牵涉到伦理的。

1. 从伦理概念看计算传播

从对伦理概念的梳理中，可知伦理下设道德概念，伦理涉及的范围包括道德但不仅限于道德。它是更为广义上的一种分类，一种以善与恶、对与错等为标准的分类。实际而言，在此层面上，伦理是一种价值判断。那么计算传播的研究内容是否涉及价值判断？计算传播研究的行为是否属于伦理范畴呢？答案是肯定的。计算传播的研究目的是借助数据（主要是网络数据）来解读人类传播行为。既然有目的性就表示有预设性、有"功利"性，需要寻求手段来实现、达到对应的目的。此时，数据变成对象，使用数据的方式即为手段，实施研究的人即为让手段进入实操的人。在这个过程中，所牵涉的使用何种数据，采用何种手段，由什么人来实现这个过程，都是充满价值判断的过程。数据采集环节，采用何种数据、不采用何种数据，是在预设标准下进行的分类选择；手段判断中，能用什么手段、不能用什么手段，是在一定社会准则前提下进行的取舍；什么人可以来进行方法的实现、什么人不可以，自然也是一种对人的判断与分类。总而言之，计算传播的各个主要环节，都脱离不了价值判断与分类。

伦理的第二层面涉及道德。日常生活中，道德指向行为的规范；职业领域中，道德指向职业行为的规范。在任何社会中，都有一套社会行为道德规范约束着人们；任何职业领域中都有一套职业道德规范对其从业人员进行约束。计算传播身处传播学研究领域之中，其研究人员自然也是要遵守相关职业道德规范的。但问题在于，计算传播有其特殊性，它跳出了传统新闻传播学的研究范畴，突破了新闻传播学的研究方法，此时它又该秉持何种职业道德规范来进行自我约束呢？计算传播涉及数据、涉及数据统计方法，这就必然需要具有针对性的职业道德规范对其研究行为予以规范。从这种角度来看，传统的新闻传播学研究规范对计算传播研究的包容性逐渐缩小，与之相关的新的职业道德规范呼之欲出。

由此可见，无论是从整体伦理视角还是从具体的职业道德视角来看，计算传播的整个研究过程都是涉及伦理问题的。这就意味着计算传播脱离不了伦理框架，必然同伦理学之间产生纠葛。可见计算传播同其他研究领域一样，从学科实质、研究过程到研究行为都是关乎伦理的。

2. 从结果导向看计算传播

判断一个事物是否与伦理相关，还需要从其带来的结果入手。这是因为结果是受到主体意识导向的，而主体支配必然导致结果的不确定性。一旦其结果中有内容涉及伦理问题，那么其相关主体与实践过程必然是导致伦理问题的关键，也就必须承担起伦理责任。在此种前提下，主体可能带来结果不确定的原因主要有三个：第一，计算传播的研究方式带来不可控因素的增长；第二，研究主体自身充满局限性，且很可能不自知；第三，研究环境中变量复杂难以完全掌控。

第一，计算传播的研究方式带来不可控因素的增长。一般来说，计算传播的研究方法包括传统统计方法，以及当下流行的机器学习法。前者包括多元分析、结构方程模型、多层分析、时间序列等，这些方法在统计学方法框架下，主要是通过假设验证的过程来实施，整体上是一种解释性研究；后者包括聚类、降维、网络分析、空间分析等，该些方法主要是预测性的，通过数据自身来预判趋势，整体上属于描述性或预测性研究。但无论是哪种研究方式，计算传播的研究基础是数据。此时就会出现一个最直接的不确定，就是数据的好坏在很大程度上影响着研究结果的好坏。而何种数据为优质的，何种数据为劣质的，并没有一个严格标准。大部分情况下，都是尽量选择与研究问题相关的数据。那么就会出现一个不确定因素——人的选择不确定和数据相关性的不确定。此外，当使用描述性方式，也就是主要通过算法来进行计算传播的研究时，还会产生另一个问题——算法黑箱。虽然计算传播的研究人员越来越专业化，也越来越熟悉算法计算，但关于算法黑箱，即便是算法工程师也无法完全了解从输入到输出这个过程中到底发生了什么。算法对数据处理了多少，处理到什么程度，实际上不能精准地给出答案。

第二，计算传播研究主体自身充满局限性。计算传播是从传播中延伸发展出来的，它的研究方式结合了传统社会学研究方法以及计算机科学的算法手段。而当下能完全掌握这两种方式并对这两种方式进行融会贯通的研究人员有限，很多从事计算传播学研究的人也处于学习过程中。于是，在研究方法的使用上必然出现方法使用情况的不均衡，有些研究者可以通过方法的熟练掌握得出较为理想的结果，而有些研究者不可以。此外，跳出专业领域，人都不可能是完美的人。人们的知识水平、文化素养是参差不齐的，会存在知识盲区与专业盲区。而这种盲区有可能还是容易被个体忽视、无法察觉的。于是，无论是计算传播研究人员本身水平不均衡，还是作为人自身天然的能力发展不均衡，最终带来的必然是研究结果在很大程度上存在出入。这种出入使得计算传播研究结果充满不确定性，在这些不确定的结果中必然会有触及伦理问题的因素存在。

第三，计算传播研究所面对的环境复杂，多元变量难以完全掌控。整体说来，计算传播学的建设尚未完成，因此，其本身研究方法的改变、研究变量的改变、外界媒体环节的改变、受众网络行为习惯的改变等都会影响计算传播研究的具体实施。从学科背景看，计算传播现属传播学研究中比较新型的一环但也是比较复杂的一环。它很可能会伴随着传播学研究范式的改变而进行自我范式调整，这也是一个重要的不确定性。而再从大背景看，传播学研究需要面对的是整体社会环境,在这里政治因素、经济因素、文化因素的细微差异都会给研究结果带来影响,计算传播也不例外。除了社会因素,时空因素同样会对计算传播结果产生影响。不同时间截面的数据,不同地域研究对象的选择,一旦被纳入研究过程中,这些不同最终就会或多或少地影响研究结果。谁也不能完全排除这些因素,进而保证自己研究结果完全的准确性与客观性。

综上,无论是从伦理的概念理解看,还是从结果的不确定性看,计算传播的研究内容与行为都和伦理二字有着极大的关涉性。它不是一个本体论上单纯客观的研究范畴,而是从开始到结束都掺杂着价值判断与价值选择,并需要对研究人员进行职业道德约束的研究范畴。因此,计算传播学是一门绝对关乎伦理的研究。

第二节　计算传播中的伦理风险

一、计算传播中的隐私问题

计算传播的研究基础是人类的数字痕迹,也就是人们在网络上的各种信息,包括用户的基本特征,用户浏览、点击等行为数据,这些数据大多数被明面上遗留在网络平台上或者暗地里被平台后台记录。计算传播研究的一个重要环节就是拿到符合自己研究目的的数据,从而进行下一步分析。那么这些数据的实质是什么？数据的使用又存在哪些问题呢？

1. 是数据还是隐私？

在计算传播研究中,可能涉及的数据包括但不限于传播者数据（包括传播者特征等）、传播内容数据（包括关键词及发布时间等）、传播媒介数据（包括信息介入端口等）、受众数据（包括受众特征及网络行为等）、传播效果数据（包括点击率等）。

实质上,这些所谓的数字痕迹或者数据很大一部分归根结底都属于人的隐私范畴。只不过在商业与技术的合谋包装下,本是属于个人隐藏起来的信息成为一种可使用、可用于研究的学科意义上的研究对象。其实,数据化一直是一个热门概念,数字时代、信息时代的称呼也自然生发。在这里,"数据化"(datafication)是肯尼斯·库克耶和维克托·迈尔-舍恩伯格于2013年提出的概念。在他们看来,数据化是新技术的发展促成的一种新趋势,即将人类生活诸方面的信息转换成计算机数据。一般而言,数据化是近代自然科学的基本特征,但这里的数据化不再局限于科学意义上的数据化,特指人类行为和社会活动的数据化,即将社会行为转换成在线量化的数据,从而能够对它进行实时跟踪和预测分析。① 数据化最大的特征就是使各种繁杂、流动的信息变得可控、可处理。从某方面来说,数据化概念与隐私概念之间是充斥着矛盾的。首先,作为隐私的信息最重要的就是隐匿性,与隐匿性相匹配,隐私信息应该仅存于私有空间之中,但是数据则不同,披上数据外衣的信息并不专属于个体,更多的是应用于公共空间之中,并作为结论的支撑而被集体展现。其次,隐私在相当长一段

---

① 李伦,黄关. 数据主义与人本主义数据伦理[J]. 伦理学研究,2019(2):102-107.

时间内是仅属于个体自身的,但是数据化之后,隐私的控制权不再属于个人,数据被谁使用、使用目的是什么,个人无法知晓,只有数据使用者自身才能对这些数据进行控制。最后,隐私并不在意数量的大小,每个人对自身隐私数量的认知并没有明确需求,但是数据化后,大数据在某种程度上成为被信奉的宗旨。对数据主义来说,有时候最高的价值就是"信息流"。① 可见,隐私与数据内容上实质一致但是性质上却存在差别。

整体来说,当隐私被包装为数据之后,隐私就脱离了其本身的含义。对于数据主义来说,其最终的主张是数据流最大化和信息自由至上,实质是从以人为本走向以数据为本,用数本主义取代人本主义,从强调人的自由走向强调数据的自由,用数据主义取代自由主义。② 而计算传播中恰恰也是如此,人们看似使用了数据,实质使用的是被数据化的隐私。

2. 隐私数据采集中的多元问题

正是由于计算传播中很多数据本质上来源于受众的隐私,而又脱离了隐私范畴,数据化的隐私被采集、使用于计算传播的过程中,很可能会引发如下一些具体问题。

第一,受众在自身信息被采集时可能并不知晓。以往的针对受众的传播学研究中,多采用问卷调查和深度访谈的方法。在此方法之下,受众明确知道自己成了被调查对象。虽然这种意识可能会影响研究结果,但这是尊重受众意志的表现。而计算传播使用的方法中,受众通常不会被告知其数据被用于他者的研究。这显然没有表现出对受众的尊重。而从另一方面来说,即便研究者有心告知受众将采集其数据用作研究,由于数据的庞大,一一告知也是很难做到的。于是,受众成为计算传播研究领域中被动的对象。

第二,研究过程可能存在超需求采集。当进行受众研究时,不免需要对受众的网络数字痕迹进行采集。这些数字痕迹有些是公开的,但是公开是否意味着可以采集,是否意味着可以直接使用,以及采集的限度在哪里,都尚未确定。而对于公开范围内无法看到的信息即后台数据是否可以采集,以及能够采集哪些方面,也都尚未明确。这就可能导致研究者为了达到研究目的,初步采集数据时会选择采集尽可能多的样本,随后再进行样本选择。此时,就很有可能出现超需求的采集,过多地采集受众的数字痕迹。

第三,研究人员成为用户隐私的控制人。很多研究者认为,因为大数据的范围大,它针对的是整体研究,不对某个个体进行研究,所以对个体隐私伤害并没有想象的那么大。实际上,这是一个替换概念的推论,即便是整体性研究,得出的结论是整体性结论,其基础也都是从个体出发,对个体进行了多维剖析。正是由于每个个体的支撑才有可能得出整体的结论,当研究人员通过采集的数据进行研究的时候,其就成为受众隐私的实际掌握人。毕竟计算传播框架对受众的研究,已经不是单单做用户问卷调查这么简单。它使用的很多数据可能是用户不自知而下意识留下的。这些下意识留下的数据被算法等工具采集之后,相较于问卷数据,更容易被研究人员用于精准地完成个体的画像。

第四,存在不正当使用数据的可能。前文提到计算传播的研究方法是一种融合统计和计算机科学知识的方法,它需要一定的统计和计算基础,更需要一种对待数据的端正态度。如果缺乏方法基础,就可能出现隐私数据被错误使用的情况;如果缺乏端正的态度,那么隐私数据就可能会被恶意使用,譬如被用于不正当用途等。而无论是缺乏技术基础还是故意

---

① 尤瓦尔·赫拉利.未来简史[M].林俊宏,译.北京:中信出版集团,2017.
② 李伦,黄关.数据主义与人本主义数据伦理[J].伦理学研究,2019(2):102-107.

的不正当使用,最终受众的隐私都或多或少地受到损害。

由上可知,一旦计算传播的研究过程涉及隐私问题,就会出现很多次生问题。这些次生问题反映了隐私与数据的矛盾面,揭示了受众作为被调查对象在研究者面前的受尊重问题。因此,计算传播中的隐私问题不容忽视。

二、计算传播研究中的标记

对于标记,最字面、最直接的理解就是做上记号。在传播学领域中,所谓标记就是根据一定的标准给研究对象做上记号。这些记号的作用是方便接下来的研究。标记的出现很大程度上得益于当下算法深度学习应用的范围拓展。在深度学习技术的协助下,根据用户画像进行推荐的新型资讯平台层出不穷。计算传播也是如此,算法的使用、深度学习的拓展,给该领域带来更多元的研究方向以及更多的研究可能,但是一般算法可能出现的伦理问题,在计算传播领域同样避免不了。其中值得注意的一点就是对研究对象的标记。

计算传播可以通过技术方法对传播者进行标记。如果传播者是个体,那么最可能被标记的就是其人口学特征等;如果传播者是组织,那么最有可能被标记的就是组织特征等;如果传播者是平台,那么最有可能被标记的就是平台属性及特征等。对传播内容进行标记,根据研究目标的不同,计算传播对内容的标记也存在不同。提取关键词作为一种标记,可以用来分析内容表达趋势等;标记发布时间,可以清晰地梳理内容发布特征等;标记内容类别,可以判断发布取向等。我们还可以根据媒介性质的不同,为传播对象与传播效果分析提供前期服务。标记传播媒介性质,可以匹配受众性质;标记传播媒介属性,可以标注受众的倾向。对受众进行标记,标记的结果将很大程度上改变传播策略。标记受众的年龄,可以依据年龄阶段分层研究传播效果;标记受众数字行为,可以准确地预判受众可能的资讯偏好;标记受众经济状况,则有可能得出经济阶层上的明显差异。对传播效果进行标记,是整个传播过程研究必不可少的环节。对传播效果进行标记,可以清晰地看出效果的好坏,以及预判未来效果可能的趋势。但需要注意的是,无论是对计算传播研究过程中哪一方面进行标记,这种标记都是私下的研究行为。这种标记中是否存在争议,是否存在错误标记,是否存在为了达到研究结果而出现的片面标记,均不得而知。也正是因为如此,在计算传播领域,标记实际上蕴含着很多未知的研究漏洞与伦理风险问题。这些可能的漏洞与风险,具体包括以下几方面。第一,错误的标记。错误的标记很好理解,即标记的方式或者标记的结果出现了显著的或者不显著的错误。对于显著的标记错误,研究人员尚可在研究过程中予以发现。但是对于不显著的标记错误,尤其是算法直接造成的标记错误,其被人工发现的概率就会大大降低。于是,这种可能存在的错误的标记就一直会伴随着研究对象而存在。需要指出的是,这种被标记的错误不是有意为之,其产生之后,是否会严重影响研究结果也不得而知。但是一旦它存在,无论是显著还是不显著的错误都是研究的隐患因素。第二,过度的标记。对于研究对象来说,当人工或者算法对其进行标记时,其附和的特征项肯定不是单一的。也就是说,研究对象不仅会被标记,而且会被多次标记,带上多种标签。这时就产生一个问题,即很有可能会出现一个研究对象被过多地标记的情况。过多的标记可能会遮蔽研究对象的本来面貌,使研究人员在研究中曲解研究对象。第三,刻意的标记。研究对象之所以被标记是为了方便日后的研究,这使得标记过程带有目的性。这种目的性是希望被标记的对象尽可能符合研究目的,于是研究对象就存在被刻意标记的风险。在此种风险之下,研究充满了不可控成分,最终的研究结果也不得而知。

除了由于被标记而带来的一系列问题之外,在伦理学意义上,被标记是一种存在不利因素的行为。打上标签,意味着分门别类,意味着将主体物化,意味着将多元简易化。首先,标签意味着分门别类。当研究对象被以不同的标签进行区分时,一旦这种标签的差异同经济、民族等属性相关联,实际上就可能将研究对象分成三六九等。其次,标签意味着将主体物化。研究对象无论是个体、群体还是组织,作为主体均是有血有肉的存在,但是在标签下,一个个带有特定含义甚至偏见含义的词汇取代了实际存在的主体。它将研究对象变成了符合大数据时代需求的"信息"。最后,标签意味着多元简易化。无论哪种研究对象,都是复杂多元特征的组合体,属于多维范畴,但是当将其以标签定义时,实际上是将研究对象粗暴地进行了降维处理。这种降维不仅仅是对研究对象的肤浅理解,而且很可能改变研究对象原本的面貌。

综上可知,在计算传播中对研究对象进行标记,虽然有利于研究的进行并且是计算传播研究的主要内容之一,但是一旦被标记就会出现一系列难以避免的问题,这些问题有可能被发现,也有可能一直不被发现。而对于研究对象来说,他们既不知道自己被打上了这样那样的标签,也不知道这样那样的标签将会让其处于研究中的何种位置。因此,整体说来,计算传播的研究对象在研究过程中处于十分被动的状态。在这种被动状态中,研究对象的标签化一时间很难去除。

三、计算传播透露的权力位移

计算传播与以往传播学研究的最大区别在于研究方法的改善,依靠统计学与机器学习两种范式,计算传播研究有了更多可能。但是当计算传播的研究范式更多地向机器学习转移的时候,其用于数据处理的算法设计、运行就开始逐步占据研究的关键位置。算法在某种程度上决定了研究的深度和功效,决定了研究过程能否顺利运行,决定了研究结果是否有效。而就在这个时候,算法的权力也在慢慢凸显,这是一种新型的权力形态。

算法,通常指的是一种有限、确定、有效并适合用计算机程序来实现的解决问题的方法,是计算机科学的基础。[①] 在蕴含着巨大价值的数据成为重要研究资源的前提下,算法是能够快速、有效处理这些数据的核心工具。这是算法权力形成的重要基础。部分掌握了人工智能核心算法和海量数据的资本开始拥有相对于政府的明显的技术优势。算法权力是一种人工智能技术平台的控制者,凭借自身拥有的算法技术优势而在人工智能应用过程中产生的对政府、社会组织和公民个人等对象的技术权力。通过此项权力,算法权力的拥有者可以以较为隐蔽的技术手段来比较容易地实现其想要达到的目标。[②] 由此,算法、算法的应用者与算法权力紧密地结合在一起。

作为技术权力而存在的算法权力,不同于政府权力,它没有政府权力的强制性,本身不具备法律意义上的合法性,也没有国家暴力机关作为权力实施的后盾,所以要对算法权力进行属性判断的话,它只能是一种技术权力。这种技术权力的大小决定于能够使用这项权力的人的多寡。与此同时,伴随着政府、社会组织、企业和公民个体等对相关应用的依赖程度

---

① Sedgewick L, Wayne K. 算法[M]. 4 版. 谢路云,译. 北京:人民邮电出版社,2012.
② 陈鹏. 算法的权力和权力的算法[J]. 探索,2019(4):182-192.

不断加深,算法逐渐拥有了对政府、社会组织、企业和公民个体等对象的某种技术上的强制力,算法权力的拥有者可以凭借这种技术权力来完成对特定对象的控制。① 计算传播领域也是如此,由于计算传播研究正处于发展阶段,能够完全掌握算法技术或者能够灵活运用算法技术的研究者尚为有限。这就使得该领域可能出现如此现状,即从事计算传播的人自主学习算法工具,或者算法工程师、程序员等职业群体介入计算传播研究中。这两种情形无论哪种,其最有可能带来的是部分人对算法技术的绝对掌控。可以预判的是,伴随着人工智能技术社会使用的不断深入,算法权力会越来越向少数主体聚拢。如果核心算法技术仅仅被少数几家企业掌握,那么就可能会出现部分学者担心的算法独裁的问题。② 于是,算法作为技术权力很有可能脱离计算传播研究的初衷,而被算法的技术掌握者变相利用。

算法权力包含算法自身的权力与数据的权力。在算法权力范畴中,算法作为主导权力而存在,数据则附属于主导权力。两者虽然有主次之分,但实际上相辅相成。大数据的兴起推动了算法技术的不断升级,算法技术要是离开了数据就失去了它原有的价值,也就很难跻身于权力范畴。因此,从某种角度来看,算法权力实际包含两方面:算法本身的权力和数据的权力。③ 不单单是计算传播研究领域,其他诸多研究领域都出现了这样一种现状,即数据是研究的基础与关键。掌握数据与掌握算法一样,在计算传播研究领域都可以产生权力的拥有者。前者提供对象,后者提供快速处理对象的方法。现实生活中,每个个体、每个群体、每个组织每时每刻都在生产这样那样的数据。越来越多的平台通过数据来建立、扩大自己的市场份额,很多研究数据都需要这些平台来提供。这就导致了研究主被动关系的一次改变,数据拥有者成为研究的上家,它提供的数据情况,决定着作为"牌局"下家研究人员的下一步走向。而与此同时,诸多的数据又是杂乱无章的,光是大量数据和众多研究对象,并不一定能推动研究朝着有效方向进展。算法在这过程中发挥了重要作用,只有经过算法的深度挖掘,数据价值才有可能实现。由此,在计算传播领域中数据权力同算法权力两者的重要性不分伯仲,但这两种权力确实在某种程度上削弱了研究人员自身对研究的主导权力。

权力施行者与权力拥有者相分离。算法作为技术权力,掌握该权力的最佳方式是掌握算法技术的设计与运行。但是前文已经提及,并不是所有计算传播领域的研究者都能熟练地掌握算法技术。通常情况下,大家对算法都处于一种一知半解的状态。于是,在研究过程的大多数情况下,研究人员会向算法工程师、程序员寻求技术支持。于是此时的研究过程是:研究人员向算法工程师、程序员等技术支持者描述自己的研究想法与需求,再由技术支持者在自我理解的基础上进行算法设计,当算法设计初步完成后,双方会一起观察算法运行效果,根据效果,研究人员再提出其进一步的需求意见。这个过程不是一次性实现的,它将会经过多次反复调整,直至算法运行结果实现研究人员的需求。在这个过程中,不难看出的是虽然算法辅助了计算传播研究,但是算法的使用者与算法的设计者是独立的两个群体,也就是算法的权力施行者与权力拥有者实际上也是相分离的。当然,并不是所有研究中的算法都需要借助外力实现,如果算法的使用者和算法的研发者能合二为一,对使用者来说不存在安全风险。但是如果算法的使用者并不掌握算法的设计技术,那将会对使用者的隐私、数

---

① 陈鹏.算法的权力和权力的算法[J].探索,2019(4):182-192.
② 高奇琦,张鹏.论人工智能对未来法律的多方位挑战[J].华中科技大学学报(社会科学版),2018(1):86-96.
③ 陈鹏.算法的权力和权力的算法[J].探索,2019(4):182-192.

据安全甚至是人身、财产安全构成巨大隐患。①

算法存在主观意图,很大程度上会影响运行结果。媒介生态学者兰斯·斯塔拉特认为,如果技术导致变化,只要该变化不是中立的,该技术也就不是中立的。② 作为技术的算法也一样,它虽然为计算传播领域的研究提供了更多可能,但是也带来了诸多制约甚至是破坏。在算法带来的变化中,正负项如果不能完全平衡抵消,那么算法就不是绝对中立的存在。如同枪支,无论如何使用,它都具有暴力偏向。类似地,在大数据时代,算法无论如何被应用,在其被设计出来的那一刻起,就已经具备了控制偏向。③ 与此同时,算法的设计者也不是中立的。由于专业鸿沟的存在,算法技术对于一部分人来说,就是很难跨越的。即便学到了皮毛,想深入核心也是十分困难的,尤其是对于数理基础薄弱的文科生来说。很多时候算法设计者自身就是带有偏见的存在,这种偏见可能是有意识的,也可能是无意识的,但无论哪种偏见都会或多或少地在算法设计过程中被添加进算法。此外,不仅仅是算法设计者,算法的训练数据等也可能是存在偏见或者具有特定意图的数据。有些时候算法设计者会发现这些意图,有些时候无法发现,但有些时候算法设计者可能会默认这些数据中的偏见与意图的存在,不对其进行修改。虽然算法工程师没有像医生或者律师那样的社会地位,但是随着信息技术施用领域的拓展,他们经常发现自己确实有着高于老板、客户、工作人员和大众的权力,这种权力很容易被那些无所顾忌或易受诱惑的人所滥用。④ 于是,处理数据的算法很有可能是自身充满特定意图的算法。这实际上与计算传播研究的初衷背道而驰。要知道计算传播研究发展的一个重要目的是,希望能够更精确、更严谨地进行传播学研究。计算传播学研究下大部分研究主张用数据说话,但是偏偏计算传播如今备受青睐的算法是充满意图的,是不中立的存在。

可见,当计算传播开始逐步依赖算法来处理大量数据的时候,整个研究过程的参与者形成了数据拥有者、算法设计者和研究开展者共存且制约这样一个局面。研究越依赖数据,则数据拥有者掌握着越多权力;越依赖处理数据的算法,则算法使用者与设计者掌握着越多权力,而真正切入研究核心的研究人员逐渐开始丧失研究主导权力,开始依赖于算法处理后的数据来解读研究问题。于是,传播学研究的重点与核心似乎发生了颠覆,技术成为研究是否能够开展,是否能够实现的重要指标。再往下深究,这似乎是将传播学研究引向技术至上的道路。这也从侧面反映了一个问题——在一心追求算法或者其他研究方法的诱因下,很多方法与传播学研究并没有形成有效的结合,反而带来了很多"精致而平庸"的研究,即披着精致方法的外衣得出了无建设性的研究成果。

四、后真相时代计算传播研究存在不可靠因素

计算传播主要研究的是各种网络痕迹,这种痕迹既包括传播者的,又包括受众的,如果此时做反向思考,即如果传播者传播的内容、受众的行为都是提前受到他因影响的,或者说都是被预设的,那么当捕捉到该些数字痕迹并对其进行传播学解读的时候,其研究基础是否

---

① 陈鹏.算法的权力和权力的算法[J].探索,2019(4):182-192.
② Strate L. If It's Neutral, It's Not Technology[J]. Educational Technology,2012(1):6-9.
③ 严三九,袁帆.局内的外人:新闻传播领域算法工程师的伦理责任考察[J].现代传播(中国传媒大学学报),2019(9):1-5,12.
④ 汤姆·福雷斯特.计算机伦理学——计算机学中的警示与伦理困境[M].陆成,译.北京:北京大学出版社,2006.

成立?该些数字痕迹是否真实有效?这些问题都是不可逃避的。

1. 何为"后真相"?

2016年《牛津辞典》将"后真相"(post-truth)评为年度词汇,2017年,《柯林斯英语词典》将"假新闻"(fake news)列为年度热词,而2018年,英文网站字典网评选出了2018年度词汇,仍旧和假新闻有关,即"misinformation(假消息)"。① 可见,近些年关于"真相"一词的讨论不绝于耳。

那么到底何为"后真相"呢?"后真相"一词最早出现在1992年斯蒂夫·特西奇撰写的剧本《民族》中。剧本中有这样一段话:随着水门事件的真相浮出,更多关于曾经被掩盖的伊朗叛军的丑闻和波斯湾战争的报道渐渐流出。这些都表明我们作为自由的人民,应该自由决定我们希望生活在后真相时代中。② 2004年,拉尔夫·凯伊斯出版了《后真相时代》一书,认为这个时代存在着谎言和事实以及一种介于二者之间的话语。2010年,大卫·罗伯茨提出了"后真相政治"的概念,意指一种几乎完全脱离政策或法律的政治文化(大众观念和媒介叙事)。但这些理论并未产生大范围的影响,直至英国脱欧和特朗普当选美国总统后,牛津词典将其收录并作为年度热词,"后真相"才开始进入大众生活和理论研究视野。③ 在当下语境中,对"后真相"也有多种解读。譬如《经济学人》对"后真相"的解读是"真相没有被篡改,也没有被质疑,而是变得次要了"。④ 再譬如从时间维度解释,认为"后真相"是指真相来临的时间滞后,即新闻传播过程中需要经历从谎言到真相的过程。⑤ 虽然没有统一的界定,但是关于"后真相"时代的描述中,学者对其部分特征达成了共识。

第一,"后真相"时代中"情感"需求占有重要份额。在传统媒体的新闻报道或新闻叙事中,真实性是最核心的标准。为了保证真实性,客观性、透明性等需求不断被延伸,但最终目的都是为了事实真相而服务。但是在"后真相"时代,真实已经退居次位,如何操控舆论走向、吸引流量占据了首位。于是"情感"成为发布者操控舆论的重要手段。贩卖"情感",可能是贩卖焦虑、贩卖愤怒等,这些由于与现实社会中人们的压力、现状产生了共鸣,最终得到了大量关注。最终,在个人私利和情感至上的鼓噪声中,真相要么被无情漠视,要么被有意遗忘。在海量信息、各异观点和各色情绪围攻下,真相显得不再那么重要。⑥ 但实际上,并不是所有的事件都应围绕"情感"或"情绪"展开,也不是所有的社会生活都应无限制地表达"情感"或者"情绪"。

第二,"后真相"时代中"事实"不断被消解。新媒体尤其是智能媒体广泛发展以来,舆论导向功能变得越来越受人重视。但是也正是由于新型传播方式的介入,尤其是自媒体的火热发展,信息来源渠道不断扩宽。这种情况带来的最直观的影响就是信息开始真假难辨,甚至有时候什么是真相并不重要,从什么角度表达或者表达了什么样的观点才是重要的。这种信息传播方式不仅仅扰乱了以往的传媒秩序,更是威胁到了媒体信任度。最后导致的结

---

① 喻国明. 网络舆论的"后真相"辨析——以2018年年度争议新闻事例为例[J]. 新闻与写作,2019(5):57-60.
② Flood A. "Post-truth"named word of the year by Oxford Dictionaries[EB/OL]. http://theguardian.com/books/2016/nov/15/post-truth-named-word-of-the-year-by-oxford-dictionaries,2016-11-15.
③ 王雅楠. "后真相"时代:作为制造者的媒介[J]. 中南大学学报(社会科学版),2018(2):172-178.
④ Nogueira J. Post-truth Politics:Art of the Lie[J]. The Economist,2016(9):5-10.
⑤ 王雅楠. "后真相"时代:作为制造者的媒介[J]. 中南大学学报(社会科学版),2018(3):172-178.
⑥ Ohman R. Selling Culture:Magazines,Markets,and Class at the Turn of the Century. London:Verso,1996.

果就是:"事实胜于雄辩"处于下风,"雄辩胜于事实"则开始占据上风。

第三,"后真相"中的受众被困于信息茧房。由于"后真相"时代中信息传播重情感轻事实,受众比以往更容易从各种资讯中寻找自己情感的发泄口,进而导致受众沦陷于自我情感诉求下的观念表达。加之后台算法推送功能的广泛应用,受众获取的资讯类型不断被固化,最终造成受众在自我与算法共同编织的信息茧房中越陷越深,越来越沉溺其中。

2. "后真相"时代计算传播的不可靠隐私

在对"后真相"时代的分析中,可以看出当下诸多传播内容、传播方式是由传播者刻意建构的,深处其中的受众网络行为也可能是在算法的间接控制或者引导下展开的,这就导致无论是传播者、传播内容、传播渠道、受众还是传播效果,从头至尾都可能事先被预设了走向,而以上恰恰是计算传播的重点研究对象。很显然,在一个"后真相"的环境中,面对这些被预设了的研究对象,计算传播研究的可靠性必然是大打折扣的。

首先是被预设的内容。计算传播研究的重点之一就是对内容、文本进行分析,这些内容包括但不限于各大媒体组织发布的新闻内容、各平台推送的资讯以及自媒体生产的各种内容。但无论是哪一类,都有其自身属性,譬如传统媒体不可否认地带有显著的政治性;各平台与自媒体带有明显的经济属性。这些属性造成了它们所生产的新闻或资讯在措辞和内容编排上必然也是带有偏向性的。尤其是在算法介入新闻传播后,新型聚合型平台所推送的资讯大部分都存在"标题党""图片党"现象。它们惯常使用的词汇、图片往往都带有语义上或者视觉上的冲击。在此前提下,以此类内容作为计算传播内容研究的数据来源的话,其数据真实性、客观性就存在问题,极有可能影响研究结论的真实性与可靠性。

其次是被预设的渠道。众所周知,不同的传播渠道有着不同的受众群体,会产生不同的传播效果。在当下传媒业中,最具流量属性的当属以算法辅助的资讯聚合类平台。在算法操作下,它获得了比传统媒体更多的流量。但是被预设的渠道是否能代表真实的传播现状,是否能成为计算传播中有效的研究样本,这些都值得再思考。

最后是被预设的受众。在前文中已经分析过,在诸多研究对象中,受众是最易被打上标签的研究对象。其被打上标签,也就意味着其在他人研究中被分门别类。但是在智能媒体时代,在研究者给受众分门别类之前,受众就已经被很多平台提前标记了属性,并且根据这些属性有针对性地进行推送。在此前提下,计算传播是对本已分门别类的受众进行研究,此时的研究对象已经是被切割后的研究对象了。而受众接收的内容也是被标签影响的内容,并不是受众可能接受内容的全貌,内容上同样存在偏差。当计算传播对这种被切割的对象、被"阉割"的内容进行研究时,就不免使其研究过程出现不可靠因素,最终影响研究结果。

五、传播学研究的生态失衡

传播学是社会科学中典型的横断科学,因此其学科领域必然是各学科理论方法的角力场。[①] 大众传播学的产生与大众心理学研究密不可分。李普曼的《舆论》和《幻影公众》从某种意义上是大众心理学的典范之作。在20世纪前半叶相当长的一段时间范围里,传播学的应用重点落在了"心理战"领域。当冷战结束,国际秩序重建后,在大众心理范式导向的传播

---

① 胡翼青.大众传播学抑或大众心理学:对美国传播学主导范式的再书写[J].国际新闻界.2019(8):38-51.

学研究中,再也没有出现什么像样的理论发现。① 而后进入21世纪,智能媒体时代前期传统社会学、统计学研究方法辅助了传播学研究的发展,再到如今的智能时代,计算传播从各种传播学研究范式中突围。那么其何以突围呢?从传播学发展开始到今天,传播学研究对象本质上未发生改变,依然是研究传播者、传播内容、传播媒介、受众、传播效果这五大方面;传播学的研究目标本质上也没有发生改变,就是为了更好地剖析五大研究对象,进而有效地开展未来传播事业。那么是什么发生了改变,使得计算传播在今日传播学研究中占有一席之地?正是方法的突破。换句话说,方法越来越成为传播学研究中的重要环节,掌握新的方法往往成为某些传播学研究的重点。此时不禁要问的是,以研究方法获得突围的计算传播研究真的不存在问题么?答案是显而易见的,当方法在传播学研究中被不断强调的时候,维持传播学生态平衡发展的一些东西正在被挑战、被突破。

第一,方法成为研究的主导因素之一。在传统的人文社科类研究中,形而上的研究成果一直是研究的核心价值所在。但是传播学又往往是个例外,其学科初创、发展的过程都是和其他学科不断碰撞、融合的过程,真正意义上的传播学研究的代表性方法也是缺乏的。因此,所造成的局面就是传播学研究总在体验不同的方法,以至于发展到今天,以数据"计算"为核心方式将计算传播从传播学其他领域研究中独立出来。无疑,这一分支研究领域的展开是对"计算"这一研究方式方法的肯定,其带来的结果就是计算方法成为计算传播研究讨论中必不可少的一环。

第二,传播学研究趋向与范式的转变。卡萝塔·佩蕾丝曾在《技术革命与金融资本》一书中指出,"每次技术革命都提供了一套相互关联的、同类型的技术和组织原则,并在实际上促成了所有经济活动的潜在生产率的量子跃迁。每次技术革命都使得整个生产体系得以现代化和更新,从而每50年左右都使总的效率提高到一个新的高度……每一次技术革命都是新产品、新行业和新基础设施的爆炸性发展,它逐渐产生了新的技术-经济范式。"按照卡罗塔·佩蕾丝的观点,技术在范式的变革中总是处于核心驱动地位。具体到当下,媒介技术最大的驱动就是使得传媒业态朝着智能化的方向发展,进而形成了智能传播范式。之所以称之为智能传播范式,是因为我们正在通过物联网技术集群将所有原本没有生命的物体智能化和媒介化,一切被植入智能组件的普通事物都将具备某种信息传播的媒介属性,在这场全新的技术革命驱动下,我们的传播模式和日常行为将被彻底地改变。② 在智能化的趋势之下,计算传播学改变了传播学研究版图。与大数据、云计算、物联网、智能终端等全新的软件和硬件打交道,是传播学研究者必须具备的一项新技能,也是对过去侧重于传播学的经典理论、传受双方、传播模型、策划创意等环节的研究者本身的一个全新拓展。③ 在这个开拓中,计算能力无疑成为核心能力。但是要注意的是虽然范式的更替不可避免,但范式更替不代表旧的范式可以完全被取代。

当计算传播给传播学研究带来以上两种变化的时候,它增强了传播学研究的活力,促进了其未来发展方向的多元化,但是它也不可避免地给传播学研究带来了以下问题。

第一,方法成为研究主导因素后,"本末倒置"现象屡见不鲜。方法长期以来是作为辅助力量在社会科学研究中发挥作用的,它的目的是更好地解读社会科学问题,但是线下研究领

---

① 胡翼青.大众传播学抑或大众心理学:对美国传播学主导范式的再书写[J].国际新闻界.2019(8):38-51.
② 刘庆振.计算传播学:智能媒体视阈下传播学研究的新范式[J].教育传媒研究,2018(6):21-25.
③ 刘庆振.计算传播学:智能媒体视阈下传播学研究的新范式[J].教育传媒研究,2018(6):21-25.

域中出现了这样一种现状,即为了方法而开展方法研究或者换一种方法进行"换汤不换药"式的研究。该些研究表面上是在迎合计算传播的主流趋势,但是实际上它使得传播学的研究趋势被混淆,甚至干扰了传播学研究的正确趋向。这种一味强调方法的趋势,造成了一种假象——想要做好计算传播学,就一定要使用新颖的方法。在假象之下,越来越多的人去学习建模、算法等方式来辅助研究,但实际研究成果一定是有意义的么?这不得而知。

第二,范式转变下的盲从研究。当智能化与计算传播结合时,看似有机融合的两者实际潜藏着诸多隐患。最显著的隐患之一,就是研究取向问题,研究人员随大流式盲从。他们之中会有人为了计算而计算,也有人不属于该专业领域而期望能够加入这个领域。在这种对新研究范式的盲从之下,计算传播研究能否在真正意义上得到完善发展也是不得而知的。

而当以上两个问题出现的时候,原本的传播学研究或者尚未完善的计算传播学研究必然会出现生态失衡。所谓生态失衡就是原有的平衡阈值被突破。一旦传播学研究的既往阈值被突破,就会导致整个学科研究基础的崩塌。因此,需要明确的是计算传播研究仍旧处于传播学研究之下,它不能唯方法论,也不应该倡导唯方法论;它不能依赖数据,也不能鼓吹数据的万无一失。更重要的是保持计算传播研究中方法与研究内核的关系,明确知晓无论什么方法都只是整体研究的辅助工具。

综上所述,在当下传媒环境中尤其是以智能媒体为发展趋势的传播环境中,计算传播免不了牵涉诸多伦理层面的风险与问题,它包括但不限于以下几点:第一,隐私的侵犯,将研究对象完全"透明化",赤裸裸地展示在研究者面前;第二,物化的标记,以降维的方式将本是多元的研究对象,简单粗暴地处理成几个代名词;第三,权力的位移,从研究对象永远处于研究的被动方,研究者占据主导,过渡到研究数据的拥有者、研究方法的设计者逐步占据研究领域的中心位置,研究中的话语权力发生转移;第四,"后真相"轻事实、重效果的畸形理念导致诸多研究对象自身充满不真实性、误导性,最终必然影响研究结果的可靠性;第五,易形成技术盲从,造成传播学研究生态失衡。由此深究,计算传播研究并不一定像其研究初衷所表达的那样因为依靠方法与数据而是绝对中立、客观的研究领域,它同样充满着价值判断与价值取向,有着诸多伦理风险与问题亟待解决。

第三节　计算传播研究中的伦理风险应对

任何一个研究或者说研究领域都很难脱离伦理学的审视而独立存在,计算传播学也不例外。但是伦理审视通常是非常细微的,有时候甚至可能是"吹毛求疵"的。可无论是何种程度、何种视角的伦理审视,找出问题并最终解决问题或者找到解决问题的方式都是其目的所在。而解决伦理问题的最终目的,在于提前发现伦理问题,从伦理问题的生发源头着手,尽可能地将问题扼杀在萌芽状态。否则,伦理问题一旦产生带来的就不单单是经济损失这种尚可弥补的问题。诸多伦理问题往往会给领域内外、给社会带来不可逆转的影响。由此,本章节主要探讨的是通过何种方式来规避或者应对计算传播研究中可能出现的伦理问题与伦理风险。

一、计算传播研究伦理氛围建设

无论什么领域,研究人员之间都会构成组织或者团体。如果想要学科研究坚守伦理原则,整体组织内就需要一定的伦理氛围对研究人员予以外在约束。组织伦理氛围目前还没有统一的概念界定,但诸多学者对其进行了内涵阐释。维克托等人[①]认为组织伦理氛围是指员工对组织伦理程序与政策持有的一种稳定认知与行为意向,是组织成员对于什么是符合伦理的行为,以及如何解决伦理困境或问题的共同体验和认知,是组织伦理环境特征的集中体现。在其看来,稳定的组织伦理氛围主要有三种类型。第一,关怀型。员工期望追求各方平衡互利,组织给予员工更多人道主义关怀。第二,规则型。遵守规则是第一要务,组织希望员工在工作中遵章守纪,是员工对组织规范达成的共识。第三,工具型。组织鼓励员工事事以利益为先,不考虑多方影响,甚至可以为了自身利益牺牲组织利益。[②] 王燕飞等认为组织伦理氛围是指员工对组织伦理政策所持有的共同的、稳定的认知和行为意向,是成员之间对解决伦理困境和问题的共同体验和认知。[③] 简而言之,组织伦理氛围是组织内成员能感受到的在解决伦理问题时的一种共识。良好的伦理氛围会对组织成员产生以下积极影响。第一,对组织研究成员起积极导向作用。伦理的重要功能之一是为研究人员提供价值判断的标准。良好的组织伦理氛围能够在潜移默化中对研究人员进行伦理熏陶,让其将外在的伦理准则内化为自身的伦理判断意识。第二,促进研究过程中合理的伦理行为实施。良好的伦理意识必然会对伦理行为产生积极影响。因此,在研究过程中,研究者在伦理意识的指导下可以明确知晓哪些行为是可为的,哪些是不可为的。第三,有效规避伦理失范的形成。意识与行为的正确趋向必然带来结果的积极性的提升。因而,良好伦理氛围的约束是预防伦理失范的重要举措。那么如何在计算传播研究中建设起良好的伦理氛围呢?简单来说,需要做到如下几点。

第一,组织伦理氛围中关怀因素不能少。只有当研究人员感觉到组织关注他们的需要,注重他们的贡献并且真正关心他们本身时才会对组织产生高度的认同感,他们对于工作本身以外的东西,如报酬、利益的关注度会降低,会把更多的精力放在工作上。这时,他们不仅仅会完成规范性的工作,而且会实施更多角色外的主动性行为。[④]

第二,尽量避免工具型组织伦理氛围的产生。只注重个人利益最大化的组织伦理氛围会使个人对组织的归属感减弱,不愿意全力研究工作,削弱个体外部动机,而外部动机会通过内部动机对主动性行为产生作用。所以,组织应当尽量避免工具型组织伦理氛围的产生。

第三,从研究动机出发,增强研究人员内外部动机促进研究人员的主动性行为。外部动机方面可以给予合理报酬、评价,肯定研究人员的贡献,且以结果为导向对员工进行奖励。内部动机方面可以从研究人员甄选及培训入手,选取对研究领域有极大热情且研究领域匹

---

① Victor B,Culen J B. The Organizational Bases of Ethical Work Climates[J]. Administrative Science Quarterly,1988(1):101-125.
② 乔坤,刘赛.组织伦理氛围对员工主动性行为的影响研究——工作动机的中介作用[J].人力资源管理,2018(4):97-100.
③ 王雁飞,朱瑜.组织伦理气氛的理论与研究[J].心理科学进展,2006(2):300-308.
④ 乔坤,刘赛.组织伦理氛围对员工主动性行为的影响研究——工作动机的中介作用[J].人力资源管理,2018(4):97-100.

配度更高的研究者,给予有针对性的学术培训与学术交流支持。

二、计算传播研究伦理规范设计

计算传播研究归属传播学研究门类下,新兴的计算传播研究无论是学科建设还是人员组成都尚未完善,但关键是其相关研究的伦理规范设计尚未完成。规范设计是一种自上而下的伦理实现路径。这种路径虽然不全面,但它是具体领域中道德实现的最佳方式。[1]

在传播学领域,就目前的检索情况来看,对于科研工作者的职业道德束缚没有统一的规范标准。大多数情况下是各个大学、研究机构自主制定科研行为规范。譬如《贵州省社会科学院科研职业道德行为规范(试行)》共二十条,其中对于科研作风,文件要求坚持实事求是的原则,"反对弄虚作假。坚持理论联系实际,倡导严肃认真、严谨细致、一丝不苟的科研作风。深入调查研究,掌握第一手资料。客观、诚实地阐释研究成果,反对为得出与客观事实不符的主观臆断而投机取巧、断章取义,捏造、篡改、拼凑研究结果和调查数据;反对粗制滥造和低水平重复,避免片面追求成果数量而忽视质量的倾向"。[2] 再如《中南财经政法大学科研行为规范及管理条例》中指出"科研人员要有高度的社会责任感,坚持实事求是的科学精神和严谨认真的治学态度。不得从事危害国家安全、损害社会公共利益、危害人体健康、违反伦理道德等方面的研究。不得抄袭、剽窃、侵占他人研究成果。不得伪造、篡改科研数据"。[3] 以上规范最大的特点就是属于概括性道德规范,它不针对某一专项研究领域,也没有具体的对研究人员研究行为的逐步规范。再结合新闻传播学领域,其更多的是针对诸如记者、编辑等新闻从业人员的职业道德束缚,关于传播学研究领域内科研人员的职业道德规范则相对薄弱,而计算传播的研究又是一门交叉学科研究,比传统传播学研究更加复杂,更容易出现伦理风险。由此可见,建立一套符合计算传播研究的伦理规范迫切而必要。为此,需要从以下几个方面来规范研究人员的研究行为。

第一,尽可能地将研究主体与过程透明化。计算传播研究中,免不了要和数据与数据处理打交道。在这个过程中,对于数据的来源、数据的获取方式、数据的处理工具和算法设计等方面,研究人员都应该做出细致的说明。因为对于外界来说,整个研究过程是封闭的,谁在研究,在研究什么,具体研究的目的是什么,一般大众很难知晓。此时研究人员作为研究的核心,有义务对其自身、对其研究进行说明。

第二,制定研究行为准则与程序细则。首先,行为准则的制定是为了告知研究人员什么行为可为,什么行为不可为,即研究行为的界限在何处。其次,程序细则是为了对研究人员的研究行为提供指导。譬如在遇到有争议的数据或者有争议的研究对象时,该遵循何种程序来排除争议。只有通过细则对研究行为进行规范,才能让研究程序合理、正当。

第三,建立研究惩戒与追责机制。由于没有相匹配的惩戒机制,当研究出现不正当操作或者研究结果中出现伦理问题时,除了及时地解决问题之外,更重要的是对问题的生发进行

---

[1] Allen C, Smit I, Wallach W. Artificial Morality: Top-Down, Bottom-Up and Hybrid Approaches[J]. Ethics and Information Technology, 2005(7): 149-155.
[2] 贵州省社会科学院科研职业道德行为规范(试行)[EB/OL]. (2014-06-04) http://sky.guizhou.gov.cn/xxgk/xxgkml/zcwj/201612/t20161213_23512132.html
[3] 中南财经政法大学科研行为规范及管理条例[EB/OL]. (2018-07-20) http://law.zuel.edu.cn/2018/0720/c7054a197018/page.htm

溯源。找到问题出现的源头，并确立相关伦理责任主体的责任范围，据此予以惩戒。追责机制的建立，其本质目的是找到伦理风险生发的源头。

近些年在人工智能技术的协助下，计算传播研究在传播学研究中的重要性日益凸显，学科建设日趋完善。伴随着这样一种趋势，有关计算传播研究的伦理学探讨也顺势而来。在此需要明确的是计算传播研究必然是关乎伦理的，它可能会产生这样那样的伦理风险、伦理问题，但这是每个研究领域都避免不了的。面对这些伦理风险，正确的方式是从伦理视角积极地将问题提前预设、解构，进而建构一套能够有效应对的方案，从而在伦理学维度上完善计算传播领域的各项研究。

附　录

《计算传播》试题 A

闭卷考试,考试时间 120 分钟,总分 100 分。

简答:每题 10 分,共 4 题。

1. 简述什么是计算传播。
2. 简述数据新闻的特点。
3. 简述什么是文本预处理。
4. 简述计算传播的常用工具有哪些,Python 在其中的优势有哪些。

论述:每题 30 分,共 2 题。

1. 谈谈你对计算传播中伦理风险的认识。
2. 谈谈你对计算传播学发展的认识。

试题答案 A

《计算传播》试题 B

闭卷考试,考试时间 120 分钟,总分 100 分。

简答:每题 10 分,共 4 题。

1. 简述什么是计算社会科学。
2. 简述计算传播中的伦理风险。
3. 简述什么是文本分类。
4. 简述什么是 Python 中的函数。

论述:每题 30 分,共 2 题。

1. 如何应对计算传播中的伦理风险。
2. 谈谈社交网络分析在计算传播中的应用。

试题答案 B

后记

  本教材是一本面向文科生的计算传播入门手册。近年来,随着计算传播的快速发展,国内很多高校新闻传播类专业均开设了计算传播课程。目前市面上已经有几本质量很高的计算传播教材及参考书,但编者在教学过程当中发现一个问题,即绝大部分新闻传播学院的学生都是文科背景,不具备学习计算传播所要求的统计、数据、编程等方面的知识基础,所以目前市面上大部分计算传播教材对于文科生来讲难度过大。由此,需要一本能够引领数据、编程零基础的文科生比较全面、系统掌握计算传播基本知识与框架的教材。本教材编写者正是基于这一点考虑,在框架搭建及编写过程中,充分考虑文科生的知识背景及接受程度,为难度较大的内容匹配了相应的案例讲解;而涉及操作性的部分如第五章"计算传播研究工具",对于文科生来说是一大难点,故而本教材没有选用需要一定数据、编程知识背景的内容,而是选用教学过程中大量文科生亟须的"入门"内容,通过引导学生了解基本的语言使用与计算传播学习之间的关系,为其后续深入学习打下基础。

  本教材是由多位教师共同编写而成的,是大家集体劳动的成果。教材的框架与结构由上海大学新闻传播学院刘峰与王虎完成。第一章"计算传播概述"由刘峰负责编写,第二章"计算传播的主要研究问题"由王虎负责编写,第三章"计算传播研究步骤"由山西财经大学新闻与艺术学院南瑞琴老师负责编写,第四章"计算传播研究方法"由上海应用技术大学人文学院张旭阳老师负责编写,第五章"计算传播研究工具"由军事科学院某研究所工程师、华东师范大学传播学院李静姝博士负责编写,第六章"计算传播的伦理阐释"由上海理工大学出版印刷与艺术设计学院袁帆老师负责编写。在此对各位老师的辛勤付出表示感谢。

  在教材编写过程当中,编写者查阅借鉴了大量优秀文献,也引用了诸多代表性学者的研究成果。比如张小劲老师对计算社会科学发展历程的梳理、匡文波老师对新闻个性化推荐系统的总结、陈积银老师对数据新闻发展观的把握、徐笛老师对数据新闻未来可能性的思考、刘庆振老师对计算广告业务流程重构的探讨等,均给本教材提供了重要的支撑,在此一并对这些关注学科前沿问题并展开深入研究的学者表示敬意与谢意。

  感谢上海大学新闻传播学院诸多领导、教师的指点与帮助,上海大学新闻传播学院是一个年轻的学院,祝愿学院在发展过程中不断取得新的成果。

  最后要感谢华中科技大学出版社的各位编辑在教材编写过程中付出的辛勤劳动,从书稿审核、修改到最后出版等各个环节,他们都付出了大量的时间和精力。

限于编者水平和视野,本书定有诸多不妥之处,需要在后续的研究中予以深入和完善,也真诚希望所有在这一领域有所研究的学者多多指正。

编者
2021 年秋

引用作品的版权声明

为了方便学校教师教授和学生学习优秀案例,促进知识传播,本书选用了一些知名网站、公司企业和个人的原创案例作为配套数字资源。这些选用的作为数字资源的案例部分已经标注出处,部分根据网上或图书资料资源信息重新改写而成。基于对这些内容所有者权利的尊重,特在此声明:本案例资源中涉及的版权、著作权等权益,均属于原作品版权人、著作权人。在此,本书作者衷心感谢所有原始作品的相关版权权益人及所属公司对高等教育事业的大力支持!

与本书配套的二维码资源使用说明

本书部分课程及与纸质教材配套数字资源以二维码链接的形式呈现。利用手机微信扫码成功后提示微信登录，授权后进入注册页面，填写注册信息。按照提示输入手机号码，点击获取手机验证码，稍等片刻收到 4 位数的验证码短信，在提示位置输入验证码成功，再设置密码，选择相应专业，点击"立即注册"，注册成功。（若手机已经注册，则在"注册"页面底部选择"已有账号？立即注册"，进入"账号绑定"页面，直接输入手机号和密码登录。）接着提示输入学习码，需刮开教材封面防伪涂层，输入 13 位学习码（正版图书拥有的一次性使用学习码），输入正确后提示绑定成功，即可查看二维码数字资源。手机第一次登录查看资源成功以后，再次使用二维码资源时，只需在微信端扫码即可登录进入查看。